本书为国家社会科学基金项目
"大学生志愿精神作用机理及实证研究"（项目号：10CKS025）的最终成果

本书为浙江省一流学科"马克思主义理论"，
浙江省哲学社会科学重点研究基地（温州人经济研究中心）建设成果

温州大学马克思主义理论与现实研究学术文丛

大学生志愿精神作用机理及实证研究

卓高生◎著

中国社会科学出版社

图书在版编目（CIP）数据

大学生志愿精神作用机理及实证研究/卓高生著 . —北京：
中国社会科学出版社，2016.4
ISBN 978 - 7 - 5161 - 8198 - 0

Ⅰ.①大…　Ⅱ.①卓…　Ⅲ.①大学生—青年志愿者行动—社会服务—
研究—中国　Ⅳ.①D432.6

中国版本图书馆 CIP 数据核字（2016）第 109539 号

出 版 人	赵剑英
责任编辑	张　林
特约编辑	孔　岳
责任校对	王　斐
责任印制	戴　宽

出　　版	中国社会科学出版社
社　　址	北京鼓楼西大街甲 158 号
邮　　编	100720
网　　址	http://www.csspw.cn
发 行 部	010 - 84083685
门 市 部	010 - 84029450
经　　销	新华书店及其他书店

印刷装订	三河市君旺印务有限公司
版　　次	2016 年 4 月第 1 版
印　　次	2016 年 4 月第 1 次印刷

开　　本	710×1000　1/16
印　　张	19.75
插　　页	2
字　　数	282 千字
定　　价	76.00 元

序

    志愿精神是时代精神的重要组成部分，是公民社会责任意识的重要体现，是现代社会文明程度的重要标志。作为高等教育立德树人的重要内容，增强当代大学生服务他人、奉献社会的思想观念，实现对志愿精神的"内化于心，外化于行"是我国志愿服务事业发展的重大任务。当前，成千上万大学生志愿者在参加各种志愿服务项目中，很好地扮演着良好社会风尚的倡导者、社会主义精神文明的传播者和实践者的角色。

    志愿服务是当代青年富有时代特色的道德实践，是学雷锋活动的有效形式。习近平总书记指出，青年是推动历史进步的重要力量，是实现中国梦的生力军和领跑者，"青年一代有理想，有担当，国家就有前途，民族就有希望"。他曾多次写信给青年志愿者，充分肯定他们在服务他人、奉献社会中取得的成绩和进步，强调要弘扬"奉献、友爱、互助、进步"的志愿精神，号召广大青年要用爱心温暖需要帮助的人，从"赠人玫瑰、手留余香"中感受善的力量，以实际行动书写新时代的雷锋故事，为实现中国梦有一份热发一份光。新时期，广大青年大学生扎根基层、走向农村、服务西部，在志愿服务的过程中实现了个人成长之梦与国家民族复兴之梦的有机结合，在志愿服务的过程中坚定了自己的理想信念、汇聚了社会正能量、增强了当代青年社会责任感。因此，阐释志愿精神、志愿服务的理论内涵、分析影响大学生志愿精神形成和发展的内在机制、研究大学生志愿精神的弘扬与培育等问题便成为新时期推进中国志愿服务事业发展、完善中国志愿服务理论体系的重要理论和现实课题。

卓高生博士的新著《大学生志愿精神作用机理及实证研究》选题富有新意，是对大学生志愿精神进行深入系统研究的有益探索。通观书稿，该研究具有涉及学科面广、调研深入全面、研究方法科学等特点。第一，为大学生志愿精神研究提供马克思主义理论等多重学科研究视角。著作从马克思主义唯物史观所蕴含的基本原理为大学生志愿精神研究提供理论阐释，指出社会存在与社会意识辩证关系原理是理解志愿精神形成与发展的理论基础，马克思主义道德学说揭示了志愿精神培育的个性化和社会化教育协调发展的本质性规定，人的全面发展理论规定着志愿精神培育的价值取向，著作还借鉴高等教育哲学、服务学习理论，以丰富大学生志愿精神理论研究的学术资源，从而进一步夯实和提升了志愿精神基础理论研究。第二，初步建构了大学生志愿精神的理论模型和调查量表，系统分析了大学生志愿精神形成与发展的影响因素。目前国内已有关于大学生志愿精神的调查问卷（量表），但多数缺乏统计学意义上的检验分析。著作初步建构了大学生志愿精神研究的理论模型，从认知、情感和行为倾向三个层面编制了具有良好信效度的大学生志愿精神量表，并提出了"家庭、学校、社会、网络媒体和个体主观倾向"等对大学生志愿精神形成和发展的多维生态因素，为开展大学生志愿精神发展现状调研提供了有价值的测评工具，具有一定的推广应用价值。第三，综合运用量化研究与质性研究方法，使所探讨的问题得以全面而深入的分析。本研究注重数据采集的科学性、可靠性，并综合运用多种统计分析方法对大学生志愿精神发展现状、影响因素、志愿精神践行对大学生自我成才、成长的影响等进行量化和质性研究，调研涉及7个省市的18所高校的4100个问卷和100多个访谈对象，确保了研究讨论问题的真实、具体、科学、可信。总体看来，在大学生志愿精神研究中综合运用传统研究范式和量化及质性研究的实证研究范式符合当今社会科学与自然科学研究发展的基本趋势。

当然，尽管作者对大学生志愿精神的基本问题、作用机理及培育方面提出了不少有价值的观点和对策，但仍有一些值得进一步完善和改进的地方。如可以进一步深入研究志愿精神与中国化马克思主义理论、中国传统文化的关系；志愿精神培育与志愿服务文化建设的关系；大学生志愿精神培育的国外相关经验借鉴；等等。如果未来能对以上问题继续予以论述，相信会使大学生志愿精神的理论和实证研究更加充实完善。

高生问题意识较强，学科理论基础扎实，研究视野开阔，近年来围绕公益文化与人的发展开展研究。作为他的导师，得知高生刚毕业就成功申报主持国家社科基金项目甚是高兴。经过几年潜心专研，其同名专著《大学生志愿精神作用机理及实证研究》结题获得"良好"

的鉴定结果，并能够在中国社会科学出版社出版，值得庆贺！祝愿他

未来能在教学和科研中取得更大的成绩。

钟明华

2016 年 4 月于中山大学

目　　录

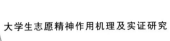

第一章

导　论

　　志愿服务事业的发展需要并产生崇高的志愿精神，崇高的志愿精神承载和助推志愿服务事业的发展。在培育和践行社会主义核心价值观的新时期，全国成千上万大学生志愿者正是因为有了对"奉献、友爱、互助、进步"志愿精神的认同和践行，才有了精彩而感人的中国青年志愿服务行动图景。由此，"志愿精神"也成为众多从事志愿服务研究的专家、学者关注的一个关键词。本书就是通过对大学生志愿精神进行理论和实证方面的研究，以期有助于进一步促进中国青年志愿服务事业的发展。

一　研究缘起

　　志愿精神是个人对生命价值、社会、人类和人生观的一种积极态度，它以"奉献、友爱、互助、进步"为主旨，在日常生活层面呈现为志愿服务。对大学生志愿精神作用机理进行理论和实证方面的研究有着重要的现实依据和理论需求。

大学生志愿服务开展、志愿精神弘扬培育一直深受党中央的高度重视，并拥有良好的政策环境。丁元竹教授在《中国志愿服务研究》一书前言中就指出"志愿精神是一种看不见的和谐，是一种软实力，是一种社会责任，是一种生活品质"①。青年大学生的理想信念、精神状态、行为表现将直接关系中国共产党人开创的社会主义事业的发展。所以，党中央高度重视青年志愿服务事业的发展。

1993 年 12 月，共青团十三届二中全会通过的《在建立社会主义市场经济体制进程中我国青年工作战略发展规划》首次在官方文本中论及"青年志愿者"，并将之作为"跨世纪青年文明工作"的一个重要方面。在此之后，中共中央领导人及中央有关文件对"青年志愿服务事业"多有阐释，关注程度不断提高。十四届六中全会决议指出："加强青少年思想道德教育，是关系国家命运的大事。要帮助青少年树立远大理想，培育优良道德。各级各类学校都要全面贯彻党的教育方针，坚持社会主义办学方向，加强德育工作，努力培养德智体等方面全面发展的社会主义建设者和接班人……充分发挥共青团、少先队团结和引导广大青少年进步的重要作用，深入开展'希望工程''青年志愿者'和'手拉手'等活动，发扬互相关心、助人为乐的精神。"② 会议强调把志愿服务当做加强青年思想道德教育的重要手段。2000 年，江泽民同志在杰出青年志愿者的来信中批示："青年志愿者行动，是当代社会主义中国一项十分高尚的事业，体现了中华民族助人为乐和扶贫济困的传统美德，是大有希望的事业。努力进行好这项事业，有利于在全社会树立奉献、友爱、互助、进步的时代新风。"③ 党的十六届六中全会提出了构建社会主义和谐社会的伟大构想，作为发展 20 余年的志愿者组织如何在这一伟大进程中发挥好作用，决议

---

① 丁元竹：《中国志愿服务研究》，北京大学出版社 2007 年版，第 1—11 页。
② 中共中央文献研究室编：《十四大以来重要文献选编》（下），人民出版社 1999 年版，第 2057 页。
③ 《江泽民在杰出青年志愿者的来信上做出重要批示》，人民网（http://www. people. com. cn/GB/shizheng/8198/28774/28793/1970531. html）。

明确指出："广泛吸引群众参与，推动形成我为人人、人人为我的社会氛围。以相互关爱、服务社会为主题，深入开展城乡社会志愿服务活动，建立与政府服务、市场服务相衔接的社会志愿服务体系。"① 十七大报告进一步指出："深入开展群众性精神文明创建活动，完善社会志愿服务体系，形成男女平等、尊老爱幼、互爱互助、见义勇为的社会风尚。"② 十八大报告指出："深化群众性精神文明创建活动，广泛开展志愿服务，推动学雷锋活动、学习宣传道德模范常态化。"③ 党中央对志愿服务事业的规划越发向制度化、体系化、常态化方向发展。另外，胡锦涛、习近平等中央领导同志也将志愿服务工作视为创新青年工作的一个重要抓手，多次回信勉励青年大学生志愿者"深入西部地区基层一线开展支教扶贫活动"，"向实践学习、向人民群众学习"④；"以青春梦想、用实际行动为实现中国梦作出新的更大贡献"⑤。这无疑为我国青年志愿服务事业发展注入了更大的动力。

政府部门也制定相关文件，如教育部《关于深入推进学生志愿服务活动的意见》（教思政〔2009〕9 号）、《关于教师参与志愿服务活动的指导意见》（教师〔2014〕9 号）、《学生志愿服务管理暂行办法》（教思政〔2015〕1 号）等，为促进大学生志愿服务事业发展提供政策保障。各高校将志愿精神弘扬和培育作为全面提升大学生思想政治教育实效的重要内容和抓手，积极组织和鼓励大学生参与志愿服务活动，使志愿服务日渐成为融入大学生思想灵魂的一种精神内涵和生活方式。

---

① 中共中央文献研究室编：《十六大以来重要文献选编》（下），中央文献出版社 2008 年版，第 662 页。

② 中共中央文献研究室编：《十七大以来重要文献选编》（上），中央文献出版社 2009 年版，第 27 页。

③ 胡锦涛：《坚定不移沿着中国特色社会主义道路前进 为全面建成小康社会而奋斗——在中国共产党第十八次全国代表大会上的报告》，人民出版社 2012 年版，第 32 页。

④ 李斌、吴晶等：《让青春在实践中闪耀——胡锦涛总书记给北京大学第十二届研究生支教团成员的回信使全校师生受到极大鼓舞和激励》，《人民日报》2011 年 5 月 25 日第 1 版。

⑤ 新华社记者：《习近平给华中农业大学"本禹志愿服务队"回信 勉励青年志愿者以青春梦想用实际行动为实现中国梦作出新的更大贡献》，《人民日报》2013 年 12 月 6 日第 1 版。

大学生是我国4000多万名青年志愿者的主力军和生力军，在着眼于讲文明树新风、扶危济困、大型赛会活动、应急救援、毕业生参加"三支一扶"① 计划和大学生志愿服务西部计划等志愿服务项目中，他们走进西部、走进社区、走进农村，用知识和爱心热情奉献和服务于需要帮助的人民群众。他们坚持与祖国同行、为人民奉献，在实现中国梦的伟大实践中描绘了莘莘学子充满激情而富有意义的精彩人生。无论是在国家抑或地方举办的各种大型活动中，还是日常平凡的助人行动里，大学生志愿者们都很好地承担着良好社会风尚的倡导者、社会主义精神文明的传播者和实践者的角色，也获得了自我良好的成长。社会各界都高度关注富有激情活力、勇于担当付出、坚守理想信念的大学生志愿者在实现中华民族伟大复兴中的表现，并将研究视角触及志愿服务活动的精神动力——大学生志愿精神的形成和发展、培育等问题上。因此，本书将大学生志愿精神作用机理作为研究主题，期望能为当代中国志愿服务理论发展而做出努力。

　　在新时期，将志愿精神融入日常的思想政治教育内容，增强当代大学生服务他人、奉献社会的思想观念，将志愿精神"内化于心，外化于行"是我国志愿服务事业发展的重大任务。那么，大学生志愿精神的内涵、功能、特征分别是什么？大学生志愿精神与志愿服务的关系是什么？大学生志愿精神形成与发展的影响因素有什么？志愿精神的实践与大学生自身成长、成才有什么关系？如何培育大学生志愿精神并实现志愿服务的常态化？本书结合大学生志愿服务这一微观社会行动，期望对作为思想政治教育重要内容的大学生志愿精神作用机理及相关问题做系统的理论研究和实证分析。

---

① "三支一扶"即"支农、支教、支医和扶贫计划"的简称。

二 研究意义

第一，进一步扩展志愿服务研究理论资源。在过去二十多年的时间里，中国青年志愿服务事业蓬勃发展，但整体看来，理论研究却相对滞后。本研究以大学生群体为研究对象，在已有研究成果的基础上，把马克思主义理论、高等教育哲学、服务学习理论等引入大学生志愿精神研究，并运用思想政治教育学、社会学、心理学、教育学等理论对大学生志愿精神作用机理进行全面剖析，对于进一步拓展志愿精神研究的深度和广度，完善大学生思想政治教育相关理论研究都具有重要意义。

第二，进一步完善大学生志愿精神研究分析框架。本书以大学生志愿精神作用机理作为关键词，全面深入分析了大学生志愿精神的内涵、特征和功能，从实证角度构建大学生志愿精神测量的认知、情感、行为倾向三维模型，探索大学生志愿精神在"家庭、学校、社会及网络媒体和个体主观倾向"多维生态环境下的影响因素，充实和拓宽了思想政治教育视域下的大学生志愿服务理论研究。

第三，进一步丰富大学生志愿精神研究方法。传统大学生志愿服务、志愿精神主要是基础理论性阐析，实证研究中较少关注服务者自身思想行为变化轨迹，本书将采用质性研究方法将志愿精神实践抑或志愿服务参与促进大学生成才、成长的关系作为研究的重要内容，其研究结论将进一步丰富大学生志愿服务持续发展理论。

第四，进一步提升大学生志愿精神培育对策的应用性。大学生是社会未来建设的中坚力量，弘扬和培育大学生志愿精神，推动大学生志愿服务向内心自觉转变，并在此基础上形成大学生普遍的价值观念、生活方式和行为规范，关系我国志愿服务事业发展的历程。本书对大学生的志愿服务现状进行调研，分析大学生志愿精神的内外影响因素及人口学变量方面的显著性差异，探究大学生志愿精神培育的思路对策，这对于做好大学校园文化建设、激发社会公众积极投身"行善立德"文明风尚营造具有重要的实践意义。

三　研究思路、内容和方法

（一）研究思路

第一，本研究在收集和深入研读国内外文献、政策资料及前期调研基础上，以马克思主义理论为立论依据，综合应用教育学、心理学、社会学等多学科相关理论观点来确定研究目标和选择分析框架。第二，探讨大学生志愿精神的三维内涵，分析大学生志愿精神的功能、特征与实践领域，为课题研究提供基础性观点支撑。第三，构建大学生志愿精神实证研究模型，并选择全国不同区域高校大学生作为调查样本，分析大学生志愿精神的现状，研究大学生志愿精神形成与发展过程中的影响因素，探究志愿精神实践对大学生成长、成才的影响。第四，基于对项目研究的理论思考和调研结果的经验性和规律性分析，提出在大学生中弘扬与培育志愿精神的原则和对策建议。

（二）研究技术路线和主要内容

本书遵循"问题提出→理论关系分析→模型构建→形成假设→实证检验→结果分析→研究结论"的思路，对大学生志愿精神的作用机理进行较为完整的解释，并提出大学生志愿精神培育和志愿服务事业发展的对策、未来理论发展方面的启示。图1-1即为本书的研究技术路线图。

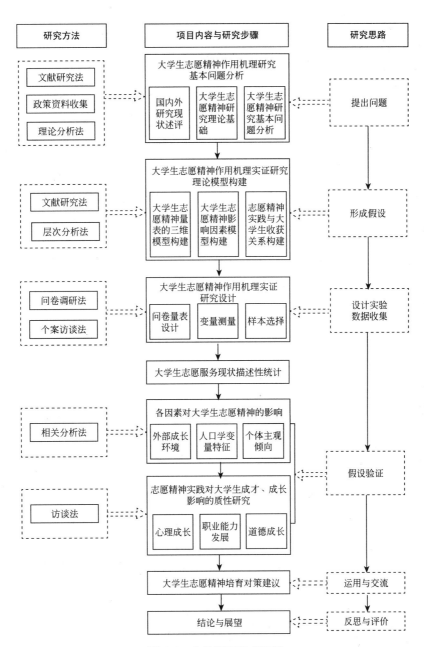

图 1-1 本书研究技术路线

在总体思路和框架上，本书结构安排及主要内容如下：

第一章"导论"。本章首先简要描述了本书的研究缘起、研究目的及大学生志愿精神作用机理研究的意义，然后提出本书的基本思路、研究技术路线、主要内容及方法，并说明本书的主要创新之处。

第二章"大学生志愿精神文献回顾与评析"。本章首先对国外志愿精神文献进行综述，围绕志愿精神与志愿服务的概念界定、志愿精神培育与大学生成才、成长及大学生志愿精神形成与发展的影响因素等问题展开理论回顾；然后就新世纪以来国内大学生志愿精神概念与内涵的界说、形成与发展、价值与意义、现状与培育对策等方面展开系统的梳理；并反思当前国内大学生志愿精神研究方面存在的不足和未来努力的方向。

第三章"大学生志愿精神研究的理论基础"。本章首先指出大学生志愿精神应该有马克思主义理论的正面话语回应，并从社会存在与社会意识辩证关系原理、马克思主义道德学说、马克思主义实践论、人学理论等为大学生志愿精神研究做出理论阐释；另外本章还借鉴高等教育哲学和服务学习理论，分析了大学生志愿精神研究的理论基础。

第四章"大学生志愿精神基本问题研究"。本章首先分析了志愿精神及相关概念，从作为社会意识、调控行为规范、意识主体道德品质和利益诉求的三维内涵进行理论阐释，并考察了大学生志愿精神的功能、特征及实践领域。

第五章"大学生志愿精神作用机理研究设计"。本章首先就大学生志愿精神及其影响因素进行理论模型的构建，并就大学生志愿精神生成的影响因素及个体效用形成研究假设，然后对大学生志愿精神量表及影响因素调查问卷进行研究设计和预测试分析。

第六章"大学生志愿服务现状数据分析与假设检验"。本章首先对本次实证调研总体数据采集情况进行说明，并在此基础上就大学生志愿服务现状进行描述性统计分析，然后就志愿服务动机进行实证研讨。

第七章"大学生志愿精神影响因素的实证调研"。本章内容主要运用描述性分析、相关分析、T检验等统计方法，就大学生志愿精神与大学生外部成长环境、内部主观价值倾向、人口学特征内部差异显著性等问题进行进一步的分析。

第八章"志愿精神与大学生成才、成长的质性研究"。本章以质性研究方法验证了志愿精神实践抑或志愿服务参与的频度和深度等对大学生心理成长、职业能力发展、道德发展的效应具有正相关的关系。

第九章"研究结论及对策建议"。本章总结了本书的主要研究结论，探讨了大学生志愿精神培育的原则和对策建议，分析了本书研究中存在的局限和未来深入研究的方向。

（三）研究方法

辩证唯物主义与历史唯物主义是科学的世界观和方法论，也是作为思想政治教育重要内容的大学生志愿精神作用机理研究基本的方法论。在此理论指导下，围绕大学生志愿精神的内涵、作用、影响因素、对策分析等问题的研究需要，并结合课题组研究人员掌握的现有研究方法等，本课题采用的具体方法主要有以下几种。

1. 文献研究法

文献研究法是社会科学研究中一种非常普遍也很重要的方法，它可以帮助我们在短时期内掌握大量的资料。任何研究都是在前人研究成果的基础上进行的，需要充分借鉴、吸收前人或同时代其他学者的研究资料和成果。因此，在大学生志愿精神作用机理的研究过程中，我们一方面通过大量收集国内外相关专著、学术论文、调研报告、新闻报道、网络资讯等资料，并对其进行系统梳理、归纳、整理和综合分析，以此达到对大学生志愿精神及志愿服务研究现状和前沿动态的全面把握，形成关于大学生志愿精神的理论基础、内涵与功能、影响因素、弘扬的基本认识和观点；另一方面，通过对有关大学生志愿服务发展、志愿精神弘扬和培育的法律法规、文件和领导人讲话精神等资料的学习，达到把握我国大学生志愿精神培育和志愿服务事业未来发展趋势的目的，为实现课题研究兼具理论性与实践性打下坚实的基础。

2. 定量研究方法

定量研究（Study on Measurement，Quantitative Research）是与定性研究（Qualitative Research）相对的概念，也称量化研究。定量研究即"确定事物某方面量的规定性的科学研究，就是将问题与现象用数量来表示进而去分析、考验、解释从而获得意义的研究方法和过程"①。定量研究主要采用问卷调查法、相关法和实验法，通过经验测量、统计分析和建立模型等手段，运用数据、模式、图形等形式来表达某一研究结论。本研究主要采用问卷调查法和相关法来研究大学生志愿精神及其作用机理。第一，我们从大学生志愿精神的认知、志愿服务情感和志愿服务行为倾向等三个维度设计了大学生志愿精神结构的自编量表，用于测量大学生志愿精神的发展水平；第二，设计了大学生志愿服务现状的调查问卷，用以了解大学生志愿服务参与的基本信息；第三，从家庭、学校、社会、网络媒体环境等四个层面，自编大学生志愿精神形成和发展的外部影响因素问卷，用以检验外部环境与大学生志愿精神生成的关系；第四，运用国内外使用较多、信效度较好的志愿服务动机量表、中国大学生人格特质量表、人际信任量表、自我效能感量表等反映大学生主观价值倾向，与自编大学生志愿精神量表一起，测量大学生个体内部环境对志愿精神现状的影响状况；第五，调查对象的基本信息设计包括性别、年级、政治面貌、学生干部、是否注册志愿者等，用以对大学生志愿精神从人口学基本特征做差异分析。

关于定量研究的统计方法运用问题，笔者计划结合思想政治教育学进行分析。统计方法主要采用频度、均数、T检验、方差分析、相关分析、回归分析、路径分析、聚类分析、结构方程建模等。随着统计原理与方法在教育领域的广泛应用，包括大学生志愿精神、志愿服务研究在内的思想政治教育研究者们逐渐认识到定量研究中统计方法运用的重要性。国外在志愿精神研究的定量分析上引用统计学原理和

① 陈必滔：《社会科学概览》，社会科学文献出版社2011年版，第188页。

方法较多，其研究成果相对成熟和丰富。陈文婷、刘佳琪（2012）在《试论统计方法在思想政治教育研究中的运用——基于两种思想政治教育类学术期刊的实证分析》一文中指出，新世纪以来国内已有学者运用统计方法来分析思想政治教育研究中的某个具体现象或问题，但总体来看"应用范围仍不广，调研问卷或量表缺乏信度、效度检验，大量使用统计描述方法，缺乏进一步的统计检验手段，运用的统计方法过于单一，统计方法使用程序尚待规范等问题"①。通过对新世纪以来国内关于志愿精神研究现状的回顾，我们发现定量研究采用的统计方法也呈现如上不足。过去很长一个时期，我国社会科学只重视定性研究，而有意无意地忽视定量研究。作为人文社会科学的一个门类，新时期思想政治教育的科学化、规范化，需要将定性研究与定量研究相结合，在定性研究的基础上，积极开展综合运用统计方法的量化研究。因此，本书努力将定性研究与定量研究相结合，在对大学生志愿精神研究相关理论依据、大学生志愿精神内涵、特征、功能等基本理论问题进行阐释的基础上，探索综合运用描述性分析、相关分析、T检验、方差分析等统计方法对大学生志愿精神、志愿服务发展现状、志愿精神形成和发展的内外影响因素等问题进行实证研讨。

3. 质性研究方法

所谓质性研究指的是"以研究者本人作为研究工具，在自然情境下采用多种资料收集方法对社会现象进行整体性探究，使用归纳法分析资料和形成理论，通过与研究对象互动对其行为和意义建构获得解释性理解的一种活动"②，其收集资料的方法可以有访谈法、观察法等。践行志愿精神、开展志愿服务活动对大学生的成才、成长究竟有什么影响，我们围绕大学生的心理发展、职业能力发展、道德发展等三个方面开展个案访谈和小组焦点访谈；课题负责人利用多次宣讲志愿精神的契机，与大学生探讨志愿服务认知、动机、收获等问题；课

① 陈文婷、刘佳琦：《试论统计方法在思想政治教育研究中的运用——基于两种思想政治教育类学术期刊的实证分析》，《思想理论教育》（综合版）2012年第9期。

② 陈向明：《质的研究方法与社会科学研究》，教育科学出版社2000年版，第12页。

题组成员利用担任学生志愿组织指导老师的身份，长时间跟踪并参与学生志愿服务过程，通过长期、细致的观察，对大学生志愿服务的思想认知、行为变化、意义框架的"实际状况"进行分析归纳。

4. 多学科交叉综合研究方法

人文社科研究者在现代社会面临诸多复杂问题之时均需要确立跨学科研究的意识和能力。跨学科研究的实质是知识的重新组织与整合，它需要人们破除研究固有知识体系的束缚，利用多学科、多角度、多层次的交叉研究和综合研究来分析愈发复杂的社会问题。大学生志愿精神作用机理及实证研究从一般意义来说是一个高校思想政治教育方面的研究选题，涉及志愿精神的内涵、特征、功能、形成与发展的影响因素等问题，但是当代大学生志愿精神的形成与行为转化，实则也是一个问题群，如大学生志愿者在志愿服务过程的心理变化和能力发展、大学生志愿服务持续发展的机制保障、大学生志愿精神形成与发展的社会环境优化等问题都将涉及教育学、心理学、社会学、伦理学、政治学等研究成果，因此既需要有马克思主义理论学科的整体指导，又要扎根研究对象具体而丰富的现实内外主客观环境，从多学科交叉综合研究以实现对复杂问题的全面认知和综合解决。

四　研究创新之处

本书经过对现有研究成果认真扎实地研读分析后，对大学生志愿精神作用机理涉及的有关问题进行了较为深入的理论分析和实证研究，我们认为本书的可能创新之处有以下几个方面。

第一，运用马克思主义理论系统分析大学生志愿精神和行动研究的立论基础，这在国内目前的研究尚属少见。综观我国当前关于大学生志愿精神和志愿服务的研究，学者大都运用道德主体理论、马斯洛的需求层次理论、社会资本理论、公民社会理论等阐释其思想基础，在中国特色社会主义的志愿服务理论研究中，理应有马克思主义理论的正面话语回应。同时，本书还从高等教育哲学、服务学习理论等视角对大学生志愿精神研究做了理论剖析，进一步丰富了大学生志愿精神的理论研究资源。

第二，建构了大学生志愿精神的理论模型，编制了具有良好信效度的大学生志愿精神量表。目前国内已有关于大学生志愿精神的调查问卷（量表），但多数缺乏统计学意义上的检验分析。本量表从认知、情感和行为倾向三个层面对志愿精神进行模型构建，并进行严格的信效度分析和验证分析。这为开展大学生志愿精神发展现状调研提供了有价值的测评工具，具有一定的推广应用价值。

第三，系统分析了大学生"家庭、学校、社会、网络媒体和个体"等因素对大学生志愿精神形成与发展的影响。已有的研究虽然也有对大学生志愿精神影响因素进行考察，但各有侧重，研究者无法全面、系统地了解大学生志愿精神的影响因素。本书通过建构大学生志愿精神的多维生态系统模型，通过自编问卷和借鉴国内外成熟的量表，全面研究分析了家庭、学校、社会、网络媒体及人格特质、人际信任、自我效能感等内外环境对大学生志愿精神发展、大学生志愿服务行为选择的作用机理，为进一步优化大学生志愿精神培育环境提供了崭新的研究视角。

第四，综合运用量化研究与质性研究方法，使所探讨的问题得以全面而深入的分析。本研究通过对全国 7 个省份 11 座城市的 18 所高校近 4000 个有效样本的数据采集，综合运用多种统计分析方法对大学生志愿精神发展现状、影响因素进行量化研究；并采用质性研究方法，对近 100 名志愿者进行访谈，围绕志愿服务对大学生自我成才、成长的影响进行研究。总体看来，在思想政治教育研究中综合运用传统研究范式和量化及质性研究的实证研究范式符合当今社会科学与自然科学研究发展的基本趋势。

第二章

大学生志愿精神研究文献回顾及评析

对已有研究历史和成果的学术考察和分析，对开展有价值的学术研究不仅必要而且重要。目前国内外围绕大学生志愿精神、志愿服务等问题已经出现了一些研究成果。本章将首先对大学生志愿精神相关问题的研究状况做一回顾，并在此基础上明确本课题研究的主旨。

一　国外大学生志愿精神文献研究综述

西方国家关于志愿精神的研究多数是从志愿服务来体现的，其志愿服务实践和理论研究活动相对成熟与丰富。源于19世纪初西方国家宗教性慈善的志愿服务活动经过两百多年的发展，已成为现代社会治理的重要实践形式。正如莱斯特·萨拉蒙教授所评价的："世界正在兴起'全球结社革命'，在全球各个角落，有组织的私人志愿活动风起云涌。"① 众多志愿者积极活跃于包括助学助困、医疗卫生、宗教

---

① Lester M. Salamon. "The Rise of Nonprofit Sector", *Foreign Affairs*, Vol. 74, No. 3, 1994.

慈善、法律援助、生态保护，甚至政治选举等领域。立足丰富而成熟的志愿服务实践活动，国外学术界关于志愿精神的研究成果颇丰。

（一）关于志愿精神与志愿服务的概念界定

志愿精神，已经是一个引起广泛关注的研究话题。但志愿精神在各国的含义迥异。"英国和美国志愿服务精神的概念、法国'voluntariat'、意大利'voluntariato'、瑞典'frivillig verkshambet'，或者德国'Ehrenamt'有着不同的历史，有着不同的文化和政治含义。"①如在德国，志愿精神是同"荣誉工作"相联系的，作为一种维持政治共同体的特殊行为。何谓志愿精神？Ellis，S. J. 和 Noyes，K. K. 认为志愿精神是个体或者组织按照自我意志和兴趣去改善他人与社会的生存与发展条件，不以获取任何私利与报酬的思想意识。Snyder & Omoto 给志愿精神下的定义是"对服务对象不负先前责任的情况下，人们自主寻找机会去帮助那些需要帮助的人并作出持久可信的承诺"②的公民意识。管理学大师彼得·德鲁克认为志愿服务组织提供的服务和产品就在于为改善人们生活质量和社会福祉而努力，其蕴含着的精神品质是仁爱、利他和充满公益特性的。尽管因为历史文化传统和政治体制等因素的不同，志愿精神的概念界定多样，但学者们多数是从个体的思想意识层面及其指向的公益特性来揭示志愿精神的内涵。

国外有研究成果认为志愿精神、志愿服务与亲社会行为、利他主义密切相关。服务对象在接受志愿者基于利他主义的奉献和服务过程中，体悟社会公益的互动循环和基于责任的亲社会行为的必要性，并转投到志愿服务的队伍从而增加社会公益储量。近年来，学者们基于不同的研究旨趣对于志愿服务做了不同的解释。Wilson 等认为"只要

　　①　Anheier，Helmut and Lester M. Salamon. "Volunteering in Cross-National Perspective：Initial Comparisons"，*Law and Contemporary Society*，No. 62，1999.

　　②　Snyder，M. & Omoto，A. M.，Doing Good for Self and Society：Volunteerism and the Psychology of Citizen Participation. In M. VanVugt，M. Snyder，T. R. Tyler & A. Biel (Eds)，*Cooperation in Modern Society*. Routledge，2000，pp. 127—141.

是为别人、社会的更好生存和发展而让渡自己的时间精力的活动都可以视为志愿服务活动"①。Snyder & Omoto 则认为"志愿服务应是一种组织性行为，是志愿者自愿对需要受助的对象提供持久而不支酬的助人行为"②，它具有自愿性、计划性、持续性、组织性、非营利性和互动利他性的特征。

（二）关于大学生志愿服务动机的研究

"分析人们为什么从事志愿服务即志愿服务的动机问题是众多社会科学研究者探求的一个重要话题。"③ 国外关于志愿服务动机研究可以分传统心理学研究路径和政治经济学取向研究路径。传统研究路径经历过早期的"双因素、三因素模型到多因素模型的发展"④。Horton-Smith 在 1981 年首先建立了一个关于志愿者动机的双因素模型，将"志愿者动机分为利他动机和利己动机"⑤。此后，Fisch & Gerrard（1981）、Latting（1990）、Hwang（2005）等人也研究了志愿服务的利己（如出于社交需要而去接触人）和利他（如同情那些需要帮助的人们）两种动机。Fitch（1987）编制了一套有 20 个题项的志愿服务动机量表，并选择大学生志愿者作为调研对象，调研数据显示，大学生志愿服务动机存在"利他、利己和社会责任动机"⑥ 三因素。在 20 世纪 80 年代，国外关于志愿服务动机的大量研究是双因素和三因素模型，这为今后志愿服务动机更为深入地研究奠定了基础。但这些

① Wilson，John and Marc Musick. *Women's Labor Force Participation and Volunteer Work*. Nonprofit Sector Research Fund Working Paper Series，Aspen Institute，2000.

② Snyder，M. & Omoto，A. M.，"Volunteerism：Social issues perspectives and social policy implications". *Social Issues and Policy Review*，No. 2，2008，pp. 1—36.

③ 卓高生等：《大学生志愿服务动机功能理论及实证研究》，《统计与决策》2014 年第 6 期。

④ Esmond，J. & Dunlop，P. *Developing the Volunteer Motivation Inventory to Assess the Underlying Motivational Drivers of Volunteers in Western Australia*. CLAN WA-INC，2004.

⑤ Horton-Smith，D.，"Altruism，volunteers，and volunteerism". *Journal of Voluntary Action Research*，No. 10，1981，pp. 21—36.

⑥ Fitch，R. T. "Characteristics and motivations of college students volunteering for community service". *Journal of College Student Personnel*，No. 28，1987，pp. 424—431.

研究缺乏实证数据，或是某个志愿者组织的小样本研究，且很少"有研究内容分析验证动机的划分类型并关注不同动机之间的相互联系"①。

多因素模型的理论基础为机能主义心理学的功能分析。功能分析关注的是支撑和产生信念与行动的原因与目的，当人们认为某种特定的活动能为他们提供重要的心理功效时，他们就会采取行动。根据这种理论，"如果个体相信这种行动可以满足其一个或更多的心理需求时，个体就会主动参与志愿服务"②。Clary 等人（1998）在 Omoto & Snyder（1995）已有研究的基础上，从"需要—动机—行为"出发，把志愿服务的五种功能丰富发展为六类参与动机，如"价值功能、理解功能、增强功能、职业功能、社会功能和保护功能"③，并编制了"志愿者功能问卷"（the Volunteer Function Inventory，VFI）。

在微观经济学研究者看来，志愿服务行为是不以直接的经济回报为目的的。那么究竟是什么驱动志愿者做出符合理性的选择模式呢？他们认为潜在的志愿者会寻找志愿服务机构所能提供的激励或诱惑，这种激励、诱惑或称"收益"便是驱动志愿服务的合适诱因。经济学家比心理学家更强调诱因的重要性，认为仅有动机不足以引发志愿服务行为，动机必须由志愿服务机构通过将诱因（收益）与动机匹配来加以引导。根据"激发志愿行为的一般动机"和"志愿服务行为能带来的收益"，经济学家又将其做了"公共利益模型（public goods model）、个人消费模型（private consumption model）和投资模型（investment model）"④ 的划分。详见表 2-1。

---

①　羊晓莹：《国外志愿者动机研究及其启示》，《当代青年研究》2011 年第 1 期。

②　［美］马克·A. 缪其克、约翰·威尔逊：《志愿者》，魏娜等译，中国人民大学出版社 2013 年版，第 54 页。

③　Clary. "Understanding and assessing the motivations of volunteer: a functional approach". *Journal of Personality and Social Psychology*, No. 74, 1998, pp. 1516—1530.

④　Ziemek, S. "Economic analysis of volunteers' motivations-A cross-country study". *The Journal of Socio-economics*, No. 35, 2006, pp. 532—555.

表 2-1   志愿行为解释模型

模　型	收　　益	一般动机
公共利益	利他收益（如公益资本扩大）	增加公共利益
个人消费	自我价值收益（如自我同一性、社会地位、自我道德满足感、心理愉悦）	从志愿行为本身获得乐趣
投　资	交换收益（如扩大个体社交网络、增强就业能力、实现个人目标）	为了获得劳动力市场的经验、技能和社会关系

　　政治科学家认为志愿者的志愿服务行为是受某个特定议题的驱动，并倾向于将动机界定为对"推动政治参与的事情"① 感兴趣，如草根行动主义实践者因对环保、堕胎等现象的某种不满情绪而有助于动员志愿者。研究成果表明这种参与其动机有为工作、职业提升或帮助解决个人和家庭问题等物质利益，有为合作共事而获得社交满足，有为社区的福利做贡献而满足作为市民应尽的社会责任感，有为希望影响公共政策的公益理念等。这与上述经济学理论研究者所分析的三种模型有相似之处。

　　（三）关于志愿精神培育与大学生成长、成才研究

　　当今世界各个国家都高度重视在大学中开展志愿服务活动。美国志愿服务活动是"联邦政府、州政府与高校、非政府组织和社会工作机构通力合作，协同配合，形成了一套较为完整的运行机制和良好的志愿服务社会文化土壤"②；英国大学生志愿服务主要从社区服务、志愿服务与促进就业相结合、推动服务弱势群体、发展志愿服务文化等四个方面予以推进；20 世纪 90 年代，日本大学生志愿服务活动在社会福利、环境保护、青少年教育、终身教育及国外援助等领域广泛开

---

　　① ［美］马克·A. 缪其克、约翰·威尔逊：《志愿者》，魏娜等译，中国人民大学出版社 2013 年版，第 66—67 页。

　　② 王民忠、梁碧韬：《美国大学生志愿服务机制及经验借鉴》，《北京教育》（高教版）2013 年第 8 期。

展；在韩国，志愿服务活动是必修科目，要求每个学生每年必须要进行 40 小时以上的志愿服务。

为什么会有越来越多的大学生选择加入公益志愿服务活动中来？他们所从事这项志愿服务活动的意义有什么？这些问题都是学者们普遍关注的。Crandall & Harris（1976）研究发现大学生志愿者认为"参与志愿服务行动是一种社会常态，它体现的是一种个体的社会责任感"[1]。调查数据显示，超过 80% 的人回答可以从中获得帮助他人的某种满足感和视帮助他人以解决社会问题为自己的责任。Verba（1995）和他的同事通过对文献的研究回顾发现，"志愿服务的经历将有助于大学生们增强公民技能，反过来进一步影响到他们的政治参与度"[2]。就个人成长而言，研究证明，大学时期的志愿者精神的实践会带来一些好处，比如领导才能方面的知识和技巧、团队沟通能力、思辨能力、社会正义感、道德品质修养等。Blyth（1997）通过调研分析发现，"一年中志愿服务超过 40 小时的学生比那些没达到这么多时间的学生志愿者拥有更强的社会责任感和处事能力"[3]。另外，Gillespie & King（1985）认为"不同年龄组的志愿者给出的解释是不同的。三十五六岁的及更年长的人会表现出更强的社会责任感或利他主义，而包括大学生在内的青年人则表现得更加看重加强工作技能和寻求工作机遇的动机"[4]。

（四）关于大学生志愿精神形成与发展的影响因素研究

大学生志愿精神的形成与发展究竟有哪些影响因素？这是目前多数研究成果比较集中的一个话题。相关成果运用实证研究的方法围绕

① Crandall，J. E. & Harris，M. D.，"Social Interest，Cooperation，and Altruism". *Journal of Individual Psychology*，No. 32，1976，pp. 50—53.

② Verba，Sidney，Kay Lehman Schlozman and Henry E. Brady. *Voice and Equality：Civic Voluntarism in American Politics*. Cambridge：Harvard University Press. 1995.

③ Blyth，Dale A.，Rebecca Saito and Tom Berkas. "A quantitative study of the impact of service learning programs". In Alan S. Waterman（ed.），*Service-Learning：Applications from the Research*，Mahwah，NJ：Lawrence Erlbaum. 1997，pp. 39—56.

④ Gillespie，D. F. and King，A. E.，"Demographic Understanding of Volunteerism". *Journal of Sociology and Social Welfare*，No. 12，1985，pp. 798—816.

动机、人格特质、信任、价值观和人口学变量等因素进行分析。

研究者采用多学科视角来观察大学生志愿精神的培育和志愿服务行为的影响因素。社会学视角下既关注宏观的社会化环境，如有研究认为志愿者志愿服务频次与父母是否参加过志愿服务有关；也关注微观领域的如性别、年龄、学科、受教育程度、志愿服务经历等对志愿服务持续发展的影响。心理学视角下研究者如 Omri Gillath & Phillip R. Shaver（2005）主要关心的是"人们为什么会成为志愿者"及"什么样的人会成为志愿者"等问题，其研究的视角多数关注"人格、依恋、移情、信任、动机等因素对于志愿服务、志愿精神的影响"[1]。Gray（2010）对志愿服务和核心价值观的关系进行了研究，他发现"志愿服务是个性发展、品格发展的维度，也是发展个人技能的集结地"[2]。

二 21世纪以来国内大学生志愿精神研究现状

（一）研究基本概况

"志愿精神研究成果已有一定数量。"[3] 本研究选取"中国学术文献网络出版总库"所载"志愿精神"相关文献进行统计分析[4]，将检索途径选择为"篇名"，检索词输入"志愿精神"进行"精确"查找，排除重复文章，从 2000 年 1 月 1 日至 2013 年 12 月 30 日之间共检索

---

① Omri Gillath and Phillip R. Shaver. "Attachment, caregiving, and volunteering: Placing volunteering in an attachment-theoretical framework". *Journal of Personal Relationship*, No. 12, 2005, pp. 425—446.

② Gray, B. "The rise of voluntary work in higher education and corporate social responsibility in business: perspectives of students and graduate employees". *Journal of Academic Ethics*, No. 8, 2010, pp. 95—109.

③ 卓高生：《新世纪以来国内志愿精神研究回顾与展望》，《中国特色社会主义研究》2014 年第 2 期。

④ 检索时间为 2014 年 2 月 1 日。

到 137 篇论文，14 篇硕士学位论文，2 篇博士学位论文。根据不同年度学术期刊论文的发表情况来看，2008 年以后我国相关学术性论文不断增多，2011—2013 年的发文量（81 篇）几乎等于前 10 年（2001—2010）发文量的总和。同时，大量优秀的学术专著和调研报告出版，如《志愿精神在中国》[①]《经验·价值·影响：2008 北京奥运会、残奥会志愿者工作成果转化研究》[②]《中国公民志愿行为研究（2011）——现状、特点及政策启示》[③] 等。还有一些是翻译介绍国外志愿服务开展的概况及研究成果的文献，如《志愿者》[④]《外国的志愿者》[⑤]《第三域的兴起：西方志愿工作及志愿组织理论文选》[⑥] 等。

相关研究课题予以立项。从事志愿服务研究的理论工作者不断增多，并积极申报各类项目。其中，国家社科基金项目（2002—2015）共有"大学生志愿精神的作用机理与实证研究""志愿精神的理论及培养研究""转型时期青年志愿者社会动员研究"等 17 项获得资助并相继展开研究，全国教育科学"十一五""十二五"规划课题，如"以志愿服务为载体的大学生社会责任养成研究""大学生社会责任感养成机制研究——以大学生志愿者为研究对象""大学生志愿服务的公益性与利益补偿问题研究""大学生志愿者志愿服务行为模式及其影响因素的研究""大学生的志愿行为及其长效激励机制研究"等 8 项课题取得了阶段性成果。

相关研究机构相继成立。近年来，一些高校和研究部门成立了相关的志愿服务研究机构，如北京大学公共服务与社会管理研究中心就

① 丁元竹等：《志愿精神在中国》，联合国志愿人员组织—联合国开发计划署，1999年版。

② 魏娜等：《经验·价值·影响：2008 北京奥运会、残奥会志愿者工作成果转化研究》，中国人民大学出版社 2010 年版。

③ 张网成：《中国公民志愿行为研究（2011）——现状、特点及政策启示》，知识产权出版社 2011 年版。

④ ［美］马克·A. 缪其克等：《志愿者》，魏娜等译，中国人民大学出版社 2013 年版。

⑤ 冯英等：《外国的志愿者》，中国社会出版社 2008 年版。

⑥ 李亚平等：《第三域的兴起：西方志愿工作及志愿组织理论文选》，复旦大学出版社1998 年版。

志愿服务的发展现状、未来发展趋势等展开研究，为各级地方政府提供决策咨询研究，与社会福利研究机构开展学术交流等；北京师范大学中国公益研究院注重国际视野与本土实践相结合、理论研究与应用研究并重，以公益行业、儿童福利和老年人福利为重点研究领域；北京志愿服务发展研究会作为全国第一家专业从事志愿服务研究的社会团体，在深入推动志愿服务学术研究成果的固化、转化及推广工作等方面进行对策性与理论性研究；广州志愿者学院作为全国首家由政府主导兴办的志愿者学院正着力做好对志愿者的组织、管理、培训、研究和交流活动，其中"培训"和"研究"是最重要的工作。

（二）主要研究内容

1. 志愿精神概念与内涵的界定

学者们从不同的视角对志愿精神的概念进行界定和阐发，归纳起来有以下几个层面。

第一，从人的主体性层面指出志愿精神是引导并制约志愿者进行志愿服务工作时的人文精神。众多学者普遍采用对志愿精神的如下界定，它"是个人对生命价值、社会、人类和人生观的积极态度；是公众积极参与社会生活的一种非常重要的形式"[1]。作为社会成员，个体与外部关系发生的利他互动中彰显的志愿精神多数遵循着"个人或团体依其自愿意志和兴趣，本着帮助他人与服务社会的宗旨，不求私利和报酬的社会理念"[2]。这些语义界定体现了志愿精神内含着对人的关爱、对人的生存环境的关怀、对人的利益诉求正当性表达的深切同情、对人的美好未来的积极呼唤，表现了人的主体性发挥所具有的特征。

第二，从伦理性层面指出志愿精神作为一种德行形式的理论意蕴。人类的日常生活世界中有与他人进行情感交流的精神生活需求。在现代社会，这种精神生活随着私域与公域的逐渐分化而变得尤为独

---

① 丁元竹：《建设健康和谐社会》，中国经济出版社 2005 年版，第 15 页。

② 沈杰：《志愿行动：中国社会的探索与践行》，人民出版社 2009 年版，第 23 页。

立、自主、开放和丰富。志愿精神外显的志愿服务行为就是个体作为独立人格呈现的一种德性生活方式，它是社会个体主动而自觉卷入公域的道德选择，是志愿者个人精神生活的生命经纬，"体现着浓厚的人文关怀"①。也有学者指出志愿精神的实质可以理解为一种服务社会即"利他"与自我完善即"为己"之间的中道，即志愿者通过志愿服务来追求"为己与利他的和谐"②，从而呈现公益与自我实现结合为一体的价值取向。它们从伦理德行的视角反映了个人的道德境界与社会整体的生命价值，呈现德行、实践与价值诉求的统一。

第三，从社会性层面揭示志愿精神对公共生活空间完善的重要地位和作用。亚里士多德说："幸福乃是在完满生活中德性的实现"③。志愿精神在日常生活世界的指向是对他人生存状态的关注和对他人发展权利的尊重。当一个个志愿者用奉献、友爱、互助来陶铸幸福生活的模型、创设美好空间之时，我们对于"志愿精神的核心是服务、团结的理想和共同使这个世界变得更加美好的信念"④ 将有更深的理解。"全球结社革命"时代的到来亟须现代社会治理精神的确立。当我们生活的每个角落都呈现出大量的有组织的私人活动和志愿服务活动之时，志愿精神将是"公民社会组织的精髓"⑤，是多元价值并存的社会实现"多元宽容""善意表达""公益生成"的道德基础。

第四，从包括的要素方面指出志愿精神的具体内涵。志愿精神作为一种人格力量的体现，也是社会发展的价值坐标，标志着一个社会发展成熟的程度。江泽民同志在进入新世纪之际给中国青年志愿者的来信中曾提出"奉献、友爱、互助、进步"的志愿精神。此后学者们

---

① 张洪彬、张澍军：《生命实践的视界：作为一种德性形式的志愿精神》，《思想教育研究》2011 年第 3 期。

② 曹刚、任重远：《为己与利他的中道——志愿精神的伦理解读》，《广西民族大学学报》（哲学社会科学版）2009 年第 3 期。

③ 苗力田主编：《亚里士多德全集》（第八卷），中国人民大学出版社 1992 年版，第 310 页。

④ 沈杰：《志愿行动：中国社会的探索与践行》，人民出版社 2009 年版，第 22 页。

⑤ 丁元竹、江汛清：《志愿活动研究：类型、评价与管理》，天津人民出版社 2001 年版，第 2 页。

从不同的视角论述志愿精神包括的要素来阐释其具体内涵，如陶倩[①]、谭玉龙[②]从德行伦理的视角解析志愿精神四要素的"前提、核心、本质及结果"等内在逻辑关系。李培超、皮湘林则从"价值导向、行动导向与目标导向"[③]三个维度分析了志愿精神的四大要素。由此，在志愿精神的引领之下，个体关怀伦理的彰显、责任意识的确立、实践行动的付出都将立体地呈现于志愿者健康开放的文化心态和精神风貌中。

2. 志愿精神的形成与发展厘析

一方面是事实性地阐述其生成的历史与现实传承，如李潇潇指出虽然志愿服务对于中国来说是一个"舶来品"，但"中国传统文化的众多人文因子早已具备了志愿精神的要素。随着全球化、民主化的进程以及公民社会的日益发展，现代意义上的志愿精神不断走向成熟"[④]。卞策也认为作为公民意识的一个重要组成部分，志愿精神是对中华民族"团结友爱、助人为乐、见义勇为、尊老爱幼等传统美德的继承和发扬，也是对社会主义时代精神的弘扬和继承"[⑤]。我国在改革开放初期引入"志愿精神""志愿服务""志愿者"等概念，全国性的志愿服务事业正式开展于20世纪90年代，志愿服务正逐步成为一种"文化时尚"。在过去二十多年的时间中，志愿服务迎来了领域的多样化、参与人员的大众化和社会影响力扩大化，志愿精神和志愿服务也得到了党和国家领导人的高度重视，并逐渐形成中国特色的志愿服务文化。宋佳东总结中国志愿精神的形成与发展是"融合社会主义价值

① 陶倩、刘海云：《志愿精神的德性分析》，《上海大学学报》（社会科学版）2008年第1期。

② 谭玉龙：《我国志愿精神培育中的政府责任研究》，硕士学位论文，广西民族大学，2008年，第5页。

③ 李培超、皮湘林：《构建和谐社会语境下的志愿精神的意义解读》，《广西民族大学学报》（哲学社会科学版）2009年第5期。

④ 李潇潇：《论志愿精神在构建社会主义核心价值体系中的功能》，《北京青年政治学院学报》2007年第4期。

⑤ 卞策：《大学生志愿精神解析》，《黑龙江高教研究》2011年第10期。

观念、中国传统文化观念、西方志愿文化"① 于一体的结晶。

另一方面，从理论的视角阐释志愿精神生成的精神条件。人类在面向未来，面对充满激烈冲突、变革与矛盾的现实世界时，应该要理性地选择精神形态和文明方式。如张洪彬、张澍军从德性生活、生命实践、人性超越与完满等视角，将道德预设为志愿精神生成的精神条件，提出了"志愿精神生成的前提：基于道德的实践方式"②。志愿精神的萌生与成长过程中，体现了生命个体在自我的道德理解下所做出的道德选择，由此认为志愿服务这一行为本身是"应当"的选择，而不是"必须"的问题，也使得志愿精神带上了道德的理想色彩。而除去伦理德行的因素，在社会主义市场经济条件下，志愿精神表现出区别于计划经济体制下的强制性、国家化、政治化、集体化和同质化的另一种鲜明的特性，呈现出"自愿性、社会化、公益化、多元化和个性化"③ 等特点。葛敏在其硕士学位论文中也分析了大学生志愿精神具有的"进步性、导向性、自觉性、体验性"④ 等特征。

3. 志愿精神的多维价值研究

当一个时代的价值取向形成便会对社会生活的诸方面产生影响。作为社会主义文化和时代精神元素的志愿精神，其功能与价值也成为学者们研讨的具体议题，并有着诸多共识。

第一，志愿精神与社会主义和谐社会构建。一个公共领域发达的社会，必须要有志愿精神等道德资本支撑与推动。丁元竹认为志愿精神是一种公民精神，是一种看不见的和谐，也是一种社会责任和生活品质，是和谐社会的"软实力"⑤，它能消除人们之间的误解和隔阂，增进彼此之间的理解，并通过外显于志愿者的实际行动来诠释责任、

---

① 宋佳东：《论"志愿精神"的弘扬》，《光明日报》2011 年 2 月 20 日第 7 版。

② 张洪彬、张澍军：《论志愿精神与道德内在关联》，《东北师大学报》（哲学社会科学版）2011 年第 3 期。

③ 刘少杰、王建民：《市场经济条件下的志愿者精神》，《社会科学研究》2009 年第 3 期。

④ 葛敏：《我国大学生志愿精神培育研究》，硕士学位论文，南京师范大学，2010 年，第 13—21 页。

⑤ 丁元竹：《志愿精神是和谐社会的"软实力"》，《社区》2008 年第 10 期。

爱心、关怀、公平、正义等价值观念。宋佳东[①]、李培超、皮湘林[②]从和谐社会构建的视角指出志愿精神的个体价值、社会价值和生态价值。

第二，志愿精神与社会主义核心价值体系。志愿精神是涵盖于社会主义核心价值体系中精神层面的一部分。李潇潇认为志愿精神体现并促进了社会主义核心价值体系的建设过程，具有"动员社会公众的凝聚功能、丰富精神内容的人文教育功能、提供精神动力的示范功能"[③]等。蔡婷玉认为"志愿精神充分体现了社会主义核心价值，它反映了马克思主义的内在要求，促进了中国特色社会主义共同理想的形成，体现了民族精神和时代精神的价值内涵，丰富了社会主义荣辱观的精神要素"。同时社会主义核心价值体系又引领志愿精神深入发展，"使志愿精神提升到更高的思想境界，使志愿精神融入了新的价值元素，为志愿精神提供了实践指南"[④]。

第三，志愿精神的教育价值。在对志愿精神的教育价值不断探索中，学者们也从不同层面做了分析，如有从伦理的视角指出志愿精神在"培育个体道德理想、提升道德境界、养成优良道德品质、营造崇善行善的道德氛围、倡导积极有为的道德修养方法"[⑤]等方面的一般教育价值；有从大学生主体自我角度指出志愿精神"表达了大学生自主的公共服务意识，体现了大学生对价值合理性的追求，促进大学生成为社会主义四有新人"[⑥]；有从大学校园文化建设来看，"以志愿精神为主题的校园慈善文化是对大学生进行道德教育的理想途径，通过积极参与志愿服务等公益活动，可以促进大学生综合素质的全面发

---

① 宋佳东：《论"志愿精神"的弘扬》，《光明日报》2011 年 2 月 20 日第 7 版。

② 李培超、皮湘林：《构建和谐社会语境下的志愿精神的意义解读》，《广西民族大学学报》（哲学社会科学版）2009 年第 5 期。

③ 李潇潇：《论志愿精神在构建社会主义核心价值体系中的功能》，《北京青年政治学院学报》2007 年第 4 期。

④ 蔡婷玉：《中国志愿精神与社会主义核心价值体系的关系辨析》，《探求》2010 年第 2 期。

⑤ 黄富峰：《论志愿者精神的伦理内涵》，《东岳论丛》2009 年第 5 期。

⑥ 韦莉明：《论大学生志愿精神内涵及培育》，《中国成人教育》2011 年第 7 期。

展，在校园中倡导并营造'以人为本，助人为乐'的大学人文慈善环境"①；有从公民、社会与国家的角度来看，商文成②和巨生良、姬会然③指出志愿精神对于政府治理理念的转变、社会组织的发展、公民意识的培养、人际间的信任与合作建立等都有重要作用。

4. 大学生志愿精神的现状及培育

关于大学生志愿精神的现实状况，阚宝涛曾撰文指出我国志愿服务的参与主体为大学生；参与志愿活动的比率越来越高；志愿服务时间相对较长；志愿组织数量激增；志愿服务形式与服务对象多样。志愿服务所蕴含的志愿精神已逐渐得到认同并沉淀为青年大学生共同的价值观和道德追求。但也存在一些问题，"如志愿服务整体水平不高；活动过于形式化；组织管理机制不够完善；缺乏资金支持；评价和激励机制、法律保障不够健全等"④。连淑芳从"观念、行为和主体层面"⑤指出了当前大学生志愿精神现状方面存在的问题：①观念层面上，志愿精神与志愿服务被置于主体道德的追求层面上，而不是公民的责任与义务使之能够内化为公民主体的自觉行动；②行为层面上，志愿服务还远落后于世界先进水平；③主体层面上，其一，存在志愿服务持续动力不足、行为短期化等缺陷；其二，较少考虑志愿者的参与动机和需求；其三，大学生志愿精神主要体现在非日常化的重大活动和次数有限的校园社团活动中；其四，一些政府部门及其行政人员把志愿组织置于可有可无的地位。那么有哪些因素阻碍大学生志愿精神的良性发展呢？有学者从"全能式政府对公共空间的挤占与压缩、民间社会组织的欠发达、内卷式的传统文化带来的人际关系封闭性、

---

① 黄小露：《论大学生志愿精神与校园慈善文化的培育》，《经济与社会发展》2009年第11期。

② 商文成：《志愿精神：在公民、社会与国家之间》，《中共杭州市委党校学报》2004年第1期。

③ 巨生良、姬会然：《我国公民社会的成长：基于志愿精神的促动》，《天府新论》2009年第5期。

④ 阚宝涛：《大学生志愿精神培育研究》，硕士学位论文，山东师范大学，2012年，第16—23页。

⑤ 连淑芳：《试析内隐认知视角下志愿精神的培育》，《思想理论教育》2010年第13期。

全民公益志愿激励机制的欠缺"①等因素进行挖掘，姜丹认为大学生志愿精神的不足也可以从"大学生自身、家庭、学校和社会因素"中寻找原因。

如何提升大学生的志愿精神？研究者从志愿精神培育的多维视角探究相应对策，主要有如下几种观点。

第一，尊重大学生志愿精神培养的规律。有观点认为，大学生志愿精神培育应"坚持生成的自觉性，遵循过程的动态性，尊重诉求的多元性"②。另有观点认为，"大学生志愿精神培育的规律是一个内容丰富、结构复杂的规律体系或系统"③，就规律的层次性而言可分为一般规律和特殊规律，就规律与主体的关系来说可分客观规律和主观指导规律，就规律涉及关系的性质来说，可分为外部关系规律和内部关系规律，从规律的时空性上来说，大学生志愿精神培育规律可分为历史继承性发展的规律和对外开放性发展的规律。

第二，明晰大学生志愿精神培养的目标、内容和方法。有学者认为，大学生志愿精神培养的目标可将规范约束的短期目标与德行养成的长期目标、无私利他的应然目标与兼顾个人发展的实然目标有机结合；在培养的内容方面，社会主义核心价值体系是志愿精神的灵魂，公共精神是志愿精神的内核，关怀精神是志愿精神的基石。大学生志愿精神的培养，是一个从道德认知、道德情感、道德意志到道德行为的综合过程，在方法上可着力运用"认知辨析、情感体验、意志磨炼和实践操练"④等予以展开。

第三，探讨大学生志愿精神培育的具体思路。学者们从不同的角度探讨了如何培养大学生志愿精神，韩迎春、李芳认为应"从培育主体、载体和环体"⑤三个方面着手，在培育主体方面应当坚持政府主

①　谭玉龙：《我国志愿精神缺失原因探讨》，《理论导刊》2009年第11期。
②　余蓝：《大学生志愿精神培养的障碍性因素分析》，《当代青年研究》2009年第12期。
③　韩迎春、李芳：《论大学生志愿精神及其培育》，《教育评论》2011年第4期。
④　陶倩、肖炳南：《大学生志愿精神培养的理论思考》，《思想教育研究》2012年第11期。
⑤　韩迎春、李芳：《论大学生志愿精神及其培育》，《教育评论》2011年第4期。

导、社会主体共同参与、协调发展；在培育载体方面应综合运用谈话、开会、理论教育的传统载体和现代载体两种表现形态，现代新载体又可以包括校园文化、社区文化、村镇文化、家庭文化等在内的文化载体，文化活动、社会服务活动、社会调查活动、参观访问活动等载体，报纸、杂志、书籍及广播、电视、网络的传媒载体等；坚持社会环境的优化与开发并举；坚持多主体参与的大学生志愿精神生成氛围，通过志愿精神培育显性与隐性途径结合，优化志愿精神培育环境，努力提升校园精神正能量。

第四，围绕大学生志愿精神培育的机制，人们进行了广泛的讨论。陈少牧、熊建军认为大学生志愿精神的培养与其他良好习惯的养成一样，需要形成长效机制，并指出应构建学习机制，改革大学课程设置，把志愿活动定为一门学科科目，内容包括人文、道德认知和各种志愿服务的技能与方法等；构建实践机制，高校不仅要将志愿者视为校园各项活动的主体和支撑，还要鼓励并创造条件使大学生参与形式多样的民间志愿服务；构建激励机制，将志愿服务纳入大学生培养计划，制定学生志愿服务评价体系，尝试建立志愿者工作计量制度和志愿服务时间储蓄制度，并借鉴他国经验做法；健全保障机制，建立"大学生志愿服务专项基金"制度，建立健全包括"志愿组织法、志愿服务法在内的促进志愿组织和志愿服务发展的相关法律规制"[①]。

三　文献评析与启示

目前，国内关于大学生志愿精神问题的研究已经积累了不少成果，但整体来说还属于研究的起步阶段，其研究仍然存在诸多不足之

---

① 陈少牧、熊建军：《弘扬和培育大学生志愿精神的长效机制》，《山西农业大学学报》（社会科学版）2009 年第 5 期。

处。归纳起来主要有以下三个方面。

第一，理论研究缺乏深度。尽管众多学者都认识到大学生志愿精神对培育和践行社会主义核心价值观、促进大学生成才、成长等方面都有着非常重要的影响，但相关的研究成果还局限于志愿精神与志愿服务的事实性的描述和经验型的总结，尚未达到相应的深度和形成系统认识，如目前多数学者的研究成果还停留在大学生志愿精神的一般意义与价值、培育的具体途径，缺乏深入全面地分析大学生志愿服务、志愿精神的理论内涵、结构、功能等，缺乏对包括心理特质、动机、态度、价值观等因素在内的主观倾向，经济发展水平、民主政治推进、主流意识形态倡导、传统文化等社会多层结构对大学生志愿精神生成的影响机理，志愿精神对大学生成才、成长与社会文明进步影响的内在机理，缺乏理论分析的中国特色话语体系等问题。

第二，实证研究不够。西方国家的志愿服务研究经常围绕某一个微观视角进行规范的实证调研，从而有利于学者们在调研数据的基础上对实际问题展开深层次的讨论，这也是西方发达国家志愿服务事业发达和定量化研究方面快速发展的主要原因。但目前，我国对大学生志愿精神的研究主要还是宏观理论阐释，以中国学术期刊网络出版总库精确检索的关于志愿精神、志愿服务精神、志愿服务意识的总计137篇相关论文中，仅有实证性研究论文5篇，且实证研究方法的科学性也有待进一步提高。在博、硕士论文的取样文章中，多数是定性的研究和讨论，定量的实证文章所占的比率不高。

第三，跨界研究不足。大学生志愿精神及志愿服务实际上涉及大学生的思想与行为问题，是一个集心理学、社会学、文化学、教育学、伦理学、政治学等跨学科的问题。而目前我国的研究，主要局限于伦理道德建设与精神文明建设等领域，从而在相当程度上导致研究视角的偏狭，制约了课题研究视野的拓展和学者研究的创新。另外，许多研究还是在单个问题或个别方法上进行探讨，没有把大学生志愿精神作为一个独立的主题从经验分析研究上升到系统理论高度，特别是对大学生志愿精神的一些基本问题，如大学生志愿精神的作用机理、转化效应、培育对策等问题缺乏跨界分析与研究。

综上所述，我们认为未来需要在研究方法上坚持理论研究与实证研究、定量研究与定性研究相结合，在注重运用现象描述与理论探讨的同时，采用问卷调查、个案访谈、观察法等实证研究方法，合理设计问卷指标体系，注重调查数据采集、信度、效度、理论分析模型的科学性等问题；在研究视角上坚持国际视野与本土化、多学科整合研究，注重吸收借鉴国外志愿精神相关研究成果，并注意同中国传统文化、民族心理、时代精神等要素相融合。在研究内容上可以从以下几个方面入手：第一，从哲学、伦理学、心理学、行为学、思想政治教育学等不同学科全面深入分析志愿精神、志愿服务的理论内涵、要素及功能等；第二，从心理特质、动机、态度、价值观等个体主观倾向与经济发展水平、民主政治推进、主流意识形态倡导、传统文化弘扬等社会多层结构对志愿精神生成与发展的影响机理进行系统阐释；第三，从志愿精神、志愿服务与人的全面发展、志愿行动的常态化、志愿文化与社会主义核心价值观培育等具体层面、特定问题进行微观研究。

第三章

大学生志愿精神研究的理论基础

大学生志愿精神可纳入思想政治教育学范畴，对其研究必须坚持以马克思主义理论作为根本理论指导，同时融合教育学、心理学、伦理学等多学科理论资源，为大学生志愿精神研究构建扎实的理论基石。

一 大学生志愿精神研究的马克思主义理论基础

综观我国当前关于大学生志愿精神和志愿服务的研究，学者们有从道德主体理论、马斯洛的需求层次理论、社会资本理论、公民社会理论等来阐释其思想基础。大学生志愿精神和行动研究作为中国特色志愿服务理论体系构建的重要组成部分，应有马克思主义理论的正面话语回应。马克思主义的基本立场、观点和方法为大学生志愿精神研究确立了根本的指导思想和理论基础。其中，唯物史观和马克思主义实践论、人学理论及道德学说所蕴含的基本原理为大学生志愿精神研究提供了直接的理论来源。

（一）社会存在与社会意识的辩证关系原理与大学生志愿精神的形成和发展

志愿精神从根本上说属于社会意识的范畴，它起源于人类生存与发展的现实需要。因而，唯物史观关于社会存在与社会意识辩证关系的科学论断，是理解大学生志愿精神形成与发展的重要理论基础。马克思和恩格斯在《德意志意识形态》一文中围绕"德国哲学和德国现实之间的联系"[①]问题论证了唯物史观的基本原理，他们在展开对青年黑格尔派和费尔巴哈的唯心史观的批判过程中，第一次明确提出了"物质生活条件"的概念，认为"不是意识决定生活，而是生活决定意识"[②]，从而揭示出物质生活条件在社会生活和历史发展中的决定性作用。马克思主义的创始人通过考察人类社会结构及其发展规律，科学阐释和论证了社会存在与社会意识之间的辩证关系，这是我们科学地理解大学生志愿精神形成和发展的理论指南。

一方面，从"社会存在决定社会意识"的基本命题理解大学生志愿精神生成和发展的决定性因素。"社会存在决定社会意识"命题包括"意识起源于存在"和"意识随着物质生活条件的发展而发展"两个基本理论向度。作为现代公民的一项重要道德品质，大学生志愿精神的形成和发展是由社会物质生活条件的变化发展决定的。从历史渊源来看，志愿精神在西方最早可追溯为一种慈善观念和宗教信仰，在我国可追溯为中国传统文化如儒、墨、道、佛所蕴含的慈善思想，而现代社会大学生志愿精神的形成和发展还是公民社会催生的产物。大学生志愿精神的形成和发展是在大学生中倡导一种利他的、非强制性的公益精神培育活动，是在公民社会中引导大学生参与社会公共生活的一种重要方式，是随着我国公民社会的产生和发展逐渐形成的。改革开放的重要成果之一，就是在"中国历史上第一次大规模地催生了

---

①　中共中央马克思恩格斯列宁斯大林著作编译局编：《马克思恩格斯选集》（第1卷），人民出版社1995年版，第66页。

②　中共中央马克思恩格斯列宁斯大林著作编译局编：《马克思恩格斯选集》（第1卷），人民出版社1995年版，第73页。

民间组织"①，从而促进了公民社会的蓬勃发展。作为公民社会的一种核心精神要素，志愿精神的形成与公民社会的兴起保持着内在的一致性，是对改革开放以来中国社会变迁的回应，主要体现为以下三个方面：其一，市场经济所带来的巨大的经济效应，为志愿精神的形成和发展奠定了重要的物质基础；其二，政党和法律对公民社会存在的认可及支持，为志愿精神的培育创造了良好的政治环境；其三，全球公民社会的崛起所带来的公民意识的高涨，为志愿精神的形成和发展提供了精神动力。总之，物质生活的发展是大学生志愿精神形成与发展的最终决定力量。

另一方面，从社会意识的相对独立性及对社会发展的作用理解大学生志愿精神形成和发展的外在动力。唯物史观认为，社会存在决定社会意识，但是社会意识具有相对的独立性，具有自身的历史继承性和运动发展的特殊规律。即是说，除了以物质生活条件为基础之外，各种社会意识形态彼此之间还会产生相互影响的作用，甚至反过来促进社会存在的发展。作为社会意识形态之一的志愿精神，亦是如此。公民社会是志愿精神产生的土壤，公民社会孕育了志愿精神；与此同时，志愿精神的出现又使得公民社会进一步得以巩固、扩大和发展。志愿精神一旦由一定的经济条件产生出来之后，便具有相对的独立性，而且还对社会发展具有促进作用。因此，可以这么说，志愿精神的相对独立性及其对公民社会发展的反作用为大学生志愿精神的形成发展提供了合理的依据。严格说来，我国目前尚未形成完整意义上的公民社会。公民社会是建立在自然人社会或经济社会基础上的一种政治人社会或政治社会，它以市场经济和公民权利为根基，其核心要素是"基于共同体的公共利益而形成的政治共同体"②。来自经验层面的事实和理论层面的逻辑共同表明，公民社会的成长过程，也是公民社会与公民意识相互作用、转化和构造的过程。我国公民社会的成长和

---

① 俞可平：《中国公民社会的兴起与治理的变迁》，社会科学文献出版社 2002 年版，第 197 页。

② 郭道晖：《社会权利与公民社会》，译林出版社 2009 年版，第 372 页。

发展，除了需要经济条件和法律制度的保障之外，当前更为重要的是培育公民意识。志愿精神是公民意识的核心要件，因而，大学生志愿精神的相对独立性及其对公民社会发展的促进作用，也就构成了公民社会中大学生志愿精神培育的出场路径。从这个角度来看，公民社会对公民意识的呼唤是大学生志愿精神形成发展的直接原因。

（二）马克思主义道德学说与大学生志愿精神培育的本质规定性

1. 马克思主义道德学说中个人原则与社会原则的内在统一性

马克思有没有关于道德的学说？这一直是个极富争议的问题。从严格学术规范意义上说来，马克思确实没有一个形式化的道德学说文本，但并不能因此断言马克思思想中根本没有一个道德学说的理论向度。正如美国分析马克思主义者佩弗所言，"尽管马克思没有一个充分发展的关于道德的哲学理论，但他确实有一个规范性的道德观点，并且存在着基本的连贯性"，"这种道德观建立在三个首要的道德价值之上：自由、人类共同体和自我实现"①。根据马克思自身思想的发展历程来看，佩弗的观点是合理的。从 1841—1844 年早期的激进自由主义和革命的人本主义阶段伊始，到 1844—1847 年的反思和批判正义的过渡阶段，最后到 1848 年至晚年的继续批判和超越正义的成熟时期，马克思的思想中一直贯穿着关于自由、共同体和自我实现的理论思考，并且体现出强烈的道义感和道德批判力量。马克思道德学说的"中心概念是自由的概念"②，而自由概念是奠定在人类共同体和自我实现的统一之上的。社会原则与个人原则的内在统一，是马克思主义道德学说的理论基石。

总体说来，马克思关于道德学说的思考围绕着"如何解决个人原则与社会原则之间的历史性张力"这一问题来展开。这一带有根本性指向的问题，贯穿于西方道德学说发展史中。在马克思之前，它主要

---

① ［美］R. G. 佩弗：《马克思主义、道德与社会正义》，吕梁山等译，高等教育出版社 2010 年版，第 3 页。

② ［美］阿拉斯代尔·麦金太尔：《伦理学简史》，龚群译，商务印书馆 2003 年版，第 278 页。

表现为三种形态：其一，从古希腊晚期的斯多葛派至中世纪阿奎那的古典时期。在这一时期中，个体原则和社会原则以抽象的形式首次得到关注和表达，两者之间的张力关系表现为社会原则优先于个体原则，个人利益服从于共同体的利益。其二，肇始于霍布斯、洛克，终结于休谟的近代理性哲学时期。在这一时期中，个人价值真正觉醒，个人权利的正当性得到确认，个人原则优先于社会原则，个人利益成为共同体利益的最终归宿。其三，德国古典哲学时期。在这一时期中，个人原则与社会原则得到抽象的内在同一，尤其是在黑格尔的伦理道德学说中，社会被建构为个体的自我实现路径。但是在黑格尔那里，社会原则与个人原则的内在统一是通过"国家"概念的辩证发展来实现的，是抽象的思辨式的统一，不具有历史性。上述关于个人原则与社会原则之间张力关系的思考，构成了马克思道德学说的总体背景和根本出发点。马克思通过历史唯物主义的理论建构，彻底解决了个人原则与社会原则之间的历史性张力。马克思认为，自由是人类的终极性追求，而个体只有在共同体物质生产基础上才能实现真正的自由。

马克思主义经典作家沿着"如何实现个人原则与社会原则的内在统一"这一根本性的方向，继续完善和发展了马克思的道德学说。恩格斯在《路德维希·费尔巴哈和德国古典哲学的终结》中通过论述道德的本质、道德同经济的关系、道德的辩证发展等问题阐释了这一原则。列宁在《青年团的任务》中，坚持马克思道德学说的根本性原则，第一次明确提出了共产主义道德的概念，并结合新的历史条件和无产阶级革命实践的发展，系统论述了共产主义道德学说。总体说来，以个人原则和社会原则的内在统一性为根基的马克思主义道德学说，为大学生志愿精神培育的本质规定性奠定了理论前提。

2. 从马克思主义的道德观理解大学生志愿精神培育个体性与公共性内在统一的本质规定性

个体性与公共性的内在统一构成了大学生志愿精神培育的本质规定性，这是奠定在马克思主义道德学说关于个体原则与社会原则内在统一性基础之上的。

其一，个体性。大学生志愿精神培育的对象对自身行为具有自主选择权，他们在道德良心、道德义务等各种动机的驱动下自觉自愿地参与志愿精神培育活动。而每个大学生都是承载着自由意志的个体存在，也是单个的社会存在。大学生志愿精神培育表现为满足大学生个体的德性生活、生命实践、超越自我等各种个性化精神需求。当然，由于每一个现实个体的家庭背景、成长经历、思维能力和价值观念都不相同，因而大学生志愿精神培育还表现为丰富多样且具有层次性的个性特征。总之，大学生志愿精神培育契合了个体自由意志支配下的德性精神和生命实践的主体诉求，它引导个体生命在志愿服务行动中理解、认可和实施道德关怀，使志愿精神的真谛在个体生命的道德实践中得到澄明。

其二，公共性。马克思主义道德学说认为，个人原则寓于社会原则之中。社会原则的本质是一种公共性，它强调的是一种基于个体多元性的社会性的共生、共享和共在。志愿精神是一种公共精神，也是一种利他主义的精神，具有社会服务性。志愿精神的内核是个体通过自身的志愿服务行动促进社会发展，它的本质规定性也表现为公共性，它是现代社会中引导个体参与公共生活的重要方式。大学生志愿精神培育引导大学生依其自由意志、自觉地通过志愿行动服务社会，它关注的不仅仅是弱势群体的利益，而是所有大众群体的公共福利。大学是现代社会志愿精神培育的重要阵地，其重要目标就是塑造大学生公共人的责任意识和角色担当。大学生志愿精神培育必然在公共精神的引领下以培育公共人为核心，以参与志愿服务实践为保障，谋求公共利益。因此，大学生志愿精神培育的本质规定性彰显为公共性。

其三，个体性与公共性的内在统一性。在马克思主义的道德学说中，个人原则与社会原则是有机统一的。因此，个体性与公共性不是大学生志愿精神培育相互割裂和对立的本质规定性，而是内在同一的。人的本质性存在表现为个体性与公共性的张力存在。公共性是个体人的自我实现方式，是社会中的个体人的生存体现。个体通过自身的志愿服务行动，既使自身感到幸福和满足从而实现自我发展，同时又通过帮助他人从而实现社会的发展。大学生的自我价值在志愿服务行动中得到肯定，这将有利于增强大学生对自身社会角色的认同，有利于提高大学生承担社会责任的积极性。大学生志愿精神培育既追求个体人的发展，又追求社会的发展，这是它的本质规定性的重要体现。因此，它既不坚持个人本位论，也不坚持社会本位论，而是体现为个性化教育和社会化教育的协调发展。

（三）马克思主义实践论与大学生志愿精神培育的方法论原则

1. 马克思主义实践观的本体论和认识论意蕴

马克思在《关于费尔巴哈的提纲》和《德意志意识形态》中明确提出"实践"原则，这是马克思实现哲学观念转变和发动哲学革命的关键点，也是马克思主义的精髓所在。马克思主义的实践观包含多维意蕴，其中最重要的是本体论维度和认识论维度。

马克思主义实践观的本体论意蕴是马克思在改造旧哲学本体论的过程中建立起来的，这主要体现为把人的感性活动即实践理解为现存世界的基础，从而把自然观和历史观统一起来，形成彻底的唯物主义。在《关于费尔巴哈的提纲》中，马克思认为应将"感性活动"视为"实践的、人的感性活动"①。在《德意志意识形态》一书中，马克思认为真正作为人的生存环境的是以人的感性活动为基础的世界，而不是与人无关的外部自然界。从马克思的相关论述中我们可以总结出实践本体论的核心要点，即人的存在方式是感性活动，也就是实践。实践是人的存在本身，也是世界存在的基础。马克思以实践为原则，合理解决了本体论领域的根本问题，即思维与存在的同一性问题。只有以实践为立足点，人的存在的自由与必然、人与自然界的有机统一才能得到合理解决。

以本体论为基础，马克思主义的实践观还蕴含着认识论意蕴。实

① 中共中央马克思恩格斯列宁斯大林著作编译局编：《马克思恩格斯选集》（第1卷），人民出版社1995年版，第56、77页。

践的观点是马克思主义认识论首要的基本的观点。传统哲学在思维方式上表现为理性至上主义，认为运用理性去寻求规律的普遍性、实在的必然性和现象的因果性是哲学的宗旨。马克思把实践确立为哲学思维方式的立足点，通过实践去理解和把握世界，认为实践既不是一个抽象的概念，也不是一个僵化的实体，而是一种表现为关系和过程的活动。实践的思维方式和方法尤其体现在马克思后期著作中，马克思认为，社会历史必须以生产方式为中介、通过人与自然的实践互动来得到建构与理解，这就必然要求从政治经济结构中去发展人的认识，也就是说，对社会历史的认识在实践思维的主导下必然走向政治经济批判，这是马克思方法论的特色和核心内容。总而言之，实践的思维方式必然要求人们以辩证法的观点即联系的观点和发展的观点去认识世界和把握世界。同时，实践的思维方式也必然要求人们以实事求是的态度去认识世界和改造世界。实践是人类认识世界和改造世界的根本出发点，它同时是人类把握对象的方式，也是人类思想认识的根本内容。

2. 从马克思主义的实践观理解大学生志愿精神培育方法的实践论原则

志愿精神的生成和发展，涉及大学生主体的认知、情感、行为的综合发展过程，因而大学生志愿精神培育的方法必然也涉及多个层面，但实践原则是其根本的方法论原则。这主要体现为以下两个方面。

一方面，马克思主义本体论层面的实践观蕴含着实践生存观，它要求人从感性活动出发去理解人的生存和发展问题，把实践看作是人的存在的主要方式和基础，看成是人不断创造自身价值和意义的过程。大学生志愿精神培育要达到其目标，必须以社会实践为基本途径。也就是说，大学生志愿精神培育，必须立足于大学生的志愿服务实践活动，全面、系统而深入地围绕大学生志愿服务实践活动的本质、结构、历史形态、价值取向等方面的问题来展开方法论的建构。实践论是关于人的生存的根本理论，大学生志愿精神培育必须把马克思的实践观确立为一种深层的理论基础，把实践原则作为一个根本性的原则引入大学生志愿精神培育的方法论建构活动中。以感性活动即实践为基础建构的大学生志愿精神培育方法，必然符合生活世界的开放性和人的生命本性，能够指引大学生通过志愿精神培育活动中实现个体与他人、个体与社会的有机统一。

另一方面，实践是认识的源泉，是认识发展的动力。作为一种认知和实践活动的大学生志愿精神培育，必须以实践原则为其方法论建构的根本原则。实质说来，志愿精神是一种基于道德实践的公共精神，志愿服务实践是公民参与公共生活的一种实践形式。志愿精神的德行和公共性的体现，归根到底通过一种实践精神来体现，因而志愿精神培育不仅涉及理性层面的道德认知，更是要体现为实践层面上的志愿服务。只有通过实践这一载体，志愿精神才能从道德认知转化为道德实践。志愿精神所蕴含的道德意蕴，也只有通过志愿服务实践才能得到丰富和发展。大学生对志愿精神的理解和认识，是以志愿实践为出发点的，同时也以志愿实践为目标。脱离道德实践来谈志愿精神，脱离大学生的志愿服务实践来建构大学生志愿精神培育方法，只能使志愿精神培育变得空洞和抽象。作为一个动态的大学生志愿精神培育过程，其路径和方法的选择也必须放置到社会实践的总体系统中进行考察，接受社会实践的检验，在社会实践中不断丰富和发展。

（四）马克思主义人学理论与大学生志愿精神的价值取向

1. 从马克思主义关于人的本质的理论理解大学生志愿精神培育的价值取向

人的生命活动的内在要求就是自由，自由是人的内在本性的体现，而人的自由是通过自己的意识反映自身的内在需要从而形成自由意志来实现的。在其现实性上，人的本质是一切社会关系的总和。马克思指出："人并不是抽象的蛰居于世界之外的存在物。人就是人的世界，就是国家，社会。"① 人是社会的人，社会是人的社会。社会性是人的本质属性，它是通过"真正联合的自由交往"来实现的。交往是人的基本存在方式，是现实的人的本质性特征。人通过交往实践建构的各种社会关系，只有通过交往实践才能实现个人对社会关系的全面与自由的占有。总而言之，交往实践与社会关系是马克思主义关于人的本质理论的两个基本点。

　　志愿精神培育倡导通过交往实践的方式实现人的社会性本质，这是实现人的全面与自由发展的前提性条件。人的本质属性是社会性，人的发展以社会发展为现实基础。社会发展的一个重要标志就是人与人之间普遍交往的发展，而交往实践的方式随着物质生产实践方式的发展而发展。志愿服务中的交往实践方式，是公民社会存在的必要前提条件，也是公民社会中人的存在的主要方式。志愿服务是沟通个体与社会的桥梁，大学生志愿精神培育活动的功能，就是引导大学生在志愿服务中实现社会交往。这种类型的社会交往，不仅是公民社会中各种社会要素的整合力量之一，也是大学生实现自身本质力量的特殊的社会机制。一方面，志愿精神主导的交往实践，改变了大学生个体的社会存在形式，更新了大学生与他人的社会关系，形成了公益性的志愿者共同体或社会组织；另一方面，大学生通过交往实践融入社会，在志愿者共同体中确认自身的价值和实现自我的成长，这是公民社会中实现人的全面与自由发展的一个重要基点。志愿服务中的交往实践，通过推动人的社会关系的丰富和发展，从而实现人的本质性力量的发展，因而成为人的全面发展的重要尺度。大学生志愿精神培育，旨在提高大学生在志愿服务中的交往实践水平。因而，马克思主义关于人的本质的理论，从根本上为大学生志愿精神培育的价值取向奠定了理论前提。

---

　　① 中共中央马克思恩格斯列宁斯大林著作编译局编：《马克思恩格斯文集》（第 1 卷），人民出版社 2009 年版，第 3 页。

2. 从马克思主义关于人的全面与自由发展的理论理解大学生志愿精神培育的价值取向

人的全面与自由发展，是马克思主义经典作家对共产主义社会人的生存与发展状态的本质性规定。马克思指出，所谓人的全面与自由发展，就是指"人以一种全面的方式，也就是说，作为一个完整的人，占有自己全面的本质"①。马克思这个富有思辨性的表述，实际上是界定了人的全面与自由发展的根本内涵，即现实的人超越各种内在和外在的限制，从而实现各种潜能、素质和社会关系等诸多方面的普遍提高和协调发展。马克思主义关于人的全面与自由发展的理论为大学生志愿精神培育价值取向提供了理论依据。

大学生志愿精神培育的对象是人，大学生志愿精神培育必须以推进人的全面与自由发展为宗旨，这是它的根本价值取向。大学生志愿精神培育不仅要符合公民社会发展的需要，符合人类自身生存和发展的规律和特点，并且为促进人类自身发展服务，这是与共产主义的奋斗目标即实现人的全面与自由发展相一致的。人的全面与自由发展主要有四项内容：其一，人的德、智、体、美、劳等各种重要素质的全面与自由发展；其二，人的社会关系的全面与自由的发展；其三，人的各种能力的全面与自由的发展；其四，人的个性的全面与自由的发展。大学生志愿精神培育，就是以大学生的素质、能力、社会关系和个性的全面与自由发展为根本的价值取向。通过大学生志愿精神培育，引导大学生通过志愿服务，在关怀和帮助他人的过程中实现自身各方面能力、素质、品格和个性的全面发展。因此，可以这么说，满足人的全面与自由发展，既是大学生志愿精神培育的出场路径之一，又是其本质规定性的体现，更是其目的性的应有之义。

---

① 中共中央马克思恩格斯列宁斯大林著作编译局编：《马克思恩格斯文集》（第1卷），人民出版社 2009 年版，第 189 页。

二　大学生志愿精神研究的高等教育哲学理论探析

"大学生志愿精神是现代大学精神的重要承载体，是高校人才培养精神内涵的重要内容。"① 因此，以高等教育哲学视野探索大学生志愿精神研究理路不仅必要而且重要。目前国内在高等教育哲学界得到广泛认可的论述有布鲁贝克的认识论高等教育哲学、政治论高等教育哲学和张楚廷的生命论高等教育哲学。三者对大学理念的定位各有侧重：认识论高等教育哲学倡导自由探索；政治论高等教育哲学主张社会服务；生命论高等教育哲学弘扬本真存在。本书将志愿精神与大学理念、自由探索、社会服务与本真存在这四个相关项尝试进行关联，探讨其间可能潜存的共生性因素，以期丰富大学生志愿精神研究的理论基础。

（一）大学理念与大学生志愿精神

大学理念表达了大学存在的本质意义和追求，在实践层面，它具体表现为大学精神和大学功能。世界大学在近千年的历史发展中，在特定的时空情境下孕育出差异化的大学理念，其指向也各有所侧重。早期的大学以古典人文主义的"自由教育"为导向，重点在于对知识和学问的自由探讨。19 世纪初，洪堡赋予大学以新的角色定位，认为大学不但要帮助受教育者提升自我个性和道德修养，而且要专门进行纯粹的科学研究。进入 20 世纪，美国大学开创了"兼容并包，追求卓越"的新理念，强调大学要和社会发展之间相互沟通与融合，在开放多元的环境下实现大学的信念和理想。20 世纪末至现在，面对全球化浪潮和世界性的各种发展难题，大学理念又生发出新的内涵，即如

---

① 段新明：《高等教育哲学视野下大学生志愿精神培育探析》，《山西师大学报》（社会科学版）2014 年第 4 期。

何协调国际的合作创新，避免大规模的灾难冲突，促进不同文化和民族间的友好交往，实现人类社会的可持续发展。

如果我们以"奉献、友爱、互助、进步"来作为大学生志愿精神内涵的核心要素，那么就会发现志愿精神内涵和上述大学理念之间存在着许多共通之处。"13世纪是大学的世纪，因为这是一个社团组织的世纪。"① 此时的大学主要由一些志同道合的从事学术研究或者教学的人士及他们的追随者汇聚发展而成，具有行会的性质。这些人员为了他们共同的权益，团结一心，同当时的国王、教会进行了激烈的斗争，为大学争取到了诸如内部自治、自由讲学、独立审判、赋税豁免、罢教和迁校等权利。由此可见，"奉献、友爱、互助、进步"志愿精神的核心因子同大学诞生初期的价值理念是相互契合的。当大学理念突破单纯的人文知识传授和探讨，将科研和社会服务纳入自己的视野时，植根于其中的价值认同也得以拓展，大学不再局限于内部的自我调适和价值重整，它将知识、真理放置于更大的生产实践和社会环境系统。与之相随的便是大学在理念形态上从"自我"走向"他我"，理念内涵的主体价值让位于主体间价值。这一转型与志愿精神同样是不谋而合的。志愿精神首先是以"奉献"为中心的"自我"主体价值的彰显和表达，再以"友爱、互助"的"他者"主体间价值作为中介，进而实现以"进步"为代表的"我—你—他（它）"的多互主体的价值理想。

（二）自由探索与大学生志愿精神

"强调认识论的人，在他们的高等教育哲学中趋向于把以'闲逸的好奇'精神追求知识作为目的。他们力求了解他们生存的世界，就像做一件好奇的事情一样。"② 认识论者主张大学存在的逻辑基点是对于高深学问的不懈追求，大学享有探求真知的内在禀赋和特殊权利。

---

① ［法］雅克·勒戈夫：《中世纪的知识分子》，张弘译，商务印书馆1996年版，第59页。

② ［美］约翰·S.布鲁贝克：《高等教育哲学》，王承绪、郑继伟等译，浙江教育出版社2002年版，第13—14页。

"认识论"高等教育哲学认为知识即目的，大学存在的合理性不证自明，大学应该由博学之士和对真理渴求的人来构成，因而学术自治和学术自由是保有大学精神的基本立场和原则。大学被誉为"象牙塔"，塔中之人对于真知的痴迷寻觅和无私奉献也成为志愿精神的一种镜像化表达和诠释。

大学生志愿精神的萌发和培育也需要认识论的前提和审视。从"格物致知"到"大学之道，在明明德，在亲民，在止于至善"，东西方文化表现出不同的认识论理路——西方文化重在前者，聚焦于科学精神，东方文化重在后者，凸显出人伦纲常。所以说，志愿精神培育在认知层面首先需要回答的问题便是一个人能否从"自然之知"到"规范之知"，跨越"实然"与"应然"之间的天然屏障，实现二者的无缝对接和有机融合。"不管中世纪把逻辑训练看得多么崇高，对于人的心智来说，它本身还不能构成一种完满的教育。一个人并不仅仅是由纯粹理智构成的；单单让人理解人的思维形式是如何构成的，正常情况下是如何运作的，还不足以培养出一个完全的人。必须引领他从总体上去理解他的人性。"① 中世纪以来的大学延续了古希腊文明的自然哲学之思，同时又在人文主义的旗帜下使人的主体价值得以逐步显现，所以大学在其自身的历史发展中内隐着志愿精神得以生发的条件和基础。

在认识论者看来，参与学术探讨的过程涉及三个主要环节：一是起点上的自为无目的性；二是自由意志平等参与的中间环节；三是结果指向上的规律性。为了使这三个阶段完整地衔接起来，大学必须对学术参与者进行理智、心性和思维上的专门训练，进而使大学组织能够得以有效地运转。"传统的课程在具有精神训练因素的同时还具有道德训练的因素。古代语言中的句法是十分难学的，或许已经失去了使用价值，但学习这种句法仍被认为是有益的。学习句法所形成的坚

---

① ［法］爱弥儿·涂尔干：《教育思想的演进》，李康译，上海人民出版社 2003 年版，第 230 页。

韧性及其自我克制精神被认为足以增强个性、提高个人的道德发展水平。数学具有的道德影响，不亚于拉丁语和希腊语，因为它证实许多原理是先验的正确的。"① "作为媒介，大学实现了行动探险和思想探险有效结合。"② 认识论者的这种内在信念和做法不仅使大学生道德觉悟和志愿精神在个体心理和意志上留下烙印，而且使其在动力机制上获得了很好的意向性表达。

认识论者将追逐真理的过程看成是一次次不断怀疑、批判和创新的历练，是真正科学精神的培养和熏陶，提倡大学既要传递知识，又应充满百家争鸣的气氛，主张老师和学生信仰的是"吾爱吾师，但吾更爱真理"，鼓励他们专注于思考的活动，而非思考的结果。因此，基于理性思维的认知和判断习惯的养成就成为大学教育的重要内容，大学的机体时刻应被精神文化生活和自我意义世界的建构所充盈。志愿精神的培育需要超越狭隘的自我中心主义，其在气质类型上属于现实主义的"乌托邦"式理想。"精神贵族的意思是每个人对自己严格要求，并非表示高过他人和要求他人。大学里每一位成员、教授及学生的基本意识是，他要努力工作好像被召唤去做最伟大的事业一样，但另一方面则始终承受着不知自己能否成功的压力。因此最好的态度是以这种想法来反省自己，严以律己，同时也不必过分期待得到外界的承认。"③ 大学在主体活动中的价值基础和志愿精神的价值图景具有相似性，建立于自由、求实和宽容之上的相似性使大学生志愿精神的培育从理论范畴向生活范畴的转型成为可能。

（三）社会服务与大学生志愿精神

文艺复兴以来，伴随着现代民族国家的诞生，大学同政府、社会与工业的关系日益紧密，这种趋势在 20 世纪初已基本得到确立。如

---

① ［美］约翰·S. 布鲁贝克：《高等教育哲学》，王承绪、郑继伟等译，浙江教育出版社 2002 年版，第 5 页。

② ［英］怀特海：《教育的目的》，庄莲平、王立中译，文汇出版社 2012 年版，第 126 页。

③ ［德］雅斯贝尔斯：《什么是教育》，邹进译，生活·读书·新知三联书店 1991 年版，第 168—169 页。

果说 19 世纪的德国大学使纯粹性的科学研究蔚然成风，那么 20 世纪的美国大学则使科学研究的服务意味更加浓烈。大学功能的这种迁移和演变有其必然性，这主要是因为以知识传承为目的的教学和以高深学问为主旨的学术研究不能满足现代社会发展对大学职责提出的许多新要求。"与世隔绝的大学的生存或许只能是以牺牲专业教育质量、应用性研究、社会性批评和专家建议为代价，然而上述活动对我们的社会来说却是至关重要的。"① 与传统的农业社会不同，工业社会和信息社会的最大特点就是生产分工和生活服务的日益复杂化和精细化。大学在自给自足社会环境下的知识生产状态可以是自由散漫的，不需要目标集成；但在大生产的社会环境中，各系统、要素间的相互作用样态呈现出一种熵增的局面，大学在知识总量以几何级数更新的过程中，必须讲究知识创新的效度、信度和价值导向。"一些批评家感到担心的是，如果高等教育一定要保持价值自由，摆脱价值判断，那么学问就有无人问津的危险。与此相反，他们认为价值判断实际上可以提高高深学问的精确性。"② 大学在自身职能上的社会化和政治化转型，促使其负载的价值意愿与志愿精神更加趋同，大学也成为社会志愿服务的集聚中心。因此，在培育大学生志愿精神的过程中，我们要注意认识和调整在不同场域中大学价值立场的选择和平衡问题。可以说，如果大学选择以公益服务为宗旨的志愿精神作为其核心价值基点，那么大学的社会形象也将会被重新认知，大学在其自身发展过程中遇到的一些困境也会随之出现转机和希望。正因为如此，志愿精神的培育不是要给已经承担很多社会责任的大学以新的负担和任务，它是要在不同的着力点上来寻求大学内在结构的局部改观，进而为大学的改革和发展注入别样的生机与活力。

志愿服务给予了大学参与社会价值建构和精神文明建设的良机，

---

① ［美］德里克·博克：《走出象牙塔——现代大学的社会责任》，徐小洲、陈军译，浙江教育出版社 2001 年版，第 83 页。

② ［美］约翰·S. 布鲁贝克：《高等教育哲学》，王承绪、郑继伟等译，浙江教育出版社 2002 年版，第 22 页。

在观念形态上，大学生志愿精神的养成体现了主体的理性自由，它是自我理性情愫的自然萌发、生长和成熟的完整展现；在日常生活中，志愿服务的个体性、多样性和常态性组合可以无限接近理性的限度。志愿精神的培育可以使大学在理性活动的天平上张弛有度，大学作为理性共同体的存在也因此具有了更为积极的现实意义和历史深度。在志愿精神培育的实践中，以学问探索为基础的自然科学研究和人文社会科学研究经常处于割裂的状态，前者经常以认识客观真理自居，后者寻常被纷繁现象变换所困扰。所以，在大学生志愿精神的结构化定型中，科学精神与人文精神都不可或缺，科学精神接近于理性自由，人文精神依托于理性限度。现代功利主义和工具主义的盛行，使大学在价值立场上日益倾向于科技为本的实用主义立场，人文主义面临着不断式微的尴尬处境。志愿服务在价值表征和行动意义上的利益选择因而已不再简单，为了扭转志愿精神培育过程中的这种不利局面，大学的人文学科教师应该"有能力认为自己正在对他们的学院和大学的道德和政治工作作出独特的贡献"①。

政治论高等教育哲学认为大学作为民主社会中的重要成员，应该突破其固化的物理边界和文化传统，努力践行"教育即生活"，"学校即社会"的理想信念，实现大学成长和社会文明的同步协调发展。因此，大学使命在微观领域应讲究以人为本的差异化培养，以期为社会造就更多的合格公民。校园内外的志愿服务是大学进行公民教育和道德教育的重要形式，它有利于实现学生个体的精神世界与现实世界的直接对话，拓展其社会化的广度和深度，帮助他们形成正确的人生观和价值观。志愿服务的锻炼也是学生人格结构从本我走向自我，再达超我的必然过程，在这一经历中学生可以充分体会到自己与他人、社会之间在情感价值上的矛盾与冲突，累积起更多的生活阅历和人生经验，催促其在道德认知与道德思维上走向成熟。大学生志愿精神的铸

---

① ［美］安东尼·克龙曼：《教育的终结——大学何以放弃了对人生意义的追求》，诸惠芳译，北京大学出版社 2013 年版，第 146—147 页。

就可以使高等教育真正地走向生活世界，面向教育本身，直观到大学的真谛。

（四）本真存在与大学生志愿精神

认识论、政治论高等教育哲学秉承了西方文化的理性传统，在理性主义的视域中，"主—客"二分的思维模式使人的生命机体很难被彻底观照和充分发掘，在多数情况下，生命意识和觉悟被完全排除或被束缚在狭小的阈限之内。因此，大学的理性文化未能让生命之光尽情绽放，生命观念也一直徘徊于大学文化的边缘。长期以来，理性思维将身体隔离在认知之外，认为身体是萌生情欲、非理性和不确定性的温床，是理性的对立面，是理性要规训、压制和征服的对象。身体是生命的物质载体，身心和谐统一才是生命的完整表现形式，当生命的心性之维企图以理性的方式来挤压身体的生存空间时，生命本身已有所偏废，处于难以琢磨的无规律可循的复杂活动状态。"生命论哲学不仅涉及教育的本质、基础，而且涉及它的功能，不仅涉及其历史，也涉及今天。"① 生命论高等教育哲学力图使生命成为大学在新的时空情境中维护自身地位和促进自身发展的重要动因，其坚持"具身认知"的原则，弥补了大学理性文化传统中的不足之处，恢复了原初生命在大学图景中的本真状态。不求回报，利他主义的志愿精神内隐于人的生命本体之中，它是人的生命本质和生命价值的重要体现。生命论高等教育哲学为大学生志愿精神的培育奠定了坚实的理论基础，提供了丰富的实践内涵。"大学存在的理由是，它把年轻人和老年人联合在一起，对学术展开充满想象力的探索，从而在知识和生命热情之间架起桥梁。"② 学术和知识象征着大学的古典理性之维度，生命热情预示着时代变迁对于大学使命新的召唤。大学不但是探究学问的特区，而且是集聚生命能量的摇篮——个体和群体的生命活力因志愿精神而被激发，生命激情因志愿服务而被点燃，生命的超越性品质因志

---

① 张楚廷：《高等教育哲学通论》，高等教育出版社 2010 年版，第 149 页。
② ［英］怀特海：《教育的目的》，庄莲平、王立中译，文汇出版社 2012 年版，第 123 页。

愿者身份而被确立。

在后工业时代，民族国家的文化认同正不断受到源自信息传播途径日益加速的多元价值观的挑战。因此，如何在国家和地区范围内重建新的共享价值基础，可以说是任务紧迫，意义重大。文化引领和创新是大学在中国社会转型发展中的重要使命，而以志愿精神为核心的公益文化应该可以给大学文化注入新鲜血液。当代大学生成长的复杂时代背景助长了个人主义、功利主义、享乐主义和虚无主义等价值观在大学校园里广泛流行，在这种情况下，如何在尊重学生个性的同时，促成学生回归社会主义主流价值观将成为未来很长一段时间内大学德育的重要内容。现代化的过程同时也是公民社会和公民意识形成的过程，大学生作为即将走向社会的成员，其在精神风貌上应该具有亲社会性的道德品格和公德。西塞罗曾说"公益优先于私益"，范仲淹曾云"先天下之忧而忧，后天下之乐而乐"。社会公益精神的形成要求大学生走出狭隘的个人生命观，追寻高尚的生命情怀和更高的生命境界，在有限的生命时间内过一种无限的可能生活。志愿服务可以帮助大学生在心灵深处形成对生命新的体验和认知，并在此基础上从独断式的客观生命独白转向交互性的主体生命会话，从"小我"的个体生命幸福感走向"大我"的群体生命幸福感。就个体存在而言，追求幸福是人天生的权利和本能需要，但幸福是一个主观性很强的概念，幸福感是一个与生命体认高度相关的内在心理反应。"亚里士多德把人的幸福感区分为内在的尺度（即他所谓的'灵魂'）与外在的标准（比如金钱、财富、权力和地位等），他尤为重视的是前者。"[①]在个体本位的后现代文化中，大学生的道德情感和道德行为更加趋向于自由化的主动选择。志愿精神的信念和志愿服务的实践可以使大学生在知行合一的过程中张扬自我的生命特性，体会生命幸福感的内在呼唤，并积极地将外在价值标准与内在价值尺度调和，在不断结构化

---

① ［英］保罗·霍普：《个人主义时代之共同体重建》，沈毅译，浙江大学出版社2010年版，第127页。

的社会环境中来改进自己的生命价值观，避免误入单向度的生命发展歧途。

　　总之，大学作为知识阶层组成的社会共同体，在不同的历史阶段展现出独特的社会功能和文化精神品位。从人类思想史的发展脉络来看，大学理念的精神源头来自在生活休闲中将好奇心投入爱智慧的"思"的活动中。这种活动的原初状态生发出两个向度：一是表现为对象性思维方式的初露端倪；二是生命本体样态的自为"绵延"。大学发展的历史文化一方面使前者在理性维度上显魅；另一方面，使后者在感性维度上祛魅。大学生志愿精神在内涵上与大学蕴含的理性精神具有通约性，大学生志愿服务在活动形态上与大学功能具有同构性。全球一体化的时代环境为大学在生命维度上的返魅提供了契机和平台，志愿服务使内隐于大学生个体生命的德行被唤醒，利他性、公益性的主体价值选择在本真生命与理性规范之间达成调和，大学也必将在志愿精神培育的过程中实现新的整合，为社会发展提供更多的文化支持和精神动力。

三　大学生志愿精神培育的服务学习理论借鉴

　　作为 20 世纪 80 年代兴起的一种具有全球影响力的教育哲学理念、学习方式和课程形式，服务学习在美国、加拿大、澳大利亚、日本、中国台湾等国家和地区都有不同程度的开展，它在很大程度上促进了社会的发展和高等教育的进步，在培养学生的学习态度和社会责任感、促进社区的进步和发展等方面有着重要作用。[①]"虽然服务性学习离高等教育的学术中心舞台还有很长的路要走，但它正在以越来

---

　　① 参见卓高生、易招娣《服务学习理论视域下的大学生志愿精神培育对策探析》，《河北学刊》2014 年第 3 期。

快的速度向这个方向靠近。"① 在不断推进高校教育改革、努力创新人才培养方式的新时期，吸收和运用服务学习理念和运作模式对培养我国大学生志愿精神方面将会有重要的借鉴意义。

（一）理论回顾：服务学习与大学生志愿精神

服务学习，源于西方传统的经验学习。1966 年，"服务学习"一词首次出现。究其理论基础，可以追溯到杜威的经验主义教育哲学、列温和科尔布的经验学习理论、班杜拉的社会学习理论及建构主义学习理论。杜威认为"一切真正的教育是来自经验的……教育是以经验为内容，通过经验，为了经验的目的"②的发展过程，在此基础上，杜威提出了"从做中学"，要求学生"从活动中学""从经验中学"。服务学习的倡导者大多从杜威的经验主义教育哲学出发来寻求理论依据。列温和科尔布也认为学习与经验密切相关，但学习的核心不是搜集和获得经验，更重要的是对具体经验的评价和反省。班杜拉的社会学习理论认为青年学生在同他人尤其是榜样和有影响力的人交往时，通过观察、沟通交往和行动，他们将在价值观、态度和行为习惯方面获得积极的影响。20 世纪 80 年代兴起的建构主义对服务学习的发展也起着重要的作用。建构主义大都主张知识是在个体与经验世界的主动对话中建构起来的，是通过新旧经验的相互作用而实现的。因此，学习就是以经验为基础，在参与活动的过程中主动建构意义。服务学习就是这种意义建构与知识学习的重要途径。

随着 20 世纪 60 年代后期美国道德教育改革的深入，服务学习理论逐渐被社会所认可，并成为一种全新的教育模式和学习方式。何谓服务学习？美国全国经验教学学会做了如下界定："学生有明确的学习目标，并且在服务过程中对所学的东西进行积极反思的有组织的服

① Jacoby, Barbara and Associates. *Service—learning in Higher Education：Concepts and Practices*. San Francisco：Jossey—Bass Publishers, 1996, p. vii.

② 转引自单中惠《西方教育思想史》，山西人民出版社 1996 年版，第 626 页。

务活动。"① 美国教育改革服务性学习联盟指出："服务性学习是一种教学方法，通过这种教学方法，学生运用新学到的学术知识和技能解决自己社区中的实际问题。"② 众多机构和学者对服务学习的概念有着不同的理解，美国学者肯德尔（Jane Kendall，1990）对既有教育文献进行考察，发现"服务性学习有 147 种不同定义"③。总结学者们的主要观点大体是从以下三个层面对服务学习予以界定：从高校教育角度来看，服务学习是一种行动中的教育方式，通过学习与社区的合作，将社区服务与课程相联系，强调活用所学知识、解决实际问题；从学生成长角度来看，服务学习是一种以服务为载体的体验学习方式，通过有组织、有目的的服务来实现知识的学习和技能的提升，切实增强与同伴合作分析、解决问题的能力；从政府的综合角度来看，服务学习是一种多角度、全方位培养社会各阶层尤其是青年公民责任感的方式。

服务学习的具体运行在理念上包括四个方面：第一，强调服务与课程结合，即学生将课堂上所学的专业知识或技能运用于服务实践，在社区生活情境中满足居民需求；第二，强调学校与社区结合，即服务活动开始前应充分沟通社区实际需求和学校服务学习培养目标的契合点；第三，强调结构化反思，即将服务学习融入学校课程，在服务过程中安排反思活动；第四，强调学生自我发展，即将学生学习的空间从相对封闭的课堂延伸至开放的社区，在服务活动中实现对他人的关怀，促使学生在服务实践中关注社会需要、审视自我责任、关切自我发展。在美国，为确保服务学习的有效推进，"高校一般会采取制定服务学习目标、创立支持服务学习的组织机构、策划服务学习计

① 转引自刘宝存《为未来培养领袖：美国研究性大学本科生教育重建》，高等教育出版社 2011 年版，第 217 页。

② Payne, David A. *Evaluating Service Learning Activities and Programs*. Lanham, Md.：Searcrow Press，2000，pp. 1—2.

③ Eyler, Janet, Giles, Dwight E. Jr. *Where's the Learning in Service-learning* San Francisco：Jossey—Bass Publishers，1999，pp. 3—5.

划、培养服务学习骨干、建立学校与社区的伙伴关系等举措"①。

志愿精神与服务学习理念息息相关。志愿精神倡导"奉献、友爱、互助、进步"的理念，在日常的公共生活空间里表现为志愿者参与各类志愿服务活动。可以说，志愿服务与服务学习在主旨思想、活动扎根、实际效用方面有共通之处，它们都是志愿者抑或研习者通过利他服务来实现经验的积累、知识的巩固、意义的建构，通过扎根社区的利他公共参与，志愿者学会激励自我、关怀社会、团队协作等，共同实现"学习中服务"和"服务中学习"的发展目的。目前我国高校志愿服务更强调志愿者自身的服务要求，主要目标仍是满足社区需要，学习活动多为隐性，但与课程学习的关联性较弱，志愿者自身及团队的反思较少。而服务学习则不同，它重视服务与课程的整合，时刻要求把握学习的要义，它是"学生不断参与有组织的与课堂学习相关的且满足社区需要的服务活动，并通过日志、课堂讨论等经验活动，把服务经验与课程内容以及公民责任等方面的个人成长联系起来"②。由此可见，服务学习与志愿服务的区别就在于前者兼备课程融合与反思元素。

（二）服务学习理论是创新大学生志愿精神培育的重要依据

1. 服务学习理论有助于促进大学生志愿服务与课程学习相结合

高校志愿服务活动内容广泛，但存在服务深度不够的现象，主要原因在于专业化不足，其根源则是高校志愿服务与学生的专业学习缺乏联系。而服务学习强调"学术学习"与"服务实践"并重，把"做更好的学生"与"做更好的公民"两种目的相整合，恰好可以解决当前大学生志愿精神培育过程中专业性不强的难题。服务学习把学术学习从课堂延伸到社区，使学习情境从课堂模拟转化到真实社会。大学生志愿者带着课程学习目标将自己安置"在一个更开放的学习环境下

---

① 唐克军、蔡迎旗：《英美学校推进服务学习的策略》，《外国中小学教育》2008 年第 9 期。

② Anne Colby. *Education Citizens*：*Preparing America's Undergraduates for Lives of Moral and Civic Responsibility*. Jossey-Bass，2003，p. 134.

成为独立而又互相联系的学习者，能够在互助的环境下去试验新的人际环境。服务学习可以通过亲身体验培养学生利他的观念和奉献的精神，让学生在服务的同时以一种公民的方式去反思自我"①。所以，一方面是学生为社会提供服务，在与社区的互动过程中成长；而另一方面则是社区为学生提供机会，让学生在具体的社会情境中应用、反思所学的理论知识。高校志愿者行动也应该把大学生的学术课程与志愿服务结合起来，将学术课程渗透到服务中去，以学术课程深化服务的专业化水平，以志愿服务促进大学生的专业学习。

2. 服务学习理念有助于强化大学生志愿服务过程的互惠与反思

高校志愿活动往往强调单向的服务功能，学生服务常常表现为单向的"慈善行为"。这种只考虑服务对象需要的志愿服务设计，忽略了志愿者自身的参与动机，难以满足学生深层次发展的需要。而服务学习强调的是互惠与反思。大学生通过服务项目，充分发挥自身的知识和技能优势，做到学以致用，丰富了社区服务经验，并且在"为公共谋利的同时实现了自身的社会价值，也创造了自己的公共生活利益"②。此外，"学而不思则罔，思而不学则殆"，服务学习的本质是一个不断反思的体验学习过程，它帮助学生从具体经验中反思自己观察、体悟的内容，领悟新的原理、观念，从而指导今后的具体实践。大学生在这个过程中不断提升对自身价值的认识，增强社会认知能力，理解志愿精神的动力作用。高校大学生志愿服务事业发展应该通过反思把社会服务与个人成长结合起来。在服务学习的过程中，不仅为社会提供实质性的帮助，而且促进大学生的个人成长，实现互惠共进。

3. 服务学习理念有助于加强学校与社会融合

"如果我们要培养民主社会充分参与的公民，学校教育必须帮助学生理解和掌握教室、学校以及社区之间的关系属性，并在实践中加

---

① 万曾奎：《道德同一性的心理学研究》，上海教育出版社 2009 年版，第 308 页。
② 郝运、饶从满：《美国高校服务学习理论模式初探》，《比较教育研究》2009 年第 11 期。

以验证。"① 大学生志愿精神的有效培育，必须得到政府、学校、家庭和社会各方面的大力支持。但由于志愿者活动在我国开展较晚，志愿精神尚未深入人心，青年志愿活动的社会价值受到低估，社会认知尚不高。服务学习中，社区是高校人才培养的实践基地；高校是社区发展的重要资源库。服务学习将两者紧密相连，形成了良性互动。借鉴美国服务学习的运行机制，我国必须不断探索和完善志愿服务相关部门共同配合的联动机制。在美国，除了在课程设置上有服务学习理论之外，还有众多的服务学习组织机构协同推进，诸如美国国家服务学习协会（National Service Learning Partnership）、美国国家服务学习合作组织（National Service-Learning Exchange）和美国国家服务学习信息中心（National Service-Learning Clearing House）等；同时，政府还给予强有力的资金和政策保障，确保服务学习进行的常态化。

简而言之，大学生志愿精神培养和服务学习理论之间有着很好的契合点。系统引入和借鉴服务学习理论，坚持服务与学习相结合，强化学校与社会生活相融合，重视服务过程中互惠与反思的地位，对于提升高校大学生志愿精神水平，进而推动高校人才培养质量有着重要意义。

① John J. Cogan. "Civic Education in the United States: A Brief History". *Social Education*. Vol. 14, No. 1, Spr/Sum 1999, pp. 52—64.

第四章

大学生志愿精神基本问题研究

　　志愿精神是人类自古就有的一种精神现象，但是作为一个思想政治教育学、心理学、社会学等学科研究对象的学术问题则是现代社会的现象。"志愿精神"作为西式词汇在不同时代呈现不一样的精神样态。尽管中国古代不乏流传关于慈善、助人等传统美德的故事，但西方社会由宗教始发的慈善事业在历史更迭中生成的志愿服务理念在中国并未获得扎根的精神土壤。因此，国内学界对公益慈善和志愿服务事业的翻译介绍多数是一种事实性的描述，这也使得志愿精神成了一个概念模糊、理论框架松散、学术传统缺乏的领域，但这并不妨碍志愿精神成为今天社会科学和人文科学研究的前沿课题。

一　志愿精神及相关概念界定

（一）志愿者、志愿服务、志愿组织和志愿精神的概念界定

1. 什么是志愿者

考察词源是理解词语和把握概念的起点。"volunteer"一词可以

追溯至拉丁文中表意为"意愿"的词汇"voluntas"。"volunteer"作为名词最早出现于公元 1600 年，意为"为自己提供兵役服务的人"，1630 年，"volunteer"一词作为非军事意义的名词第一次予以记录。1755 年，"volunteer"一词作为动词开始被使用。按照《牛津高阶英汉双解词典》的解释，"volunteer"作为名词其词义解释为"1 自愿地或无偿地效劳的人；志愿者；2 志愿兵；义勇兵"；作为动词其词义解释为"1 自愿地或无偿地给予或提供（帮助、建议等）；2 当志愿兵"。①

1847 年，英国出现诸如失业等社会问题并导致社会治安风险增多，当时为了维护本地社区治安而志愿参加的一个名叫"自警团"②的人员是统一用"volunteer"（志愿者）来对其进行命名的。此后，对"志愿者"（volunteer）一词的理解经过一百多年的发展而不断丰富，总结起来主要围绕志愿者的"自愿性、无偿性、组织性"等特征展开不同的论述。

在中国，志愿者也被称为志愿服务人员、志愿工作者、义工（香港）、志工（台湾）等。最新出版的《中国志愿服务大辞典》（2014）给"志愿者"的概念界定为："为公共利益（public benefits）而自愿且无偿地奉献自己的时间、精力和技能的个人。"③ 而学界则普遍认同和引用丁元竹、江汛清教授的界定："志愿者是那些具有志愿精神，能够主动承担社会责任而不关心报酬的人，或者说是不为报酬而主动承担社会责任的人。"④

综合国内外研究情况，我们认为可对"志愿者"做广义和狭义的理解。广义的志愿者概念是指拥有一定人道主义信念和社会责任感，无偿向社会提供某种服务，并无私从事利他行为的个人、群体和组

---

① ［英］霍恩比：《牛津高阶英汉双解词典》，李北达译，商务印书馆、牛津大学出版社 2002 年第四版增补本，第 1698 页。

② 张洪彬：《论志愿精神》，博士学位论文，东北师范大学，2011 年，第 20 页。

③ 北京志愿服务发展研究会：《中国志愿服务大辞典》，中国大百科全书出版社 2014 年版，第 1 页。

④ 丁元竹、江汛清：《志愿活动研究：类型、评价与管理》，天津人民出版社 2001 年版，第 2 页。

织。狭义上的"志愿者"是指依托于一定的志愿者组织、具备一定专业技能和个人专长的自愿、无偿地开展社会公益活动的人们。除了广义志愿者的一般特性外，狭义志愿者更强调组织性和专业化。当前，相关志愿者方面的研究，大多集中于狭义"志愿者"的研究。

2. 什么是志愿组织

讨论志愿组织之前需要厘清组织的概念。通常意义上，组织可做两种含义的阐释：一种是动词，即有目的、有系统地汇集起来；一种是名词，即依据一定的使命和任务而组成的团体。本书所探讨的志愿组织自然采用的是名词意义上的"组织"。志愿组织通常是志愿者出于组织宗旨和目标的认可而从事志愿服务的组织。在公益实践活动中，志愿组织有众多称谓，如"志愿者协会""志愿服务队""志工中心""爱心社"等。

目前，关于志愿组织的内涵和外延多见于相关规章制度和法律条文中。《广东省青年志愿服务条例》（1999）指出"青年志愿者组织是指从事志愿服务的非营利的公益性组织，包括各级青年志愿者协会及其下属的青年志愿者服务站、青年志愿服务队等"[①]，此界定突出强调组织的公益性，对于组织法律意义上的登记注册环节未予以明确说明；深圳将"志愿组织"称为"义工组织"，《深圳市义工服务条例》（2005）将义工服务组织定义为"依法登记注册、专门从事义工服务活动的非营利性社会团体法人以及从事义工服务活动的机关、非营利性事业单位、社会团体等团体义工"[②]；《浙江省志愿服务条例》（2007）给志愿服务组织下的定义是"专门从事无偿服务社会和帮助他人，依法在民政部门登记注册，非营利性的社会公益组织及其分支机构、团体会员"[③]。

研究我国地方志愿服务发展条例中有关志愿组织之界定有益于我们理解志愿组织的概念：第一，志愿组织须有一定的组织规程为依据

---

① 参见《广东省青年志愿服务条例》第3条。
② 参见《深圳市义工服务条例》第3条。
③ 参见《浙江省志愿服务条例》第3条。

来开展利他活动；第二，推广或从事志愿服务行为团体的多元化；第三，既包括依法登记注册的志愿组织，也可含未注册登记的而从事志愿服务的组织。综上所述，联系我国现阶段志愿服务发展实际，本书在研究中倾向于将志愿组织界定予以一定程度的宽泛化，其概念表述为非营利的、以公益为目标、为社会提供志愿服务、传播志愿精神为业务范围的群体、团队、组织和机构。

3. 什么是志愿服务

英语语汇世界中，通常使用"志愿服务"的是"voluntary service""volunteering"。17 世纪 90 年代"volunteering"作为动名词予以使用，其词义通常被视为一种为促进和改善他人生活质量的没有物质报酬的利他行动。作为回报，这种利他活动能够产生一种自我价值感和自尊感；对于个人来说，这种活动是没有报酬的。"voluntary"一词作为形容词按照《牛津高阶英汉双解词典》的解释，词条有"1 自愿的；自动的；主动的。2 志愿的；无偿的；义务的"；"voluntary service"一词可以解释为"基于自愿的无偿的服务"。[①]由此可见，英文中的"志愿服务"（volunteering 或 voluntary service）可理解为"为促进和改善他人生活质量的基于自愿的没有物质报酬的一种利他行动"。

国外对于志愿服务的界定比较权威而得到普遍认同的学者是 Wilson 和 Penner。Wilson（2000）认为志愿服务是"任何自愿地抽出时间来帮助另外一个个体、小组或组织的行为；是一种出于自发动机的前摄（proactive）行为而非被动反应（reactive）行为"[②]。此定义并未排除志愿服务行为获得精神性"回报"的可能性。Penner（2002）认为"志愿服务是一种长期而有计划的亲社会行为，尤其是对陌生人提供帮助"[③]。他同时指出志愿服务行为的四种明显的特征：长期性、

---

① ［英］霍恩比：《牛津高阶英汉双解词典》，李北达译，商务印书馆，牛津大学出版社 2002 年第四版增补本，第 1698 页。

② Wilson J. "Volunteering". *Annual Review of Sociology*，Vol. 26，2000，pp. 215—240.

③ Penner L. A. "Dispositional and organizational influence on sustained volunteerism: an interactionist perspective". *Journal of Social Issues*，Vol. 58，No. 3，2002，pp. 447—467.

计划性、非义务性与组织性。Penner 认为需要将志愿服务与一般的人际互助行为相区别，志愿者往往不是出于义务感而实施志愿服务的。

《中国志愿服务大辞典》认为"志愿服务"从"广义上指以造福近亲属以外的他人（个人或团体）或环境的所有活动。狭义上是指无偿为非营利机构工作"①。国内学者也对志愿服务概念进行了广泛的研究，其中有代表性的如丁元竹、江汛清在 21 世纪初就认为"志愿服务是任何人志愿贡献个人时间和精力，在不为物质报酬的前提下，为推动人类发展、社会进步和社会福利事业而提供的服务"②。综合词源发展和国内外志愿服务界定，我们认为志愿服务是社会成员参与社会建设、改善公共福祉的重要途径，是参与主体自主自愿选择、超越常规经济交换活动领域、以造福他人和社会为目的、具有公益效应的个体性或组织性利他行为，具有"志愿性、无偿性、公益性、组织性"的特征。

4. 什么是志愿精神

志愿精神一方面表达志愿服务实践的精神内涵；另一方面，体现志愿者的意义世界和人格品质。如第二章所述，目前国内学界有从人的主体性层面指出志愿精神是体现在志愿者和志愿服务行为之中的精神性特质、从伦理性层面指出志愿精神作为一种德行形式的理论意蕴、从社会性层面揭示志愿精神对人类文明发展的重要地位和作用、从包括的要素方面指出志愿精神的具体内涵等，这些阐述都为目前的研究提供了很好的准备。归纳起来，对志愿精神概念的理解可分四个层面：第一，就志愿精神主体而言，可包括个体志愿者或者组织志愿者；第二，就志愿服务动机而言，可以有纯粹利他的公益动机，也可以有互惠利他的个人关照；第三，就志愿服务的指向而言，旨在对良善生活构建的努力；第四，就志愿精神的实质而言，是集伦理学、政

---

① 北京志愿服务发展研究会：《中国志愿服务大辞典》，中国大百科全书出版社 2014 年版，第 25 页。

② 丁元竹、江汛清：《志愿活动研究：类型、评价与管理》，天津人民出版社 2001 年版，第 2 页。

治学、心理学等意义上的伦理精神、公民意识和公共精神的统一。

综合前人研究成果，我们认为"志愿精神"是志愿服务主体基于一定的社会责任意识和利他情怀，自愿地、不为报酬而自觉参与推动人类发展、促进社会进步和完善社区工作的精神，是志愿服务主体思想品德的集中表现，是公民社会的精髓。

为了更好地理解志愿精神，我们认为还有必要梳理和分析与志愿精神密切相关的具有中国特色的概念：雷锋精神。

1963 年 3 月，党中央和毛泽东向全国人民发出"向雷锋同志学习"的号召。此后半个世纪以来，党的历届领导集体都极为重视弘扬与传承雷锋精神。雷锋精神有狭义和广义之分。"狭义的雷锋精神是对雷锋的言行和事迹所表现出来的先进思想、道德观念和崇高品质的理论概括和总结；广义的雷锋精神则已经升华为以雷锋的名字命名的、以雷锋的崇高品质为基本内涵的精神价值。"[1] 2012 年，中共中央办公厅印发了《关于深入开展学雷锋活动的意见》，强调当前要"大力弘扬雷锋热爱党、热爱祖国、热爱社会主义的崇高理想和坚定信念，服务人民、助人为乐的奉献精神，干一行爱一行、专一行精一行的敬业精神，锐意进取、自强不息的创新精神，艰苦奋斗、勤俭节约的创业精神"[2]。在培育和践行社会主义核心价值观的新时期，中共中央运用理想信念和奉献、敬业、创新、创业等精神特质为雷锋精神注入了新的时代内涵。

在中国过去二十多年的志愿服务事业发展中，大学校园中诸如"我也可以成为雷锋""我志愿，我快乐""这是我应该做的"等心声是对雷锋精神在大学生中的一种接力。志愿精神是对雷锋精神的传承，是对雷锋精神价值理念的践行。它们都以利他性服务为基本手段，以提升人类的道德境界为中介，以促进社会进步的理念信念为根本动力，具有内涵上的内在统一性。当然，志愿精神与雷锋精神也具

---

① 李仲国等：《推动学雷锋活动常态化研究》，中国财政经济出版社 2013 年版，第 20 页。

② 新华社：《中共中央办公厅印发〈意见〉 深入开展学雷锋活动》，《人民日报》2012 年 3 月 3 日第 1 版。

有一定的差异。从其形成的社会背景来看，志愿精神发端于欧美，其哲学基础是个体主义，是与积极公民权相应的自下而上的社会本位主义体现，而雷锋精神是在集体主义政治话语体系中突出强调集体本位的自上而下的一种利他意识；且多数情况下，"志愿精神从一开始就是一种与宗教相关的道德行动模式和社会道德理念，而后者是一种高度的政治色彩的集体主义道德行动，具有鲜明的阶级性"①；从精神承载的主体而言，雷锋精神是以人物为载体的精神范式，突出强调作为集体的道德符合，个体利他行为的自我伦理观照较少，而志愿精神依托多元主体的自觉行动，以志愿服务事业发展为载体的精神范式，坚持社会福祉的提升，也允许公益主体内在发展需要的满足。因此，可以说，志愿精神是雷锋精神内涵的继承、丰富和发展，两者内在地统一于培育和践行社会主义核心价值观的志愿服务事业发展实践中。

（二）志愿精神与志愿服务的关系厘析

阐释志愿精神与志愿服务的关系是本书研究的重要内容。志愿服务是志愿者身份确认的中介，是志愿精神展现的活动平台；志愿精神是志愿者在实践活动中的道德体悟和认知情感凝练，两者之间是"内化于心"和"外化于行"的不可分割的对立统一体。两者的对立性表现为：一是志愿精神作为一种精神现象，存在于人的大脑之中；志愿服务是一种物质运动，具体表现社会成员基于一定时空范围内奉献自我时间、精力、物资等利他行动的机体活动。二是志愿精神看似主观，实际上，它是客观存在的志愿服务行为的主观印象；志愿服务看似人的自由活动，实际上它是受志愿精神支配的。三是志愿精神活动过程不可见性，因而它具有隐蔽性的特点；而志愿服务行为其活动是可见的，具有显现性的特点。四是志愿精神处于支配地位，志愿服务处于被支配地位。五是志愿精神表现为人的内在活动；志愿服务行为则表现为人的外在活动。

---

① 张亚月：《志愿精神与雷锋精神的关系辨析及整合前景》，《思想理论教育》2012年第8期。

两者的统一性表现为：志愿精神支配志愿服务，志愿服务行为反作用于志愿精神。它们相互依存、相互作用，双方共处于统一体中，是"你中有我，我中有你"的关系。一方面，志愿精神支配志愿服务，如志愿精神决定志愿服务行动的选择，决定志愿服务时间的持续，影响志愿服务行为效果的大小；另一方面，志愿者通过志愿服务实践活动，使得原有的思想品德得到检验，并进一步予以充实和完善。在志愿服务的实践过程中，志愿者还有更多的新的感性认知，这些认识经过思维的加工整理，上升为理性认识补充到原有的志愿精神内涵理解中，从而使得原有的志愿精神水平得以逐步发展提高。图4-1即为两者之间的关系。

图4-1　志愿精神与志愿服务的关系

二　大学生志愿精神内涵的三维考察

"精神"词义之解释丰富，大学生志愿精神内涵阐析亦如此。本书将大学生志愿精神作为反映社会意识、调控志愿服务行为规范、体现志愿者思想品德三个层面加以考察。

（一）作为社会意识的大学生志愿精神

大学生志愿精神是大学生志愿者开展志愿服务实践活动的精神动力，是大学生公益利他、爱心奉献等思想观念的凝结。

首先，大学生志愿精神表现为观念形式的客观存在。大学生志愿精神是一种特殊的社会意识，是多数志愿者认同并勇于实践的优秀思想品格、价值取向与道德规范的总和。学界普遍认为"志愿精神和志愿服务与人类传统的慈善思想具有一脉相承的关系"①。中国传统文化中的慈孝文化、仁爱思想、乐善好施等美德都与志愿精神内涵具有内在的一致性；过去五十多年，在全国范围内的学雷锋活动，雷锋精神的践行和大学生志愿精神的弘扬与传承亦具有内在的必然联系。所以作为观念形式的客观存在，无论是大学生志愿精神的历时渊源还是共时表现，其奉献、友爱、互助、责任、参与等精神理念都深深地镌刻在每一个大学生志愿者的意义世界与价值框架中。

大学生志愿精神作为观念被创造出来成为志愿者的认识，是社会群体对大学生志愿者应当具备什么样的精神特质，是人们评价大学生志愿者的价值观念基础和参照体系。当然，这种观念的产生和最终的归宿都在于志愿服务的实践，以大学生为主体的青年志愿者通过志愿服务的实践行动将志愿精神的观念内化为自身的精神素质，并影响着自我的思维方式和行为选择，显现出大学生志愿者特有的精神面貌和意识水平。

其次，大学生志愿精神是一种能动的意识活动。马克思主义认为，精神不仅反映客观世界，而且能够能动地改造世界。大学生志愿精神既是对某一时期大学生志愿者思想道德风貌的反映，也是引领大学生在其思想品德现状基础上生成符合成长规律的精神品质、思维方式。青年大学生践行志愿精神，视志愿服务参与为大学生涯必修的人生经历，在与服务对象的公益互动和对话中逐渐深刻认识现代社会生活的精彩和发展困境的夹杂，体验志愿服务活动的现实意义和人文价值。所以，大学生志愿精神能在广大青年志愿者群体中得以认同和践行，就在于它能增强大学生的爱国意识、大众情怀，还能强化大学生志愿者"奉献、友爱、互助、进步"的观念性建构。

再次，大学生志愿精神体现为个体意识和群体意识的互动。社会意识具有极其复杂而精微的结构，从意识的主体来看可区分为个体意

---

①　沈杰：《志愿行动：中国社会的探索与践行》，人民出版社 2009 年版，第 1 页。

识和群体意识。大学生群体意识是指大学生对所属群体的认同并伴之以归属感等情感体验。大学生志愿精神是大学生志愿者对志愿组织核心价值观的认同并在持久的奉献服务活动中铸就生成的一种群体意识，它是大学生志愿者的普遍追求和志向的意识表征。可以说，"大学生志愿精神是在高校大学生这个群体中表现出的对于志愿精神的价值判断和认同，并基于这种认同在实践活动中作出的行为选择，它是大学生自愿地、不求报酬地帮助他人、回报社会，促进社会和谐发展的精神"①。当大学生志愿者将志愿服务作为参与社会事务的自觉选择，"志愿者"这三个字将不仅是一种称呼，更是一种精神内涵和生活方式，不仅是作为志愿者群体的价值认同，更是内化为志愿者个体的内在思想道德。大学生志愿者群体意识将会通过志愿服务的实践活动并将相关信息予以传递和加工从而转化为个体意识，大学生志愿精神是以个体意识的形态作用于具体的志愿服务实践活动中的。所以，大学生志愿精神是对大学生志愿者（或志愿组织）在思想道德方面的内在要求和在参与具体的志愿服务活动中应遵循和恪守的价值准则与行为规范。

当然，大学生志愿者的个体意识在一定条件下也会转化为群体意识。众多大学生志愿者个体的志愿精神认知、志愿服务情感体验、志愿服务行为倾向汇聚成高校独特的公益风尚，并成为高校师生共同的精神财富。过去二十多年中国青年志愿服务的生动实践无不映衬着当代大学生的真情与关怀、良知与责任、青春与奉献、信任与担当。毋庸置疑，高校大学生志愿精神作为高校校园文化的重要精神资源，已经潜移默化地影响着当代大学生的精神世界。正是由于这种个体与群体意识之间的互动，使得大学生志愿精神激发和感召更多的学生主动参与志愿服务事业。

---

① 李倩：《大学生志愿精神培养的路径探析》，硕士学位论文，山西财经大学，2013年，第7页。

（二）作为调控规范的大学生志愿精神

大学生在志愿精神的感召和激励之下，积极参与公共事务，这是一种看不见的和谐，是一个民族正在创造的精神文化，这种精神文化将引导和规范大学生的志愿服务行为，从而确保大学生志愿服务工作规范、有序和良性运行。

首先，大学生志愿精神是一种非制度化的道德力量。大学生志愿精神属于道德的范畴，是一种不适用强制性手段来为自己开辟道路的非制度化规范。大学生志愿精神从自我认同出发，坚持实践行动理念，强调自下而上的公益参与，引导和调控志愿者积极参与志愿服务实践活动。由是观之，作为一种非制度化的道德力量，大学生志愿精神发挥着调节志愿者自身行为选择、与利他对象关系处理、实现社会精神资本增值的作用。

其次，大学生志愿精神是一种以自律为主的伦理担当。大学生公益利他行为的选择一般来说有他律和自律的要求。他律是包括学校、社会、政府等外部强力驱使所致，自律则为大学生责任意识和利他情怀转化所为。大学生志愿精神在中国高校青年志愿服务事业的发展是他律和自律的统一，但更应突出志愿者自我内部力量的作用发挥，因为"任何真正的志愿都只能是个人的志愿，排斥个人自由选择权的'集体志愿''社会志愿'不过是强制的代名词"①。诺贝尔经济学奖获得者阿玛蒂亚·森说过，"志愿精神的发展源于人类的本性，即积极的团结、超越和对他人负责任，它不仅仅是义务，更是一项特殊权利"，它是"对人类最深层信念共有的基本伦理规范的共鸣。我们必须为彼此负责任，这意味着联合，并发展公民的成熟度"②。由此，大学生志愿者必将以伦理担当为己任、自觉行动为本分、公益空间为场域来诠释其丰满而成熟的公民人格形象。

---

① 秦晖：《政府与企业以外的现代化——中西公益事业史比较研究》，浙江人民出版社1999年版，第2页。

② ［印度］阿玛蒂亚·森、［阿根廷］贝纳多·科利克斯伯格：《以人为本：全球化世界的发展伦理学》，马春文、李俊江等译，长春出版社2012年版，第223页。

（三）作为意识主体道德品质发展的大学生志愿精神

志愿精神是大学生开展志愿服务、参与公共治理的内在动力，是大学生在志愿服务中表达利他意识、体悟关怀伦理的道德品质的体现。

首先，志愿精神内蕴大学生己他关系处理的思想道德品质。在大学，大学生必然要学会在"己"与"他"的关系世界里寻求自我生命的完全意义。正如陶倩教授在《当代中国志愿精神的培养研究》一书中通过考究志愿精神的"理想性价值追求和现实性价值追求"①来揭示志愿精神内涵在己他关系上的应对方式一样，"大学生不能萧然物外，对社会无萦念，对生命无热情"②。大学生志愿精神倡导大学生在追求真理、获取新知之时，关爱他人、关注社会，走出私人生活空间，投注公共生活空间，"在自由、发展、反思、对话、协调等理念平台上让民主、权利、参与、合作、多元等现代政治思想要素深植于公民的价值体系"③，在志愿服务活动处置己他（它）关系中反映大学生志愿者的认知、情感、意志、行为倾向等要素和诸如责任、平等、尊重、参与等价值形态，这是大学生志愿精神内蕴着的志愿者思想道德品质的体现。

其次，大学生志愿精神包含志愿者提升个体思想道德素质、实现自我超越的发展理念。"志愿精神的特质包括以公益为信仰和以奉献为路径、囊括理性价值观和感性生活方式，从而成为人们追求自我实现道路上的有力推动者。"④ 无论在东方还是西方，奉献精神一直都是志愿服务的价值理念。但随着改革开放后主体意识的增强，单向度的无私奉献无法满足多数大学生志愿者讲求功利的内在需求和情感世界的张力，"这并不是对志愿服务经典理念的消解，而是经典理念在变

---

① 陶倩：《当代中国志愿精神的培养研究》，上海人民出版社2013年版，第72页。
② 金耀基：《大学之理念》，生活·读书·新知三联书店2001年版，第24页。
③ 马海韵：《中国公民志愿精神：价值愿景、成长现状及培育路径》，《南京社会科学》2011年第12期。
④ 同上。

化的时代和变化的社会生活中的再度凝聚和张扬"①。大学生志愿者在参加诸如支教助学、帮残助老、扶贫济困、抗震救灾、支援西部等志愿服务活动过程中，一方面搭建了连接自我、学校、社区乃至都市社会网络空间的对话和参与平台，将自己的所学知识和技能服务于社会需要，实现了自身的社会价值，但同时在参与志愿服务过程中大学生又可以收获他人、社会的认可和赞誉，体验志愿服务带来的幸福感、满足感、归宿感和成就感，从而丰富个人情感世界；可以在服务过程中学习新知识、掌握新技能，培养组织协调和团队合作能力，锤炼了社会实践能力，增强自信心和创新意识，挖掘开发自我潜能，并为未来就业积累资本，从而促进自我发展；可以在服务过程中强化责任感、正义感、参与感，培养健康的人格和心态，确立正确的世界观、价值观和人生观，从而引导自我走向成熟、形塑个人的某种完型。综上所述，大学生志愿精神引导的是一个助人与自助的互惠理念，是一种提升个体思想道德素质、实现自我超越的主体觉醒了的思维活动。

三　大学生志愿精神功能、特征及实践领域

（一）大学生志愿精神的个体性和社会性功能分析

大学生志愿精神是大学生思想政治教育的重要内容，它对大学生个体和经济社会发展有着积极作用或影响，所以分析大学生志愿精神的思想政治教育功能可以分为个体性功能和社会性功能。

1. 大学生志愿精神的个体性功能

大学生志愿精神的个体性功能是指对大学生的思想、心理、行为活动产生直接的作用，具体可以表现为以下几个方面。

---

① 谢纳新等：《海西志愿者行动》，同济大学出版社 2009 年版，第 46 页。

第一，导向功能。任何一个社会的发展，总要有崇高精神的引导。作为校园文化的重要内容，大学生志愿精神对校园师生的精神面貌塑造、行为规范调控、学校良好形象树立乃至对整个社会的和谐发展，都有着深远的影响。大学生志愿精神的生成以其共同的价值取向规范大学生志愿者的行为，在潜移默化、耳濡目染中养成统一的意志和信念，在校园内外形成爱国主义、集体主义、崇尚奉献、团结友爱、平等互助、共同进步的良好风尚。活跃于校园内外的成千上万志愿者及其丰富多彩的志愿服务活动都在诠释基于"我为人人、人人为我"的逻辑体系，如已有十余年的"两项计划"志愿者在响应国家的号召下到西部去、到基层去、到祖国最需要的地方去挥洒青春汗水，这是一种为实现国家繁荣富强、民族复兴、人民幸福的爱国主义情感；如众多志愿者走向社会，扎根基层，在和社会各类人群的公益交往实践中，真正感知社情民意，理性审视发展困境，主动寻思发展路径，从而对我国国情有更为深入的理解；如北京奥运会、上海世博会、广州亚运会等各种大型赛会上大学生志愿者阳光、自信、奉献的场景都在丰满一个国家的良好形象，同时大学生志愿者也在服务过程中提升了自身的使命感、责任感，激发了民族自信心和自豪感。总之，大学生志愿精神在大学生志愿者践行社会主义核心价值观方面有着重要的导向功能。

第二，凝聚功能。大学生志愿精神的凝聚功能是大学生在志愿服务过程中，在凝聚意志、统一行动、激发公益情感，培养集体观念等所发挥的作用。英国学者凯兹·卡恩认为："社会系统的基础，在于人类的态度、知觉、信念、动机、习惯及期望等心理因素；在社会系统中，将个体凝聚起来的主要是一种心理的力量。"[①] 志愿精神是高校精神文明建设的重要内容，一旦被大学生共同认可就会成为一种精神合力，增加大学生群体间的团结并凝结为一股强大的精神动力，从而形成一种公益时尚、价值追求和行为动力。它就像一条纽带一样，在

---

① 转引自吴声怡、谢向英《企业文化新教程》，上海大学出版社 2012 年版，第 45 页。

诸如抗击非典、汶川地震、北京奥运会、西部大开发等国家民族重要历史关头、重大灾害和重点建设领域，来自不同专业、年龄、学校、地区乃至国家的大学生志愿者在志愿精神的感召下共同聚首于各种志愿服务场域，共同为改善人类福祉和更美好幸福的生活而贡献青年大学生的聪明才智。新时代鲜活、热情和积极的大学生志愿者活动和志愿精神不仅会感染校园师生，还将会"成为社会大众的关注和思考点，从而在全社会产生强烈的道德认同和民族向心力"①。

第三，激励功能。志愿精神在大学生精神世界的意义框架中保持积极向上、乐于奉献的状态和推动社会进步的行动选择上有着激发和鼓励的重要作用。首先，思想观念本身的激励。大学生志愿精神是一种进步的思想观念，当"奉献、友爱、互助、进步"的志愿精神元素在人口密集的商场门口、流动的出租车显示屏、公共的社区广场宣传栏等地频繁出现的时候，这种正确的思想观念将会再次予以肯定、强化和发展，从而激发大学生积极参与志愿服务；其次，行动参与的激励。在志愿精神激励和引领之下，大学生志愿者主动、自觉参与志愿服务活动，是自我成长和社会尽责的统一。由于大学生志愿者的自我内心感知和外部情感认同与支持使大学生收获一种内心的被需要的满足感，这是用金钱难以衡量的一份内心愉悦和荣耀。因此，"当青年人的内心世界日益丰富起来的时候，尤其是受过良好教育的那部分青年人，就可以有意识也有热情进入社会的公共领域，去寻找自身（发现自身），表现自身（证明自身）"②。再次，榜样示范的激励。榜样的力量是无穷的，冯艾、丛飞、徐本禹、方明和等一大批优秀的青年志愿者模范都用自己感人的公益行动诠释了志愿精神的力量，他们的先进事迹将有助于激励众多大学生以更加饱满的热情投入志愿服务的队伍中来。

第四，教化育人功能。大学生志愿精神有助于引导大学生自我教

---

① 高娱：《大学生志愿服务的思想政治教育功能及其实现途径》，硕士学位论文，陕西师范大学，2012年，第26页。

② 徐中振：《志愿服务与社区发展》，上海三联书店1998年版，第276页。

育、自我成长。华东师范大学曙光志愿者服务队前队长江娥在一篇题为《志愿者经历伴我们成长》的发言稿中写道："在志愿者服务中，我们听到最多的一句话就是'感谢你们'。其实，我们更应该感谢残疾人，感谢他们让我们帮助。因为是他们让我们知道原来有着健全的身体本身就是一种幸福；是他们使我们体会到能在大学校园里读书是多么珍贵；是他们让我们有了服务社会，实现自身价值的机会。"[①] 其实，"很多报名参加志愿者服务的学生都是抱着开阔眼界、锻炼社会能力、检验学习成果的初衷去参加志愿服务的，志愿服务实践的这种形式不但使他们的这一初衷得以实现，而且感受到了其行为的社会效益和精神效益，引发了他们对提升社会道德水准，营造社会良好道德风尚的价值追求，进而形成了巩固、发展和提高个人品德的自觉要求。大学生志愿精神内蕴着的高尚道德情操和积极进取的人生态度通过行为表现出来的时候往往更具感染力，它是一种集比较教育、典型教育和感染教育于一体的德育方式，它以统一的目标导向，不仅使学生实现自我社会价值和个体全面发展的需要得以满足，更在团队内部自然形成了个体与个体横向交互影响，即受教育者作为德育主体互相教育、互相影响的群体教育模式和个体内部纵向的自我教育模式"[②]。

2. 大学生志愿精神的社会性功能

大学生志愿精神的社会性功能是指其在社会发展所能起到的政治、经济、文化等方面的积极作用。

第一，大学生志愿精神有助于引导公众参与社会治理。在志愿精神引领下公民加入志愿服务组织开展志愿服务是"提高人民群众依法管理国家事务、经济社会文化事务、自身事务的能力"[③] 的体现，是与政府服务、市场服务相衔接的社会服务的重要环节。新时期中国社

---

① 沈晔、陈莲俊：《爱心汇流，勇气成河——特奥会对生命教育和关爱教育的启示》，《思想理论教育》2007年第18期。

② 沈晔：《注重人文关怀 培养学生个人品德——大学生参加志愿服务的启示》，《江西教育学院学报》2013年第2期。

③ 习近平：《坚定制度自信不是要固步自封》，2014年2月17日，新华网（http：//cpc. people. com. cn/n/2014/0217/c64094－24384920. html）。

会治理创新需要更多的社会力量的积极参与，因为公民成熟而广泛的公共参与是国家治理体系和治理能力现代化的重要保证。其中，志愿者参与基层社会的共同治理和矛盾化解有其独特价值。当代大学生作为未来社会建设的中坚力量，更应具备这种基于平等、责任、参与、互助、进步等理念的大学生志愿精神，它在动员广大青年学生在进入公共生活空间进行思考、判断、选择公益行动，培育负责任的公民以形成良好民主政治运行的社会基础有着重要作用。

第二，大学生志愿精神有助于提升城市发展环境。大学生志愿精神是一种宝贵的社会精神文明财富，是都市文明程度的重要体现。一方面，大学生学习、生活乃至未来的工作地多数与都市发生紧密的网络关系，众多志愿者和志愿服务组织在志愿服务涉及的"社区发展、教育和培训、公民参与、健康、基本需求、环境、人权、和平进程和应急服务"等领域"识别和处理了那些未被处理的需求，创新、提供品质卓越的服务"[1]。联合国大会在一项关于志愿精神的决议中也指出："志愿精神是任何以贫困减少、可持续发展、健康、灾害预防和管理、社会融合，特别是克服社会排斥和歧视为目标的策略的重要组成部分。"[2] 大学生志愿精神为引领广大志愿者改善都市生活做出积极的努力。另一方面，大学生志愿精神也是都市文明的重要组成部分，同时在引领都市文明建设有着积极的作用。高等教育史告诉我们，引领和促进社会的发展与人类的进步始终是大学的神圣使命。"大学机构之所以生新民之效者，盖不出二途，一曰为社会之倡导与表率，二曰新文化因素之孕育涵养与简练揣摩。……教化云者，教在学校环境以内，而化则达于学校环境以外。"[3] 大学生志愿者在校园与都市社区的非竞争性公益交互过程中唤起都市居民的互爱互助精神，并凝聚成

① ［印度］阿玛蒂亚·森、［阿根廷］贝纳多·科利克斯伯格：《以人为本：全球化世界的发展伦理学》，马春文、李俊江等译，长春出版社 2012 年版，第 222 页。

② 转引自［印度］阿玛蒂亚·森、［阿根廷］贝纳多·科利克斯伯格《以人为本：全球化世界的发展伦理学》，马春文、李俊江等译，长春出版社 2012 年版，第 222 页。

③ 梅贻琦：《大学一解》，《中国大学教学》2002 年第 10 期。

为其社区和都市生活自由联合体的共有道德风尚，从而为冰冷的经济计算增加了都市生活空间的温暖。

第三，大学生志愿精神有助于社会主义核心价值观的培育。"奉献、友爱、互助、进步"的志愿精神与社会主义核心价值观的培育和践行具有内在契合性。首先，无私奉献的志愿服务意识体现了文明和谐观念的价值追求。大学生志愿精神本身应是一种实践精神，它不是没有行动的空想。近年来，大学生志愿者深入农村、走向社区、扎根基层、奔赴西部开展志愿服务活动，在一定程度上缓解了经济社会发展所面临的诸多问题，有利于社会的文明发展与和谐进步。这种无私奉献的志愿服务行动和意识是大学生志愿者生动诠释和传播社会主义核心价值观"文明、和谐"的重要形式。其次，"互助尊重的志愿服务传递平等观念"[①]。现代意义上的志愿服务行动，就志愿者同伴之间、志愿者与服务对象之间都是一种平等的关系，他们彼此相互尊重和理解。而富有理想抱负的大学生志愿者也用自己的实际行动弥合了人与人、人与自然之间的某种不平等，从而传递平等的价值观念。再次，责任和进取彰显了爱国与敬业的精神。大学生是社会主义事业的建设者和接班人，他们从事的志愿服务活动是其社会责任意识的有益表达，是热爱国家和民族的印证。为了更好地开展志愿服务项目，提供更加优质的志愿服务，大学生志愿者及其团队持之以恒、精益求精、富于创新，这充分体现了社会主义核心价值观的敬业品质。最后，助人为乐的精神品质弘扬了诚信友善的道德品行。在陌生人社会里，大学生志愿者选择利他性的公益行动是一份真诚和善意的呈现，在人际关系上是一种信任度较高的状态。当然，志愿服务行动还是个体友善思想品德的表征，大学生志愿者活跃于敬老院、特殊学校、农民工子弟学校、大型赛会等，在与他者的公益交互中搭建了一个充满和谐友善的情感纽带。

---

① 张伟娟：《刍论完善志愿服务活动与培养大学生社会主义核心价值观》，《理论导刊》2014 年第 8 期。

（二）大学生志愿精神的特征厘析

关于志愿精神的一般性特征，国内研究者有进行积极的讨论，其中有代表性的并进行全面阐述的是华中师范大学的张耀灿教授。张教授撰文指出志愿精神的七个基本特征[①]：寓于具体而生动的志愿服务活动的实践性；基于自觉并非强制的自愿性；不以营利为目的的无偿性；旨在为他人和社会提供公共服务的公益性；志愿精神弘扬、志愿服务活动展开的有组织性；具含人文价值、社会主义价值的价值性；汇聚融合古今中外伦理文化精华的融汇性。

大学生志愿精神是大学生在日常的志愿服务过程中所展现出的一种精神品质。它具有志愿精神的上述一般性特征，也具有大学生群体的独特性。

第一，进步性。大学生志愿精神是"中国传统美德、时代精神和人类共同文明的有机结合，它既是对中华民族团结友爱、助人为乐、见义勇为、尊老爱幼、尊师重教等传统美德的继承与光大，又是社会主义时代精神的弘扬和'雷锋精神'在新时期的体现"[②]。在志愿精神的激励下，广大青年学子本着对于国家、民族的社会责任感和历史使命积极活跃于志愿服务的各条战线上，他们对促进社会进步和大学生个体综合素质的提升都有重要的推动作用。无论是在重大历史场景，还是日常社会问题解决如弱势群体生存发展需求满足的平凡岗位上，我们都能感受到大学生志愿精神推动着公民思想道德素质和公共精神的提高，感受到它促进社会的和谐发展。简而言之，大学生志愿者用自己的实际行动诠释和彰显了大学生志愿精神的进步特性。

第二，示范性。大学生志愿精神的示范性体现在它对大学校园内部和外部人群的二重示范性上。对于广大学生而言，"'志愿者'不是走进职业生涯之前的青少年的暂时身份，也不是闲富阶层的特权，而

---

① 张耀灿：《关于弘扬志愿精神的几个问题》，《思想政治教育研究》2011 年第 5 期。

② 共青团北京市委员会、北京青年研究会：《志愿者形象及其社会影响》，人民出版社2009 年版，第 9 页。

是每个公民的权利和义务"①。大学生志愿精神今天呈现的就是成千上万的大学生志愿者活跃在帮助弱势群体、扶贫、紧急情况及灾难救援、社会建设、安全维护等领域，用他们的聪明才智开启一段丰富人生阅历、增加个人魅力、成就人生精彩的成长历程。这将为高校培养有创新意识、实践能力、富有社会责任感的"有理想、有道德、有文化、有纪律"的社会主义建设者和接班人提供范型。对于社会其他人群而言，一届又一届的大学生志愿者群体中形成的志愿精神呈现的是主流的社会主义核心价值观所提倡的德育目标，它将会引领社会形成积极向上的价值体系，潜移默化地为社会其他人群在坚持志愿服务的常态化中提供示范效应，从而形成一种充满德行温暖和人性光辉的生活方式。

第三，时代性。大学生志愿精神的形成和发展受到校园文化、社会文化、外来文化的影响，必然会打上它所处的特定时代的烙印，必然需要充分反映这个时代的精神内涵。在互联网时代，数字化生存方式已经深刻地影响着当代大学生的学习、工作和生活。腾讯公益、新浪公益、搜狐公益栏目、校园 BBS、博客、微博、微信等等推动了当代大学生公共领域的延伸，大学生将志愿服务活动通过网络进行推介，实现了线下和线上的互动，推动了大学生志愿精神的传播，从而在校园内外营造了追求"正义、良知、爱心和理性"的良好道德氛围；另外，大学生志愿者在网络上也开展"无偿提供信息咨询、免费提供资源共享、免费进行技术和方法指导、宣传与发动社会求助、提供精神安慰或道义支持等"②。可以说，大学生对志愿服务活动的参与和公众需求的关注高度依赖网络，使大学生志愿精神也具有强烈的网络参与色彩的时代元素。

第四，持续性。大学生志愿精神是一种存在更是一种信仰，一种相信通过自己的努力和付出可以让我们生活着的世界更加美好的理

---

① 邱服兵等：《广州亚运会"志愿礼"的产生和应用》，《青年探索》2010 年第 5 期。

② 彭庆红、樊富珉：《大学生网络利他行为及其对高校德育的启示》，《思想理论教育导刊》2005 年第 12 期。

想。"理想的意义就在于为平淡的生活提供美好的希望，为不完美的现实提供完美的参照，从而促使人们努力追求完美。"① 尽管大学有周期性的人员更替，但一届毕业生踏上工作岗位，又会有更多的新生加入志愿服务活动中来，去延续"奉献、友爱、互助、进步"的青年志愿者精神。同时，在助人的公益场域，大学生志愿者也将收获成长，"我志愿，我快乐""我志愿，我健康""我志愿，我成长""我志愿，我自豪""我志愿，我美丽"等口号无论是在认知还是情感上都说明大学生志愿精神已成为时代文明新风尚，融进影响大学生四年乃至一生的大学校园精神文化，这也激励和确保一代代大学生们在志愿服务的道路上成为追求真理、改造社会和播散文明的宣传者、行动者。

（三）大学生志愿精神的实践领域简述

1993 年 12 月，共青团中央在全国发起"中国青年志愿者行动"，2 万余名铁路青年职工率先打出"青年志愿者"的旗帜组织冬日送温暖活动。20 余年过去了，他们的身影遍布社会各个角落，从西部大开发到社区建设，从环境保护到抢险救灾，从海外服务到大型赛事……铭记他们身影的有一个共同的名字，那就是"青年志愿者"。当前，大学生是中国青年志愿者队伍的主体，结合社会需求，他们开展了多种多样的志愿服务实践活动，集中体现了大学生志愿精神的内涵，其涉及的实践领域主要有以下方面。

第一，扶贫帮困。扶贫帮困主要是针对生活困难群体提供捐款捐物、爱心助学、生活照料、义务家教、文化娱乐、医疗卫生等活动。近年来，比较有代表性的志愿服务活动有"青年志愿者扶贫接力计划"（1996 年开始）、大中专学生志愿者暑期"文化、科技、卫生"三下乡社会实践活动（1997 年开始）、"卫生志愿者扶贫接力计划"（1998 年开始）等。

第二，西部计划。"到西部去、到基层去、到祖国和人民最需要

---

① 眭依凡：《大学何以倡导和守护理想主义》，《教育研究》2006 年第 2 期。

的地方去。"为积极引导和鼓励大学生到实践中去、到基层和艰苦地区去，经受磨炼，健康成长，2003 年，由共青团中央、教育部、财政部、人力资源和社会保障部共同组织实施大学生志愿服务西部计划（简称"西部计划"）。截至 2013 年，全国项目和地方项目共选派了 16 万名大学毕业生赴西部基层乡镇一级从事为期 1－3 年的志愿服务工作，志愿者在"基础教育、农业科技、医疗卫生、基层青年工作、基层社会管理、服务新疆、服务西藏等 7 个专项"① 为当地经济社会发展做出了积极的贡献。

第三，帮老助老。随着我国进入人口老龄化社会的加快，我们需要共同面对一个"老人世界"的到来。从目前我国现行的制度和举措来看，我们解决人口老龄化问题的准备尚不充分。因此，大学生在帮老助老志愿服务活动中有巨大的服务空间。大学生志愿者的帮老助老活动主要是对年满 60 岁以上的老人尤其是城乡空巢老人、高龄老人，予以长期或持续的"生活照顾、医疗保健、文体娱乐、情感慰藉、政策宣传、法律援助、心理援助等"② 一系列志愿服务活动，为老年人体面地过好晚年生活提供大学生力所能及的帮助。

第四，文明倡导。志愿服务是精神文明建设的重要载体，是和谐校园建设的重要手段。在大学校园中，有众多文明倡导型的志愿服务队和志愿者，他们通过文明教室、文明食堂、文明交通、文明阅读等志愿服务活动，在大学校园里善意规劝不文明行为、摒弃陋习、倡导文明新风，从而为提升公民公共文明道德素养做出积极努力。

第五，社区公益服务。走出校园，大学生志愿者结合自身专业知识、特长，联系社区需求，开展了生活帮扶、青少年支教、心理咨询、技能辅导、禁毒宣传、文艺演出等群众性公益服务活动，从而推动了诚信、友爱社会风尚的形成，促进了人与人的和谐相处。

---

① 中国传媒大学大学生志愿服务西部计划项目管理办公室：《关于招募 2014 年应届毕业生参加大学生志愿服务西部计划的通知》，2014 年 5 月 16 日，中国传媒大学（http：//jy. cuc. edu. cn/pub/info/showinfo. jsp? id＝634&infolink＝20140516090227927）。

② 佘双好：《志愿服务概论》，武汉大学出版社 2013 年版，第 74 页。

第六，环境保护。环境保护志愿服务主要是因为生产发展导致的环境污染问题而兴起的保卫生态环境和有效处理污染问题的活动，主要内容包括环保调研、环保宣教、环保行动、环保科研、环保创意等。比较有代表性的志愿服务活动有：保护母亲河志愿服务活动、义务植树活动、举办大学生环保公益项目大赛等。这些活动都对大学生的环保观念产生了积极的影响，而且提高了社会公众的环保意识，凝聚更多的公民自觉参与到生态文明的"美丽家园"建设中来。

　　第七，大型活动。"大型活动是指法人或者其他组织面向社会公众举办的每场次预计参加人数达到1000人的体育比赛活动，演唱会、音乐会等文艺演出，展览、展销等活动，游园、灯会、庙会、花会、焰火晚会等活动。"① 大学生综合素质高，适应能力强，符合各种大型文体活动组织实施提供志愿服务的要求。大学生志愿者服务大型活动，不仅可以降低活动开展的成本，为大型活动提供人力资源，还吸引多方力量参与到大型活动的整个过程中来，从而让活动成为大众关注的重要焦点。近年来比较有代表性的大型活动志愿服务有：北京奥运会志愿服务、上海世博会志愿服务、广州亚运会志愿服务、南京青奥会志愿服务等。如在"北京奥运会赛会的大学生志愿者共有53000人，占志愿者总数近八成，参加残奥会的赛会志愿者共有21000人"② 经过宣传发动、招募选拔、教育培训、公益实践、激励表彰等一系列工作，北京奥运会志愿者为世界各国运动员、媒体记者、观众和其他相关人员提供涉及礼宾接待、语言翻译、交通运输、安全保卫、医疗卫生、观众指引、物品分发、沟通联络、竞赛组织、场馆运行、新闻运行、文化活动组织等方面的优质服务，他们的热情参与、无私奉献赢得了中外宾客和社会各界的广泛好评。

---

　　① 余双好：《志愿服务概论》，武汉大学出版社2013年版，第76页。
　　② 翟帆：《北京奥运会赛会大学生志愿者人数占总数八成》，《中国教育报》2008年8月16日第1版。

第五章

大学生志愿精神作用机理研究设计

机理又称机制，根据《辞海》的解释，是指事物变化的道理。作用机理本是机械学上的概念，指的是"机器的内部构造、运转过程中各零部件之间的相互关系及工作原理，现已广泛应用于各学科的研究。在社会科学领域中，作用机理是指社会的政治、经济、文化活动各要素之间的相互关系、运行过程及其形成的综合效应或社会组织、机构的内部结构及其运行原理"[1]。大学生志愿精神作用机理主要是指大学生志愿精神在形成和发展过程中的影响因素及其内在的关系，包括大学生志愿者个体内部因素和外部多元环境，以及大学生志愿精神弘扬和实践的现实效应等。

一　大学生志愿精神及其影响因素的理论模型

（一）大学生志愿精神三因素模型

大学生志愿精神作为大学生志愿者具备的一种道德品质，是其在

---

① 教育部社会科学研究与思想政治工作司组编：《思想政治教育学原理》，高等教育出版社 2004 年版，第 205 页。

践行利他行动时表现出来的稳固的倾向和特征。探讨大学生志愿精神内在的相互联系的多元要素结构是分析大学生志愿精神现状的重要思路。目前，人们有从"知和行"的双成分、"认知、情感和行为倾向"三成分及"知、情、意、行"四成分等角度来分析作为个体道德品质的大学生志愿精神要素结构。本研究对大学生志愿精神的现状进行调查，主要是通过反映大学生志愿者在认知（Cognition）、情感（Affection）和行为倾向（Behavior Tendency）上的态度来了解大学生志愿精神的发展水平。有学者认为"认知、情感和行为倾向三个成分"是心理学意义上的"态度"和思想政治教育意义上"品德"[①]的共有成分，尽管前者更重视情感，后者更侧重行为倾向。因此，本书实证研究部分的逻辑起点就是对大学生志愿精神构成要素通过三维度的量表设计来做出分析。按照这三个因素的开头字母，可以将其称为大学生志愿精神要素的 ABC 模型，其构成和关系如图 5-1所示。

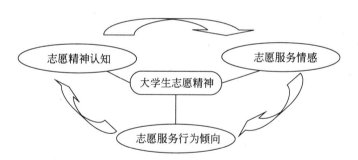

图 5-1　大学生志愿精神 ABC 模型结构

第一个维度即大学生志愿精神认知。认知是指个体对态度对象所具有的知觉和理解。反映到研究中，主要指大学生志愿者对自我的角色认识和行为理解。第二个维度为大学生志愿服务情感，指的是志愿者个体对伴随志愿精神认知而产生、对人的道德需要是否实现所产生

---

① 汪凤炎等：《良心新论：建构一种适合解释道德学习迁移现象的理论》，山东教育出版社 2011 年版，第 208 页。

的一种内心情绪体验，包括喜欢或不喜欢、愉快或不愉快、满意或不满意等体验。第三个维度为大学生志愿服务行为倾向。行为倾向是个体对态度对象向外显示的准备状态和持续状态，在本研究中主要是指大学生志愿服务参与的意愿。

大学生志愿精神构成要素的这三个维度是彼此联系、不可分割的。缺乏正确的志愿精神认知，大学生志愿服务行为就容易盲目；没有积极的道德情感，志愿服务行为就无法提供强有力的动力来源；没有志愿服务行为，大学生志愿精神的认知强化和情感体验就无法实现。所以，认知是情感和行为倾向的基础，情感是行为倾向的动力，而行为倾向是认知与情感表达实现的必然选择。

（二）大学生志愿精神形成与发展的内外影响因素模型

人的思想品德是在一定的环境里形成和发展的，国内外众多学者从心理学、哲学、社会学、政治学、教育学等视角来论述环境对人的思想、品行产生的影响。马克思、恩格斯认为"人创造环境，同样环境也创造人"，"环境的改变和人的活动的一致，只能被看作并合理地理解为变革的实践"[①]。个体思想道德品质的生成和发展受其客观存在的外部环境因素的影响，并且个体在和外部环境发生交互关系中创设更有利于个体发展的环境。大学生志愿精神的形成与发展，和大学生所处的社会环境、学校环境、家庭环境、网络环境有关，这些环境对大学生的影响是通过大学生对这些环境认知和认同的程度反映出来的；同时大学生自身也对客观外界环境通过他们的思想、行为发生反作用。总之，由动机、人际信任、人格特质、自我效能感的体验水平等构成的大学生志愿者内部主观价值倾向和外部多元现实环境是探析影响大学生志愿精神形成和发展作用机理的重要因素。其具体关系如图 5-2 所示。

---

① 中共中央马克思恩格斯列宁斯大林著作编译局编：《马克思恩格斯选集》（第1卷），人民出版社 1995 年版，第 92、59 页。

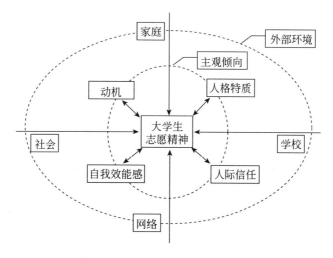

图 5-2 大学生志愿精神形成与发展的内外影响因素模型

二 大学生志愿精神形成与发展的影响因素及其个体效用的研究假设

（一）大学生志愿精神外部环境影响因素

社会存在决定社会意识，社会环境对个体思想道德的影响起着决定性的作用。大学生志愿精神的形成和发展及其效应发挥也受到大学生外部成长环境的影响。戴钢书教授曾用学校、社会和家庭的德育环境三维理论模型来解释大学生思想品德发展与外部环境之间的相互作用机制，从而构筑了"大学生纵向研究"的理论框架。① 班杜拉（A. Bandura）的社会学习理论认为人类的学习是个人与其特殊的社会环境持续交互作用的历程。人类的行为大都经由学习而来，个体自出生以来就无时无刻、不知不觉地学习他人的行为。随着年龄的增长、

① 戴钢书：《思想政治教育统计研究方法论》，人民出版社 2005 年版，第 100 页。

社会阅历的丰富，个体在思想、行动、感觉及对事物的看法上趋于成熟，逐渐变成一个为家庭及社会所接受的社会人。他强调，环境、个人与行为三项因素是交互影响的。人受环境中他者之影响，人也能影响环境中的其他主体。大学生志愿精神的形成受他所处的环境中的社会关系的影响，而他本身也能影响环境中的其他社会主体。

有哪些因素会影响大学生志愿精神的形成与发展？多数学者从学校因素和社会因素两个方面或者从家庭、学校、社会等三个方面来论述外部成长环境对大学生志愿精神形成与发展的影响。但总体看来，对于新时期大学生所生存的网络社会环境影响因素研究较少。根据"《第33次中国互联网络发展状况统计报告》显示，截至2013年12月，中国网民规模达6.18亿，全年共计新增网民5358万人。互联网普及率为45.8%，较2012年底提升3.7个百分点"①，其中就网民年龄结构而言，20−29岁网民所占比例为31.2%，较2012年的30.4%增加了0.8个百分点，在这个年龄段，大学生网民已经有着相当高的比例。由此可见，网络环境已经深刻地影响着当代大学生的学习、生活、工作。因而，本研究将网络环境也单列作为当代大学生成长环境的重要内容之一。所以，大学生志愿精神的形成与发展可能与大学生的家庭、学校、社会、网络等成长环境有着直接的关系。其关系如图5-3所示。

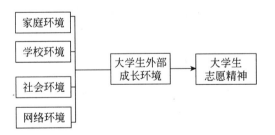

图5-3 大学生成长环境与大学生志愿精神关系

---

① 战钊：《CNNIC发布第33次中国互联网络发展状况统计报告》，2014年1月16日，光明网（http://tech.gmw.cn/2014−01/16/content_10138959.htm）。

根据已有研究文献和本研究基本预判，我们提出如下研究假设：

假设 1.1：家庭环境因素影响大学生志愿精神。

子假设 1.1.1：家庭成员关系对大学生志愿精神认知、志愿服务情感和志愿服务行为倾向有显著影响；

子假设 1.1.2：父母亲的志愿服务认知与参与对大学生志愿精神认知、志愿服务情感和志愿服务行为倾向有显著影响。

假设 1.2：学校环境因素影响大学志愿精神。

子假设 1.2.1：学校教育管理制度，对大学生志愿精神认知、志愿服务情感和志愿服务行为倾向有显著影响；

子假设 1.2.2：师生对志愿服务认知与参与对大学生志愿精神认知、志愿服务情感和志愿服务行为倾向有显著影响；

子假设 1.2.3：校园关系认同（师生、同学关系、归属感）对大学生志愿精神认知、志愿服务情感和志愿服务行为倾向有显著影响。

假设 1.3：网络媒体因素影响大学生志愿精神。

子假设 1.3.1：网络媒体环境对大学生志愿精神认知、志愿服务情感和志愿服务行为倾向有显著影响。

假设 1.4：社会环境因素影响大学生志愿精神。

子假设 1.4.1：社会组织环境对大学生志愿精神认知、志愿服务情感和志愿服务行为倾向有显著影响；

子假设 1.4.2：社会文化环境对大学生志愿精神认知、志愿服务情感和志愿服务行为倾向有显著影响；

子假设 1.4.3：社会政策环境对大学生志愿精神认知、志愿服务情感和志愿服务行为倾向有显著影响。

（二）大学生志愿精神内部影响因素

大学生志愿精神水平的高低和志愿服务行为的选择除了上述四个方面的外部影响因素以外，从大学生志愿者个体内部影响因素的角度来考虑主要包括以下两个假设：第一个是大学生个体基本信息如性别、是否独生子女、政治面貌等人口学变量因素与大学生志愿精神的总体情况、志愿精神认知、志愿服务情感和志愿服务行为倾向均呈现显著相关，具体见图5-4所示。

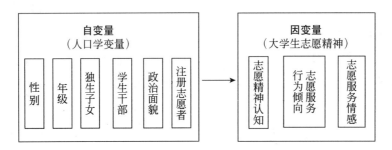

图 5-4　人口学变量与大学生志愿精神相关性的假设模型

第二个方面是从大学生个体内部的"主观倾向"视角来观察其与大学生志愿精神的关系。何为主观倾向？Moen（1997）撰文指出它是一个包含"同情心、动机、价值观、态度、人格特质等"[①]内涵宽广的术语。本研究旨在通过大学生人格特质、人际信任、一般自我效能感等个体价值主观倾向因素与大学生志愿精神存在的相关性假设进行验证研究。

人格特质是个体在一定社会历史条件下，通过社会交往实践形成和发展起来的带有一定倾向的稳定的心理特征的综合。国外已有较多研究成果将志愿服务（精神）和人格（性格）特质相结合进行研究。马克·A.缪其克和约翰·威尔逊在《志愿者》一书中认为"志愿者往往更多地属于外向、尽责、亲和、经验开放这几种性格，而较少属于情绪波动的性格"[②]。这在 Carlo 等人（2005）开展的以美国大学生

① Moen，Phyllis. "Women's Roles and Resilience：Trajectories of Advantage or Turning Points?" in *Stress and Adversity over the Life Course*，ed. Ian Gottlib and Blair Wheaton. Cambridge：Cambridge University Press，1997，pp. 133—156.

② ［美］马克·A.缪其克、约翰·威尔逊：《志愿者》，魏娜等译，中国人民大学出版社 2013 年版，第 38 页。

群体为样本进行"人格与参与志愿服务相关性"①的小样本检验中得到验证。当然，也有研究者认为"志愿服务与人格体质之间只有很弱的相关性"②。而国内目前将志愿精神或志愿服务和人格特质相结合的研究成果几乎还是处于空白，中国知网学术期刊数据库检测"篇名"为"人格特质"和"志愿精神（服务）"的篇目为零。③ 我们认为大学生人格特质是大学生在长期的学习、生活过程中形成的比较稳定的心理特征，对大学生志愿精神的发展水平具有一定的预测作用。因此，本研究假设如下：

假设 2.1：大学生志愿精神与大学生人格特质具有显著相关，人格特质对志愿精神的预测是显著的。

人际信任是建立在共同的道德价值和身份认同基础上的发生在人际交往中对交往对象的预期及信念。国外社会学、心理学领域的专家学者将志愿服务与人际信任相结合进行研究，马克·A. 缪其克和约翰·威尔逊在《志愿者》一书中引用 Bardy（1999）、Wood（1997）等人的观点指出"一个信任他人的人更容易成为志愿者"④；Smidt（1999）通过调查数据发现"无论受教育程度的高低和参加教会活动的频率如何，信任与志愿服务都存在正相关性"⑤。但是也有观点认为要对这样的结论应该更加谨慎。而国内目前将志愿精神或志愿服务和人际信任相结合的研究成果较少，中国知网学术期刊数据库检测"篇名"为"（人际）信任"和"志愿精神（服务）"的篇目为"3"。梁莹

① Carlo，Gustavo，Morris Okun，Georgo P. Knight and Maria Rosario de Guzman，"The Interplay of Traits and Motives on Volunteering：Agreeableness，Extraversion and Prosocial Value Motivation"．*Personality and Individual Differences*，Vol. 38，2005，pp. 1293—1305.

② Bekkers，Rene. *The Intergenerational* Transmission of Volunteering. 2005. http：//www. fss. uu. nl/soc/homes/bekkers/transmission2. pdf.

③ 检索时间为 2015 年 8 月 16 日。

④ ［美］马克·A. 缪其克、约翰·威尔逊：《志愿者》，魏娜等译，中国人民大学出版社 2013 年版，第 42 页。

⑤ Smidt，Corwin．"Religion and Civic Engagement：A Comparative Analysis".*Annals of the American Academy of Political and Social Science*，Vol. 565，1999，pp. 176—192.

（2012）在《媒体信任与公民的社区志愿服务参与》一文中通过实证调研发现"公民对媒体的信任度与其参与社区志愿服务的现状具有较为显著的影响"[①]。龚万达（2011）在《网络时代的青年发展：志愿服务与信任增进》一文中采用 ITS 量表对参与上海世博会的 400 名大学生志愿者进行问卷调查，数据分析显示"大学生志愿者的普遍信任远高于普通大学生，证明志愿服务具有增进信任的积极意义"[②]。我们认为大学生人际信任对大学生志愿精神的发展水平具有一定的预测作用。因此，本研究假设如下：

假设 2.2：大学生志愿精神与大学生人际信任具有显著相关，人际信任对大学生志愿精神的预测是显著的。

美国著名心理学家班杜拉最先提出"自我效能感"（Self-efficacy）概念，它是指个体对自己是否有能力来完成某一行为的猜测和判断。一般而言，一个对自我处置事务信心愈强的个体愈发表现出对工作、生活更积极、主动的状态。心理学家施瓦泽（Schwarzer）认为个体存在面对新环境或应对新问题时的一种总体性的自信心，即为一般性的自我效能感，并编制"一般自我效能感量表"。国外已有较多研究成果将志愿服务（精神）和自我效能感相结合进行研究。马克·A. 缪其克和约翰·威尔逊在《志愿者》一书中认为，志愿者比非志愿者有更高的自我效能感，"掌控力与志愿服务在零阶水平上呈正相关关系，但是一旦加入了对社会人口的控制，影响就消失了。因此，自我效能感或掌控力与志愿服务之间似乎并无关联"[③]。自我效能感与大学生志愿精神和志愿服务参与究竟呈现什么样的关系，这仍是值得探索的问题。国内目前将志愿精神或志愿服务和自我效能感相结合的研究成果几乎还是处于空白，中国知网学术期刊数据库检测"篇名"为

① 梁莹：《媒体信任与公民的社区志愿服务参与》，《理论探讨》2012 年第 1 期。
② 龚万达：《网络时代的青年发展：志愿服务与信任增进》，《河北青年管理干部学院学报》2011 年第 1 期。
③ ［美］马克·A. 缪其克、约翰·威尔逊：《志愿者》，魏娜等译，中国人民大学出版社 2013 年版，第 46 页。

"自我效能感"和"志愿精神（服务）"的篇目为零①。我们认为大学生自我效能感对大学生志愿精神的发展水平具有一定的预测作用。因此，本研究假设如下：

假设 2.3：大学生志愿精神与大学生自我效能感具有显著相关，自我效能感对志愿精神的预测是显著的。

（三）大学生志愿精神践行影响大学生成才、成长

"行是知之始，知是行之成"，实践是进步的起点，更是成长的试金石。在实现中华民族伟大复兴的历史征程中，当代大学生需要将自身价值的实现、人生理想抱负和国家、民族命运紧密结合，才能获得更好的发展，取得更大的成就。在多次给华中农业大学、保定学院等高校志愿者的回信中，习近平充分肯定了志愿者坚持与祖国同行、为人民奉献的正确成长方向，指出当代青年要"到基层和人民中去建功立业，让青春之花绽放在祖国最需要的地方，在实现中国梦的伟大实践中书写别样精彩的人生"②。可以说，众多大学生志愿者在践行志愿精神、参与志愿活动、积极服务他人、无私奉献社会的同时也提高了自身的能力、磨炼着自己的意志、荡涤着自己的心灵。

从大学生志愿精神实践的效应来看，目前多数的研究成果是从其社会效应来进行讨论的，如李图强③、王欢④、王志军⑤等研究指出志愿精神倡导的自治理念和行动参与为促进社会主义和谐社会建设发挥重要作用，正如曾骊在《大学生志愿精神与和谐社会之关系》一文中指出，大学生志愿精神的"示范功能、凝聚功能、教育功能，是促进社会和谐的精神力量，为社会主义和谐社会建设提供了'职能补缺'

---

① 检索时间为 2015 年 8 月 16 日。

② 杨婷：《习近平：让青春之花绽放在祖国最需要的地方》，2014 年 5 月 4 日，新华网（http：//news. xinhuanet. com/mrdx/2014－05/04/c＿133307413. htm）。

③ 李图强：《志愿者与志愿精神：和谐社会的重要内在动力》，《中国行政管理》2008年第 11 期。

④ 王欢等：《和谐社会视野中志愿精神的发展研究》，《教学与研究》2010 年第 4 期。

⑤ 王志军：《论志愿精神之于和谐社会》，《当代青年研究》2006 年第 5 期。

'爱心归位'‘责任定位'的有效支持"①。而大学生志愿精神的践行对于大学生自身的成才、成长而言似乎是一个确证了的结论，然而大学生志愿精神的践行在多大程度上会影响到大学生的成才、成长，具体又影响到大学生成才、成长的哪些内容，其影响发生的内在机理又是什么，诸如此类研究从目前的文献来看还较为少见。因此，我们就大学生志愿精神的践行与大学生自身成才、成长的关系采用质性研究的方法做一假设：

假设 3：大学生志愿精神的践行有利于大学生自身的成才、成长。

在世界观、人生观、价值观逐渐形成和发展的重要时期，大学生选择参与志愿服务活动、践行志愿精神将有助于自身的成才、成长。本研究将以个案访谈的方式来验证其对于大学生心理发展、职业能力提升、道德成长等方面有着重要的现实效应，其假设如下：

子假设 3.1：大学生志愿精神的践行有利于大学生心理发展；

子假设 3.2：大学生志愿精神的践行有利于大学生职业能力提升；

子假设 3.3：大学生志愿精神的践行有利于大学生道德成长。

三　大学生志愿精神量表及影响因素调查问卷设计

（一）变量的操作性定义

本研究涉及的变量包括大学生志愿精神、志愿精神外部成长环境影响因素、志愿服务动机、大学生人格特质、人际信任、自我效能感等。

大学生志愿精神。根据前文所述，大学生志愿精神三维因素具体从志愿精神认知、志愿服务情感、志愿服务行为倾向三个层面予以测量。

---

①　曾骊：《大学生志愿精神与和谐社会之关系》，《江淮论坛》2011 年第 3 期。

大学生志愿服务动机。分析人们为什么从事志愿服务即志愿服务的动机问题是众多社会科学研究者探求的一个重要话题。心理学认为，行为的原因即为动机。动机研究涉及人类行为的基本源泉、动力和原因，它探讨人类行为的目的性、能动性等方面的特征。作为一种心理活动，动机体现个体的个性倾向性，表现人类在做出某种行为选择时的差异性；另外，动机亦是人类行为的内在动力，决定着某种行为的方向和强度，它不仅可以激发、强化行为的产生而且能鼓励行为持续出现以达到行为的目的。本书以国外学者 Clary[1] 等人的研究成果为借鉴，将大学生志愿服务动机的功能类型划分为 6 类，具体是：价值表达（Values Function）：指大学生通过志愿服务实现自身内在价值认同的需求；学习理解（Understanding Function）：指大学生以学习新事物、新方法作为参与志愿服务的动力；社会交往（Social Function）：指能够对大学生参与志愿服务的意识和行为产生影响的人与事；职业生涯（Career Function）：指大学生期望通过志愿服务为自身未来职业发展提供平台和基础；自我保护（Protective Function）：指大学生期望以志愿服务调节自身心理情绪和状态；自我增强（Enhancement Function）：指大学生意图通过志愿服务工作满足自我需要。

　　大学生人格特质。人格是相对于认知、情绪、意志等而言的一种心理现象，是相对稳定、具有独特倾向性的心理特征的总和。多数研究者们认为志愿者拥有与众不同的个性特质。本研究采用王登峰[2]（2005）等人编制的"中国大学生人格量表"，从 7 个维度测量大学生人格特质与志愿精神之间的关系：因素 1 "活跃"，主要反映个体合群和活跃的倾向；因素 2 "爽直"，主要反映个体人际交往中言辞直率、不善控制自己情绪的倾向；因素 3 "坚韧"，主要反映个体坚定执着、

　　[1]　Clary, et al., "Understanding and assessing the motivations of volunteer: a functional approach". *Journal of Personality and Social Psychology*, Vol. 74, 1998, pp. 1516—1530.
　　[2]　王登峰等：《〈中国大学生人格量表〉的编制》，《心理与行为研究》2005 年第 3 期。

努力进取的倾向；因素 4"严谨"，主要反映个体认真仔细、严谨自制的倾向；因素 5"利他"，主要反映个体关注个人利益、势利自私的倾向；因素 6"重情"，主要反映个体为人处世注重感情或利益的倾向；因素 7"随和"，主要反映个体机智敏捷、温和柔顺的倾向。

人际信任。"人际信任是个体在人际互动过程中建立起来的对交往对象的言辞、承诺以及口头或书面的陈述的可靠程度的一种概括化期望。"① 研究发现人际信任与大学生定期的志愿服务活动和志愿精神发展水平之间存在正相关性。本研究采用 Rotter（1970）② 编制的人际信任量表（ITS），测试大学生志愿者人际信任的总体状况，得分越高说明人际信任度也越高。分析发现人际信任量表有 2 个因子和 3 个因子之说，2 个因子是指特殊信任因子（对同伴或其他家庭成员的信任）和普遍信任因子（对无直接关系者的信任）；3 个因子说包括政治信任因子，反映个体对政坛和媒体的可靠性的信任；父辈信任因子，测查对于自身有利的权威者个体所感知到的信赖感；对陌生人的信任因子，测量对自身可能接触到的陌生人的信任程度。本研究采用 2 个因子说来界定人际信任。

自我效能感。如前所述，美国著名心理学家班杜拉最先提出"自我效能感"（Self-efficacy）概念，它是指个体对自己是否有能力来完成某一行为的猜测和判断。自我效能感是否与大学生的志愿服务参与、志愿精神水平有关，这是学者们认为有待于进一步在研究中值得关注的问题。本研究采用德国心理学家施瓦茨（Schwarzer）等人编制完成的"一般自我效能感量表"。

大学生志愿精神形成与发展的外部成长环境影响因素主要包括家庭环境（家庭成员关系、父母亲的志愿服务认知与参与）、学校环境（学校教育管理制度、师生对志愿服务认知与参与、校园关系认同）、社会环境（社会组织环境、社会文化环境、社会政策环境）、网络媒

---

① 丁道群等：《社会心理学》，湖南教育出版社 2006 年版，第 139 页。
② ［美］内奥米·斯隆克：《人格测评》，李剑锋译，华夏出版社 2003 年版，第 168 页。

体环境等 4 个方面。

（二）量表和问卷的编制

在文献研究和访谈调查的基础上，从大学生志愿精神认知、志愿服务情感和志愿服务行为倾向 3 个维度收集、编写问卷条目。问卷条目完成后，请思想政治教育学、心理学、社会学有关专家、志愿服务指导老师、课题组成员进行指导、反复修改后形成 24 个条目的初始问卷。大家评议、讨论量表设计的条目是否表达清楚、易于理解，条目是否符合测量指标要求。各条目具体内容包括：①大学生志愿精神认知，包括志愿者的角色、志愿服务行为特征、志愿精神内涵理解等；②大学生志愿服务情感，包括志愿服务的情绪体验、自我认同等；③大学生志愿服务行为倾向，包括志愿服务行为冲突选择、移情、志愿服务的持续意愿表达等。具体量表维度及测量项目见表 5-1。量表采用 Likert 5 点法计分，即非常赞同为 5 分，赞同为 4 分，说不清为 3 分，不赞同为 2 分，非常不赞同为 1 分。

表 5-1　　　　　　　　　大学生志愿精神维度及测量项目

维　度	项　　目
志愿精神认知	B1：我认为志愿者是无私奉献、不计回报的人
	B2：我认为志愿者是充满爱心、乐于助人的人
	B3：我认为参与志愿服务活动不应以营利为目的
	B4：我认为志愿服务是提高社会福祉的公益活动
	B5：我认为志愿服务应是志愿参加的
	B8：我认为志愿服务事业离不开每个人的参与
	B9：我认为提供志愿服务是公民应尽的社会责任
	B10：我认为从事志愿服务是大学生的权利和义务
	B12：我对"奉献、友爱、互助、进步"的志愿精神有很深的理解
	B13：我认为受助者与志愿者之间应是平等的关系

续表

维　度	项　目
志愿服务 情感	B11：我认为志愿服务已经成为大家的行为习惯
	B14：我认为帮助他人会让我对自己的价值有很高的认同感
	B15：我认为志愿服务会丰富我的社会阅历
	B16：我认为志愿服务会提升我的交往能力
	B17：我很高兴我能当一个志愿者
	B18：我经常能在志愿服务的过程中得到乐趣
	B19：我经常能在志愿服务过程中得到他人的赞赏
志愿服务 行为倾向	B6：我认为很多同学是为完成志愿服务学分或学校下派任务而被迫参加
	B7：我认为很多时候是同学都参加志愿服务，自己不好意思不参加
	B20：志愿服务不能"三月里来，四月走"
	B21：我身边的人参加志愿服务很积极
	B22：当我看到有人需要帮助时，我愿意提供力所能及的帮助
	B23：尽管专业学习任务很重，但我还是愿意抽出时间来做志愿者
	B24：我愿意将志愿服务当成生活中的重要部分

　　关于大学生志愿精神外部成长环境影响因素问卷设计经过文献研究、访谈调查和专家咨询等工作，从家庭环境、学校环境、社会环境和网络环境设计了4个一级指标，家庭环境又从家庭成员关系、家庭父母亲志愿服务认知与参与等设计2个二级指标9个题项；学校环境从学校教育管理制度、师生志愿服务认知和参与、校园关系认同等设计3个二级指标共9个题项；社会环境因素则从社会组织环境、社会文化环境和社会政策环境等设计3个二级指标共8个题项；网络媒体环境针对当代大学生依托网络构建信息获取的多样网群和网页平台设

计 3 个题项。问卷具体维度和题项见表 5-2。问卷采用 Likert 5 点法积分，即非常同意计 5 分，比较同意计 4 分，说不清计 3 分，不同意计 2 分，非常不同意计 1 分。

表 5-2　　大学生志愿精神外部成长环境影响因素问卷维度及测量题项

大学生志愿者成长环境		题　　项
家庭环境	家庭成员关系	D1：我家庭成员间感情融洽，尊老爱幼，孝顺父母
		D2：我家庭中每个成员都有自豪感，快乐感
		D3：我家庭中每个成员都愿意回家，有归属感，安全感
		D4：我家庭成员与外界人际和谐、融洽
	父母亲的志愿服务认知与参与	D5：我父母认为大多数志愿者是有爱心的人
		D6：我父母认为会有越来越多的人参加公益活动
		D7：我父母经常关注志愿服务的相关报道
		D8：我父母经常教导我积极参加志愿服务活动
		D9：我父母经常参加志愿服务活动
学校环境	学校教育管理制度	D13：老师上课会讲解关于志愿精神相关的内容
		D14：学校会组织各种形式的志愿服务活动
		D17：学校有对积极参加志愿服务活动的同学进行表扬
		D18：学校有宣传各种志愿服务的活动
	师生对志愿服务认知与参与	D15：我身边的一些老师也积极参加志愿服务活动
		D16：我身边的一些同学也积极参加志愿服务活动
	校园关系认同	D10：师生间能够相互尊重、互相理解
		D11：同学间能够相互团结、互帮互助
		D12：对我就读的学校或所在班级有强烈的归属感、自豪感

续表

大学生志愿者成长环境		题 项
社会环境	社会组织环境	D22：现在社会上有很多志愿组织可以让我们选择参加志愿服务
		D26：志愿组织都非常重视自身的能力建设
	社会文化环境	D27：我认为帮助别人很光荣
		D28：我认为团结互助是一种可贵的品质
		D29：我认为和谐的人际关系在和谐社会中占有重要地位
	社会政策环境	D23：现在用人单位很看重大学生志愿服务经历
		D24：大学生志愿服务应该向制度化、常态化、规范化方向发展
		D25：助人行为应该受到免责保护
	网络媒体环境	D19：门户网站经常有报道关于志愿服务的资讯
		D20：我的微信群或 QQ 群等网群经常能收到志愿服务的活动宣传
		D21：一些网站经常会上传志愿者的感人故事

四 大学生志愿精神量表预测试分析

因大学生志愿精神量表是笔者自编量表，在开展正式大规模的问卷发放之前，有必要对量表进行条目分析和探索性因子分析，以验证量表设计的信度和效度，从而提高量表的科学性、有效性。

1. 大学生志愿精神量表的探索性因子分析

第一，大学生志愿精神量表项目分析。对量表进行项目分析旨在鉴别不同测试者对某个题项的反应程度，即问题项的区分度，并找出未达显著水准的题项予以删除或修改。项目分析最常用的是极端组检验法，它是将高分组（总分前 27%）与低分组（总分后 27%）的平均数作为题项决断值或临界比（Critical Ratio；简称CR），将决断值未达到显著性水平（t值小于3或显著水平p值大于0.05）的题目删除。高低分组在题项平均上的差异检验主要采用独立样本T检验的t值作为其结果，t值愈高表示题目的鉴别度愈高。[1] 按此方法，我们对大学生志愿精神量表搜集到的24个题项进行项目分析。分析结果见表5-3。

表5-3 　　　　　　　　　大学生志愿精神探究性因素分析结果

		方差方程的 Levene 检验		均值方程的 T 检验				
		F	Sig.	t	自由度	Sig.（双侧）	均值差值	标准误差值
B1	假设方差相等	16.9410	0.000	12.431	233	0.000	1.42991	0.11503
	假设方差不相等			11.794	163.854	0.000	1.42991	0.12124
B2	假设方差相等	63.0460	0.000	15.057	233	0.000	1.63563	0.10863
	假设方差不相等			13.911	137.133	0.000	1.63563	0.11758
B3	假设方差相等	126.793	0.000	13.094	233	0.000	1.41468	0.10804
	假设方差不相等			11.904	123.154	0.000	1.41468	0.11884
B4	假设方差相等	96.8010	0.000	16.344	233	0.000	1.57451	0.09633
	假设方差不相等			14.961	128.864	0.000	1.57451	0.10524
B5	假设方差相等	111.789	0.000	12.749	233	0.000	1.49779	0.11748
	假设方差不相等			11.730	133.384	0.000	1.49779	0.12769
B6	假设方差相等	3.3420	0.069	3.1590	233	0.002	0.44270	0.14015
	假设方差不相等			3.1770	223.691	0.002	0.44270	0.13935
B7	假设方差相等	1.6860	0.195	1.2020	233	0.231	0.18145	0.15095
	假设方差不相等			1.2210	229.639	0.223	0.18145	0.14858
B8	假设方差相等	46.702	0.000	13.348	233	0.000	1.49971	0.11236
	假设方差不相等			12.648	162.498	0.000	1.49971	0.11857
B9	假设方差相等	52.994	0.000	18.546	233	0.000	1.84282	0.09937
	假设方差不相等			17.031	131.676	0.000	1.84282	0.10820
B10	假设方差相等	2.563	0.111	11.554	233	0.000	1.46447	0.12675
	假设方差不相等			11.309	198.37	0.000	1.46447	0.12950

---

[1] 吴明隆：《SPSS与统计应用分析》，东北财经大学出版社2012年版，第661页。

续表

		方差方程的 Levene 检验		均值方程的 T 检验				
		F	Sig.	t	自由度	Sig.（双侧）	均值差值	标准误差值
B11	假设方差相等	2.372	0.000	4.373	233	0.000	1.66203	0.15138
	假设方差不相等			4.432	228.372	0.000	1.66203	0.14939
B12	假设方差相等	1.7840	0.183	9.9250	233	0.000	1.07671	0.10849
	假设方差不相等			10.080	229.48	0.000	1.07671	0.10682
B13	假设方差相等	103.405	0.000	12.204	233	0.000	1.28420	0.10523
	假设方差不相等			11.188	130.174	0.000	1.28420	0.11478
B14	假设方差相等	87.1560	0.000	17.331	233	0.000	1.51081	0.08717
	假设方差不相等			15.911	131.429	0.000	1.51081	0.09495
B15	假设方差相等	177.935	0.000	16.495	233	0.000	1.56929	0.09514
	假设方差不相等			14.824	114.216	0.000	1.56929	0.10586
B16	假设方差相等	121.514	0.000	16.669	233	0.000	1.40850	0.08450
	假设方差不相等			15.107	120.593	0.000	1.40850	0.09324
B17	假设方差相等	2.452	0.119	11.278	233	0.000	1.31509	0.11661
	假设方差不相等			11.301	220.964	0.000	1.31509	0.11637
B18	假设方差相等	0.0000	0.993	14.208	233	0.000	1.54523	0.10876
	假设方差不相等			13.931	200.247	0.000	1.54523	0.11092
B19	假设方差相等	37.805	0.000	18.069	233	0.000	1.65836	0.09178
	假设方差不相等			16.905	149.258	0.000	1.65836	0.0981
B20	假设方差相等	20.228	0.000	12.141	233	0.000	1.34628	0.11089
	假设方差不相等			11.657	177.032	0.000	1.34628	0.11549
B21	假设方差相等	0.039	0.844	9.207	233	0.000	1.09598	0.11903
	假设方差不相等			9.211	219.61	0.000	1.09598	0.11899
B22	假设方差相等	8.637	0.004	12.689	233	0.000	1.31458	0.1036
	假设方差不相等			12.219	180.251	0.000	1.31458	0.10758
B23	假设方差相等	0.882	0.349	12.016	233	0.000	1.31914	0.10978
	假设方差不相等			11.786	200.632	0.000	1.31914	0.11193
B24	假设方差相等	0.522	0.471	10.484	233	0.000	1.24125	0.1184
	假设方差不相等			10.291	201.463	0.000	1.24125	0.12062

从表 5-3 中可以看出：第 7 题检验的 t 值未达显著外（t＝1.2020，p＝0.231＞0.05），其余 23 道题高低分组平均数差异检验的 t 检验显著水平 p 值均小于 0.05。所以删除第 7 道题。

第二，样本适当性考察。在进行探索性因子分析时，需要考察 KMO 检验和 Bartlett 球形检验是否显著。KMO 测试样本的充足度，取值范围为 0—1，越接近 1，说明变量间的共同因素越多，越适合进行因子分析，一般 KMO 值小于 0.5 不适宜进行因子分析。[①] Bartlett 是以分析判断因子模型是否适宜为目的，它以变量的相关系数矩阵为出发点，若检定结果拒绝虚无假设，给定显著性概率值小于 0.05，认为适合做因子分析；反之则认为该变量不适合做因子分析。

本研究样本的 KMO 和 Bartlett 球形检验的结果见表 5-4。

表 5-4　　　　　　　**志愿精神量表 KMO 和 Bartlett 检验结果**

	Bartlett 球形检验值	**KMO 系数**	**显著性水平**	**结　　论**
志愿精神量表	3918.156	0.891	0.000	比较适合做因素分析

第三，大学生志愿精神问卷探索性因素分析结果。根据表 5-4 所示，KMO 系数为 0.891，显著性水平 p 值小于 0.05，证明剩下的 23 个题项比较适合做因子分析。此后，我们进行主成分分析，提取共同因素求得因素初始负荷矩阵，再用斜交旋转求得旋转因素负荷矩阵。碎石图如图 5-1 所示，因素分析结果见表 5-5。

---

① KMO 一般常用的度量标准：0.9 以上，非常好；0.8—0.9，比较好；0.7—0.8，好；0.6—0.7，一般；0.5—0.6，差；0.5 以下，不能接受。

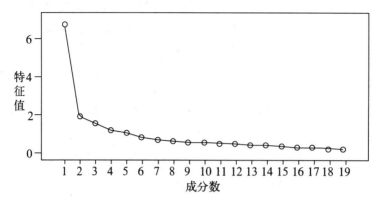

图 5-5　大学生志愿精神量表因素分析碎石图

表 5-5 　　　　　　　大学生志愿精神量表的因素负荷矩阵

	因　　素		
	1	2	3
特征值	6.738	1.553	1.900
能解释的方差比率	35.463	8.175	9.999
B1	0.827		
B2	0.880		
B3	0.834		
B4	0.862		
B5	0.830		
B13	0.547		
B17		0.850	
B18		0.798	
B19		0.580	
B21			0.611
B22			0.580
B23			0.876
B24			0.757

提取方法：主成分分析法；旋转方法：斜交旋转。

根据陡阶检验和碎石图显示，在第四个因素处开始形成碎石，前3个因素的特征值均大于1，且其独立性非常明显。所以先抽取3个因素，这称为志愿精神量表的3个一级因素。斜交旋转后抽取出来的3个因素的累计解释总方差比率为53.637%，最后删除了10个题项，保留13个项目。它们的维度归属如下。

因素1能解释的方差比率为35.463%，有6个负荷量大于0.5的项目，主要围绕对志愿者的身份、志愿服务的性质、特征等方面的认知。所以，此因子命名为"志愿精神认知"。

因素2能解释的方差比率为8.175%，有3个负荷量大于0.5的项目，主要反映大学生对志愿服务的情感体验。所以，此因子命名为"志愿服务情感"。

因素3能解释的方差比率为9.999%，有4个负荷量大于0.5的项目，主要反映大学生对志愿服务的行为计划方面的问题。所以，此因子命名为"志愿服务行为倾向"。

经过项目分析和探索性因子分析，共形成以上3个因素13个题项，这与大学生志愿精神结构的理论建构模型基本一致。因此，本研究以此13个题项构成正式的"大学生志愿精神结构量表"，具体量表题项见表5-6。

表5-6 　　　　　　　**大学生志愿精神因素量表题项**

大学生志愿 精神结构	题　项
大学生志愿 精神认知	B1：我认为志愿者是无私奉献、不计回报的人
	B2：我认为志愿者是充满爱心、乐于助人的人
	B3：我认为参与志愿服务活动不应以营利为目的
	B4：我认为志愿服务是提高社会福祉的公益活动
	B5：我认为志愿服务应是志愿参加的
	B13：我认为受助者与志愿者之间应是平等的关系

续表

大学生志愿 精神结构	题　项
大学生志愿 服务情感	B17：我很高兴我能当一个志愿者
	B18：我经常能在志愿服务的过程中得到乐趣
	B19：我经常能在志愿服务过程中得到他人的赞赏
大学生志愿服务 行为倾向	B21：我身边的人参加志愿服务很积极
	B22：当我看到有人需要帮助时，我愿意提供力所能及的帮助
	B23：尽管专业学习任务很重，但我还是愿意抽出时间来做志愿者
	B24：我愿意将志愿服务当成生活中的重要部分

2. 正式问卷的信效度分析

第一，信度分析。本研究主要采用内部一致性系数（Cronbach's α）、分半（Split-Half）系数作为正式问卷的信度指标进行检验。结果见表 5-7 所示，大学生志愿精神量表的内部一致性系数为 0.885，Split-Half 分半系数为 0.753，各因素的内部一致性系数在 0.739—0.892 之间，分半系数在 0.628—0.859 之间，在总信度和三个因素的信度指标最小的值均在 0.60 以上，说明大学生志愿精神量表及各因素的内部一致性、稳定性和可靠性较好。

表 5-7　　　大学生志愿精神问卷及各因素的信度检验结果

	Cronbach's α 系数	Split-Half 系数
志愿精神量表	0.885	0.753
因素 1	0.892	0.859
因素 2	0.787	0.628
因素 3	0.739	0.697

第二，效度分析。本研究主要采用内容效度和结构效度来检验量表测量的有效性程度。内容效度主要是测量内容或指标与测量目标之间的适合性和逻辑相符性。大学生志愿精神量表的题项是来自国内外相关文献、对大学生志愿者的访谈和学生分组讨论而收集起来的，同时将收集起来的题项通过心理学、社会学、思想政治教育学教师、研究生和志愿服务指导老师的多次审查与修改，通过预测试的项目分析，剔除不显著的项目，从而保证了量表各项目能真实反映大学生志愿精神的主要方面。

结构效度分析。检验结构效度的常用方法是因素分析。根据相关因素分析原理，各因素和量表总分应有较高程度的相关以体现量表的整体同质性；各因素之间的相关应当适中，过高则存有重复因素，过低则有同质性过低可能。

从表 5-8 可以看出，因素 1 与因素 2 的相关系数为 0.468，因素 1 与因素 3 的相关系数为 0.259，因素 2 与因素 3 的相关系数为 0.395，各因素间相关系数均在 0.1—0.6，说明因素间具有一定的独立性，符合因素分析要求。

表 5-8　　　　　　　　　志愿精神三个因素相关矩阵

因　　素	因素 1	因素 2
因素 2	0.468	
因素 3	0.259	0.395

从表 5-9 可以看出，志愿精神三个因素与全量表总分之间的相关在 0.709—0.835 之间，三个因素总分之间的相关也达到显著性水平（p＜0.01），说明本研究编制的大学生志愿精神量表具有较好的结构效度。

表 5-9　　志愿精神三个因素总分之间及与全量表总分之间的相关矩阵

	b1	b2	b3
b2	0.420**		
b3	0.505**	0.478**	
b	0.835**	0.709**	0.729**

注：(1) * p<0.05，** p<0.01，*** p<0.001；

(2) b1 是因素 1 的总分，b2 是因素 2 的总分，b3 是因素 3 的总分，b 是全量表总分。

3. 验证性因素分析

研究使用 Amos20.0 软件的 Unbiased 对量表的因子结构进行 351 份正式问卷验证性因子分析。通过 Amos 建立原始模型，得到大学生志愿精神量表的拟合指数结果，见表 5-10。表中 CMIN/DF 小于 3，RMR 小于 0.05，RMSEA 小于 0.08，RFI 大于 0.85，其他各项指标均在 0.90 以上，达到适配标准。

表 5-10　　"志愿精神量表"验证性因素分析的模型拟合指数计算结果

统计检验量		适配标准或临界值	检验结果数据	模型适配判断
绝对适配度指数	CMIN		140.769	
	CMIN/DF	<3 表示模型的适配度良好	2.346	良好
	RMR	<0.05	0.041	是
	RMSEA	<0.05 优良，<0.08 良好	0.062	良好
	GFI	>0.90 以上	0.944	是
	AGFI	>0.90 以上	0.915	是

续表

统计检验量		适配标准或临界值	检验结果数据	模型适配判断
增值适配度指数	NFI	＞0.90 以上	0.901	是
	RFI	＞0.90 以上	0.872	适中
	IFI	＞0.90 以上	0.941	是
	CFI	＞0.90 以上	0.940	是
简约适配度指数	PGFI	＞0.50 以上	0.622	是
	PNFI	＞0.50 以上	0.693	是
	PCFI	＞0.50 以上	0.723	是

提取方法：主成分分析法。

综合表 5-10 各项指标来看，本书构建的大学生志愿精神量表模型的整体拟合效果良好，志愿精神量表的三维结构模型是合理的。

第六章

大学生志愿服务现状数据分析与假设检验

一 数据收集

（一）样本选取和被试信息

经过预测试的分析，我们对预测试中存在的问题进行了修正，然后开展了大规模的正式问卷调查。从 2013 年 11 月到 2014 年 6 月，本研究数据的采集在课题组成员和全国各有关高校的大力支持下，根据分层随机抽样方法，按地域、经济发展水平以及高校类型等因素选择来自 7 个省份 11 座城市的 18 所高校作为样本取样地。

调查问卷共发放 4100 份，实际回收 3997 份，回收率为 97.5%。调查采用两种形式进行。第一，由课题组将印制好的问卷采用邮寄的方式寄给参与调研的高校联系人，按照制定的相关取样原则，由他们协助问卷调查的组织实施工作。第二，由课题组将问卷的电子稿通过电子邮件的形式发送给参与调研高校的联系人，由他们自行印制并按照制定的相关取样原则组织实施并邮回课题组。通过这两种形式，达到调查区域广、成本低的效果。

取样原则主要是：第一，力争在性别、年级、文理学科专业背景方面能反映当前我国高校学生的基本情况；第二，力争涵盖不同地区、不同类型高校学生的实际情况；第三，力争在每所高校对调研组织人员通过电话、邮件和面谈等方式进行专门的调研培训，使其能准确传达问卷施测的基本要求。在以上三个原则的基础上，各高校调研员认真负责，按照集中和分散相结合的方式进行问卷的发放，基本上能够最大限度地实现抽样的随机性。

但总体而言，由于调查问卷观测点多、题量大，问卷施测一份大约需 20 分钟。因受访对象主客观等因素的影响，我们发现回收问卷存在部分无效问卷的情况。其中明显不能使用的问卷 203 份，其中有 158 份应答者有较多漏填的题项，无法采用；有 27 名应答者在问卷施测过程中对各量表题项连续重复选择单一题项，视同无效；有 18 名应答者返回的问卷没有装订，较为凌乱，且问卷明显破损，答案不完整，不予采用。最后我们共获得有效问卷 3747 份，有效率达 91.4%。

总体样本在区域和高校分布上，包括东部地区的华东师范大学、上海财经大学、华东理工大学、上海理工大学共 641 份（17.1%），山东交通学院、聊城大学共 412 份（11.0%），南昌大学 246 份（6.6%），温州大学、温州医科大学共 531 份（14.2%），丽水学院 229 份（6.1%）；中部地区的河南理工大学 287 份（7.7%）；南部地区的华南师范大学、广东工业大学、仲恺农业工程学院、广东技术师范学院共 638 份（17.0%）；北方地区的北京联合大学 209 份（5.6%）；西部地区的重庆大学 254 份（6.8%），贵州师范大学 300 份（8.0%）。在这 18 所高校中，211、985 高校共 6 所，省属高校 8 所，市属高校 5 所。各地区高校被试样本分布情况见表 6-1。

表 6-1　　　　　　　　　　抽样高校及地区基本情况

地　区	省　份	高　校	频　次	比例（％）
华东地区	上海	华东师范大学	641	17.1
		上海财经大学		
		华东理工大学		
		上海理工大学		
	浙江	温州大学	760	20.3
		温州医科大学		
		丽水学院		
	山东	山东交通学院	412	11.0
		聊城大学		
	江西	南昌大学	246	6.6
华南	广东	华南师范大学	638	17.0
		广东工业大学		
		广东仲恺农业工程学院		
		广东技术师范学院		
华中	河南	河南理工大学	287	7.7
华北	北京	北京联合大学	209	5.6
西部	重庆	重庆大学	254	6.8
	贵州	贵州师范大学	300	8.0
合　　计			3747	100.0

　　根据研究需要，课题组对被试的基本信息进行了采集，包括性别、年级、18 岁以前主要成长地、政治面貌、学科背景、就读高校类型、家庭经济收入富裕程度自我评价、学习成绩班级排名、是否为独生子女、是否为学生干部等。具体情况见表 6-2。

表 6-2 被试基本信息

项　目	类　别	频　次	比例（％）	缺　失
性别	男	1666	44.5	0
	女	2081	55.5	0
年级	大一	1236	33.0	3
	大二	1672	44.6	
	大三	696	18.6	
	大四	140	3.7	
学科	文科（综合）	1690	45.1	0
	理科（综合）	2057	54.9	0
独生子女	是	1379	36.8	29
	否	2339	62.4	
政治面貌	团员	2949	78.6	7
	中共党员（含预备党员）	651	17.4	
	群众	142	3.8	
学生干部	是	1489	39.7	34
	否	2224	59.4	
18 岁以前主要成长地	城市	1239	33.1	0
	乡镇	1347	35.9	0
	农村	1161	31.0	0
就读高校类型	"985"或"211"	1215	32.5	3
	省属	1697	45.3	
	市属	832	22.2	

续表

项　目	类　别	频　次	比例（%）	缺　失
家庭收入富裕程度自我评价	富裕	102	2.7	7
	较富裕	259	6.9	
	中等	2262	60.4	
	较差	913	24.4	
	很差	204	5.4	
上学期学习成绩班级排名	上等	538	14.4	31
	中等偏上	1652	44.1	
	中等偏下	1226	32.7	
	不太好	300	8.0	

如表 6-2 所示，在性别分布上，本次调查有效样本共有 3747 份，男生 1666 人，占 44.5%；女生 2081 人，占 55.5%。"根据教育部公布的 2012 年教育统计数据，全国女大学生人数超过男生 64.78 万人，占 51.35%"①。总体看来，本次调查问卷抽样较为有效地控制了性别比例。

在年级分布上，大一学生占 33%，大二学生占 44.6%，大三学生占 18.6%，大四学生占 3.7%。由于大四学生忙于就业、实习、毕业论文（实验）设计撰写、各类考试准备等，所以取样较少。

在生源地分布上，来自城市的占 33.1%，乡镇的占 35.9%，农村的占 31.0%。由此可见，在抽样时生源地的取样比例基本正常。

在学科类别分布上，文科（综合）主要包括人文社科类、管理学类以及艺术学类，占 45.1%，理科（综合）主要包括理学类、工学

---

① 杨祎、熊旭：《教育部：全国在校女大学生超过男生 64 万》，2013 年 11 月 7 日，人民网（http://news.china.com/domestic/945/20131107/18134263.html）。

类、农学类以及医学类，占 54.9%。这说明在学科抽样实际比例上控制适当。

在就读高校类型方面，3747 名被调查对象中，除了 3 名对象数据缺失，总共有 3744 名大学生填写了自己所属的高校类型。其中，国内"985"或"211"高校的大学生总共 1215 名，占总数的 32.5%；省属高校的大学生为 1697 名，占总数的 45.3%；市属高校大学生为 832 名，占总数的 22.2%。总体上，调查对象高校分布比例符合调查的预期设计。

在上学期学习成绩班级排名方面，3747 名被调查对象中，成绩上等的有 538 人，占总数的 14.4%；成绩中等偏上的有 1652 人，占总数的 44.1%；成绩中等偏下的有 1226 人，占总数的 32.7%；成绩不太好的有 300 人，占总数的 8%。由此可见，调查对象的成绩分布也较为正常。

综合上述样本抽取基本信息，我们认为本次调查数据的人口学变量取样符合研究设计要求。

（二）数据预处理

在整理分析数据之前有必要对收集汇总的数据做好预处理工作。首先通过 SPSS 17.0 的 Recode 程序对量表中有反向计分的题项进行重编码，变为正向数据。相关题项有：人际信任量表共有 13 个条目为反向计分，它们是 1、2、3、4、5、7、9、10、11、13、15、19 和 24，计分原则为得 1 分则记 5 分，得 2 分则记 4 分，依此类推。

然后对采集到的数据进行正态分布检验。判断数据是否服从正态分布，主要检验数据的偏度和峰度两个指标。偏度绝对值小于 2、峰度绝对值小于 5，就可以说明数据基本满足正态分布。由表 6-3 和表 6-4 可以发现，大学生志愿精神量表和大学生志愿精神外部环境影响因素样本数据的偏度绝对值最大分别为 1.195 和 1.05，峰度的绝对值最大分别为 1.304 和 1.186。因此，本研究样本数据通过正态分布检验。

表 6-3 大学生志愿精神测量条款的描述性统计和正态分布

测量项目	样本量统计	均值统计	标准差统计	偏　度		峰　度	
				统计	标准误	统计	标准误
志愿精神认知	3747	24.5188	5.04594	−1.195	0.04	1.227	0.08
志愿服务情感	3747	11.4902	2.52996	−0.503	0.04	0.087	0.08
志愿服务行为倾向	3747	14.4183	3.00933	−0.407	0.04	0.317	0.08
志愿精神总分	3747	50.4273	8.96825	−0.937	0.04	1.304	0.08

表 6-4 大学生志愿精神外部环境影响因素测量条款的描述性统计和正态分布

测量项目	样本量统计	均值统计	标准差统计	偏　度		峰　度	
				统计	标准误	统计	标准误
家庭成员关系	3722	16.1894	3.344	−0.93	0.04	0.729	0.08
父母亲的志愿服务认知与参与	3719	18.2796	3.98954	−0.296	0.04	0.054	0.08
学校教育管理制度	3708	14.8773	2.99109	−0.479	0.04	0.437	0.08
师生对志愿服务认知与参与	3721	7.5837	1.65833	−0.533	0.04	0.378	0.08
校园关系认同	3735	11.6072	2.46544	−0.789	0.04	0.564	0.08
社会组织环境	3725	7.5675	1.68906	−0.519	0.04	0.005	0.08
社会文化环境	3732	12.5121	2.38667	−1.05	0.04	1.186	0.08
社会政策环境	3720	12.4204	2.44391	−1.026	0.04	1.066	0.08
网络媒体环境	3719	10.9693	2.41635	−0.407	0.04	0.138	0.08

二　大学生志愿服务现状的描述性统计分析

本研究先就调查问卷设计的志愿服务参与和志愿服务动机两方面的情况做一个描述性统计分析，关于大学生志愿精神的现状及内外影响因素等统计分析将在第 7 章专门予以报告。

（一）大学生参与志愿服务的现状

一是志愿服务概念宣传。问卷调查了"您从何时第一次听说'志愿者'这一概念"，38.9％的学生是在小学或者小学以前就听说过，46.1％的学生是在初中听说过，11.6％的学生是在高中听说过，仅2.9％的学生是在大学时才听说过"志愿者"这一概念。整体来看，我国在"80 后""90 后"大学生成长过程中较早开始了志愿服务的宣传。

二是学生志愿者组织化程度。在"是否为学校某一志愿组织的注册志愿者"的回答中，在 3747 名调查对象中有 1635 名大学生承认自己是志愿组织的注册志愿者，占样本总量的 43.6％，不到调查对象的一半。图 6-1 为学校注册志愿者在志愿组织中扮演的角色的统计数据。从中可以看出，在 1635 名大学生中，担任志愿组织部门负责人的大学生有 131 人，占调查对象的 8.0％；担任志愿组织干事的大学生有412 人，占调查对象的 25.2％；作为普通志愿者的大学生有 1092 人，占调查对象的 66.8％。

在"是否是民间志愿组织的成员"的回答中，3747 名调查对象中有 613 名大学生回答"是"，占调查对象的 16.4％。大多数大学生从组织选择的便利性角度来考虑选择学校志愿服务组织并参与社会志愿服务活动。

三是志愿服务信息获取渠道。本题为多项选择题，认为志愿服务信息提供由学校统一安排的占 61.5％，这表明当前高校各级志愿组织仍是志愿服务的重要组织机构；经"同学介绍"而参加志愿服务的占

54.7%，这说明朋辈群体对大学生志愿服务行为选择有重要影响；"自己主动寻找"志愿服务信息的占22.0%，这说明当前已有一部分大学生拥有较强的志愿服务意识；因看见相关"媒体公益广告"而参加志愿服务的占11.9%，说明在公益传播中媒体亦发挥重要作用。

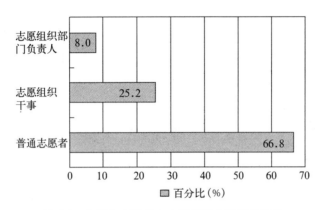

图6-1 大学生志愿者在志愿组织中扮演的角色

四是第一次志愿服务提供时间。调查发现：大学生志愿者在小学就提供过志愿服务的有352人，占总数的9.4%；初中开始提供志愿服务的有649人，占总数的17.3%；高中开始提供志愿服务的有684人，占总数的18.3%；大一开始提供志愿服务的人所占比例最高，为27.7%；大二提供志愿服务的有218人，占总数的5.8%；大三提供志愿服务的有68人，占总数的1.8%；大四开始提供志愿服务的有16人，占总数的0.4%；① 从未提供过志愿服务的有720人，占总数的19.2%。数据显示，大一新生刚入校时对志愿服务保持较高的热情，参与积极性高；初高中时期学生参与志愿服务在学校组织下也有较高比例。除了部分受访者因本题项选择"未提供过"而直接跳答的消极被试心理因素外，至今尚未提供志愿服务的也有近20%，是一个值得关注和深入研究的问题。见表6-5。

_____

① 大三和大四的数据一方面和我们取样本身较少有关系，调查过程中我们发现大三、大四学生因为学业、工作及其他因素也影响着他们对于志愿服务参与的持续进行。

表 6-5　　　　　　　您第一次提供志愿服务是在什么时候

变　量	指　标	频　数	频率（%）	样本量（N）
第一次提供志愿服务的时间	小学	352	9.4	3747
	初中	649	17.3	
	高中	684	18.3	
	大一	1037	27.7	
	大二	218	5.8	
	大三	68	1.8	
	大四	16	0.4	
	未提供过	720	19.2	
	缺失值	3	0.1	

　　五是志愿服务提供频次。问卷设计了"您现在提供志愿服务的频率怎样"一题。图 6-2 中的数据显示，在 3747 个调查样本中，有 3027 人参加过志愿服务，占总调查人数的 80.78%；未参加志愿服务的有 720 人，占 19.2%。而在 3027 名大学生中，4.6% 的人至少每周参加一次志愿服务，15.5% 的人至少每两周参加一次志愿服务，15.3% 的人至少每个月参加一次，23.1% 的人一年中有几次志愿服务的经历，41.5% 的人偶尔参加志愿服务。总体看来，尽管近年来我国大学生志愿服务氛围有了较好的营造，但是多数大学生选择的是短暂的随机性志愿服务活动，经常性地定期参加志愿服务活动的积极性尚不高。

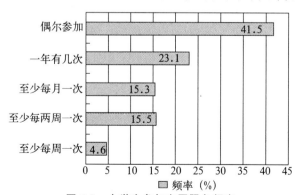

图 6-2　大学生参与志愿服务频率

六是志愿服务提供时间段选择。问卷调查了"您一般什么时候提供志愿服务"（多项选择题）。图6-3的数据显示，有34.3%的大学生选择双休日提供志愿服务，43.1%的大学生选择课余时间提供志愿服务，分别有近1/4的大学生选择在节假日或者是寒暑假提供志愿服务，多数学生在学有余力、时间充裕的情况下开展志愿服务。另外15.8%的大学生认为"只要需要，任何时间都可以"提供志愿服务，这部分学生表达出对志愿服务的较高热情。

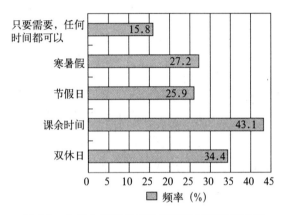

图6-3　大学生志愿者提供志愿服务选择的时间

七是志愿服务涉及活动类型。图6-4显示，大学生志愿服务参与的活动类型中，敬老服务高居榜首，占据41.1%，校园文化维护占28.8%，体育赛事等大型活动志愿服务占28.0%，扶贫济困活动占27.8%，支教活动占26.5%，社区建设活动占23.3%，艾滋病预防、环保、节能等主题的公益活动占18.5%，文化助残活动占14.2%，医疗卫生保健服务占11.5%，法律维权援助占4.8%，其他类型的志愿服务占19.9%。总体而言，大学生在公共领域选择利他行为尤其是针对社会弱势群体的助人行动领域是多样化的。

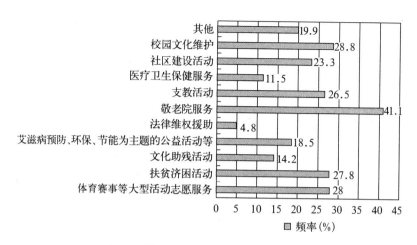

图 6-4　大学生志愿者参与志愿服务的活动类型

　　八是志愿服务的自我满意度评价。志愿者自身的感知调查是了解志愿服务满意度的一个重要考量标准。问卷设计"您对自己提供志愿服务的满意程度如何"（见表 6-6）。在参与过志愿服务的 3027 人中，9.8％的大学生觉得自己对志愿服务活动表示"非常满意"；55.7％的大学生对自己提供的志愿服务表示"比较满意"，并认为还有很大的提升空间；28.5％的大学生"基本满意"自己的志愿服务活动；5.1％的大学生对自己提供的志愿服务活动表示"不满意"；选择"非常不满意"的仅占 0.5％。总体而言，大学生对自我提供志愿服务的满意度较高，不满意或非常不满意的合计近 6％，大学生志愿者对自我志愿服务的认可度较好。

　　九是志愿服务持续参与的行为意愿。"您以后有时间会继续当志愿者吗？"24.3％的大学生表示如果以后有时间"非常愿意"继续参加志愿服务活动，56.4％的大学生"比较愿意"参加，16.9％的大学生对是否愿意继续参加志愿服务活动持"无所谓"态度，1.7％的大学生表示"比较不愿意"继续参加志愿服务活动，0.1％的大学生表示"非常不愿意"继续参加志愿服务活动。从总体数据来看，80％以上的大学生志愿者在时间允许的情况下愿意继续参与志愿服务活动。

表 6-6 提供的志愿服务满意度

变 量	指 标	频 数	频率（%）	样本量（N）
志愿服务自我满意度评价	非常满意	296	9.8	3027
	比较满意	1687	55.7	
	基本满意	864	28.5	
	不满意	154	5.1	
	非常不满意	15	0.5	
	缺失值	11	0.4	

十是志愿服务不参与的障碍因素。"您认为一些人没有参与志愿服务活动的原因有哪些?"该题为多选题。如图 6-5 所示，受访者中有 50.4% 的人认为没有提供志愿服务活动的原因首先是"没时间"，因为大学阶段还是以学业为重；47.7%、45.2%、37.8% 的大学生分别是因为"缺乏信息""缺乏参与渠道""没有合适项目"而没有提供志愿服务活动，这说明志愿服务在宣传推广方面需要进一步加强；40.7% 的大学生是因为对志愿服务活动"不感兴趣"而没有提供志愿服务，这就需要思考如何让更多的大学生认识到志愿服务的意义，提升志愿服务项目的吸引力，从而引导他们积极加入志愿服务队伍；20.8% 的人选择因为"经济状况不允许"，这部分大学生需要用课余时间去兼职等，也就没有多余时间用来提供志愿服务了。另外，有 12.3% 的人是因为"对以往经历不满"而没有参加，7.3% 的大学生是觉得"已经贡献了足够的时间"而没有提供志愿服务。

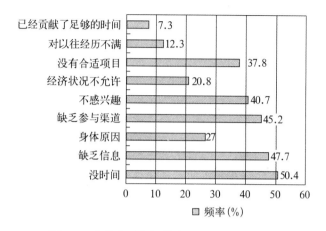

图 6-5　大学生没有提供志愿服务活动的原因

（二）大学生志愿服务参与的人口学变量差异分析

有哪些因素会影响大学生志愿服务的参与呢？我们主要选取性别、独生子女与否、学生干部与否、政治面貌等因素与大学生志愿服务参与频率、志愿服务自我满意度、志愿服务持续参与意愿等进行交叉列联分析，试图研究上述因素在志愿者志愿服务参与方面是否存在影响。

1. 性别

一是与志愿服务频率的关系。性别对大学生志愿服务的频率有显著影响。皮尔逊卡方检验率显示，性别与大学生志愿服务频率两变量之间有显著关系（$\chi^2 = 56.127$，$p = 0.000 < 0.05$）。如前所述，在3747个调查样本中，有3027人表示参加过志愿服务，占总调查人数的80.78%。其中，4.6%的人至少每周参加一次志愿服务，15.5%的人至少每两周参加一次志愿服务，两项合计占20.1%。志愿服务频率最高的两个维度"至少每周一次"和"至少每两周一次"中男大学生的志愿服务频率要高于女大学生；但总体来看，如图6-6所示，在参与的近八成志愿者中"至少每月一次、一年有几次和偶尔参加"的比例上女生志愿者均明显高于男生，这与目前国外多数研究结论是相一

致的。社会学家们认为：大学女生志愿者比起男生表现出更强的亲社会价值观，她们认同和"采纳一种关爱他人并对他人负责的道德观念，因而常常以不同的方式、在不同的社会场景下表达她们的仁爱道德"①。

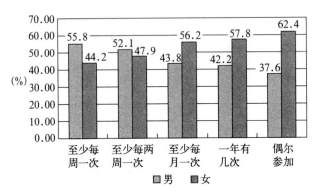

图6-6　性别与大学生志愿服务参与频率

二是与志愿服务自我满意度的关系。表6-7数据显示，女大学生志愿者对自我提供的志愿服务认为"非常满意"和"比较满意"的比例均高于男大学生志愿者，"比较不满意"和"非常不满意"的则显著低于男生的比例。由此可见，女大学生志愿者对提供的志愿服务满意度自我评价较男生要乐观一些。

表6-7　　　　　　　性别与大学生志愿服务自我满意度

变　量	指　标		性　别		合　计
			男	女	
志愿服务自我满意度	非常满意	计数	143	153	296
		频次（％）	48.3	51.7	100.0

---

①　［美］马克·A.缪其克、约翰·威尔逊：《志愿者》，魏娜等译，中国人民大学出版社2013年版，第171页。

续表

变　量	指　标		性　别		合　计
			男	女	
志愿服务自我满意度	比较满意	计数	648	1039	1687
		频次（%）	38.4	61.6	100.0
	基本满意	计数	399	465	864
		频次（%）	46.2	53.8	100.0
	比较不满意	计数	83	70	153
		频次（%）	54.2	45.8	100.0
	非常不满意	计数	11	4	15
		频次（%）	73.3	26.7	100.0
合　计		计数	1652	2083	3735
		频次（%）	44.2	55.8	100.0

　　三是与志愿服务持续意愿的关系。表6-8数据显示，在"非常愿意"和"比较愿意"选择持续开展志愿服务的态度表达上，女大学生的比例均明显高于男大学生；在"无所谓"的态度选择上，女生的比例则低于男生。由此可以认为，女大学生在志愿服务的持续性意愿表达上较男生要更加积极。

表6-8　　　　　　　　　性别与志愿服务持续意愿度

变　量	指　标		性　别		合　计
			男	女	
志愿服务持续意愿度	非常愿意	计数	253	482	735
		频次（%）	34.4	65.6	100.0

续表

变　　量	指　标		性　别		合　计
			男	女	
志愿服务持续 意愿度	比较愿意	计数	729	977	1706
		频次 （%）	42.7	57.3	100.0
	无所谓	计数	269	242	511
		频次 （%）	52.6	47.4	100.0
	比较不愿意	计数	29	22	51
		频次 （%）	56.9	43.1	100.0
	非常不愿意	计数	2	1	3
		频次 （%）	66.7	33.3	100.0
合　　计		计数	1282	1724	3006
		频次 （%）	44.3	55.7	100.0

2. 是否独生子女

（1）与志愿服务频率的关系

是否独生子女对大学生志愿服务频率有显著影响。皮尔逊卡方检验显示，是否独生子女与大学生志愿服务频率这两变量之间有显著关系（$\chi^2 = 19.169$，$p = 0.002 < 0.05$）。从图6-7可以看出，独生子女大学生志愿服务频率在任何一项参与频率上均显著低于非独生子女大学生。

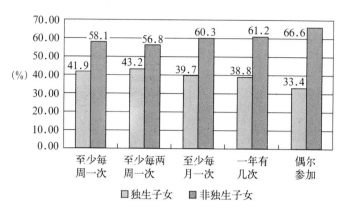

图 6-7 是否独生子女与志愿服务参与频率

（2）与志愿服务自我满意度的关系

表 6-9 数据表明，非独生子女的大学生在对自我提供的志愿服务认同上回答"非常满意"和"比较满意"的比例相较独生子女要高，但是其在"比较不满意"和"非常不满意"的选项上也比独生子女比例要高，这说明两者的差异显著性不强。

表 6-9　　　　　　是否独生子女与志愿服务自我满意度

变　量	指　标		是否独生子女		合　计
			独　生	非独生	
志愿服务自我满意度	非常满意	计数	127	167	294
		频次（%）	43.2	56.8	100.0
	比较满意	计数	666	1007	1673
		频次（%）	39.8	60.2	100.0
	说不清	计数	270	587	857
		频次（%）	31.5	68.5	100.0

续表

变　　量	指　标		是否独生子女		合　　计
			独　生	非独生	
志愿服务自我满意度	比较不满意	计数	51	101	152
		频次（%）	33.6	66.4	100.0
	非常不满意	计数	7	8	15
		频次（%）	46.7	53.3	100.0
合　　计		计数	1376	2331	3707
		频次（%）	37.1	62.9	100.0

（3）是否独生子女与志愿服务持续意愿度

表 6-10 数据表明，非独生子女大学生在志愿服务的持续性意愿表达上选择"非常愿意"和"比较愿意"的比例均高于独生子女大学生。总体看来，非独生子女在志愿服务的持续意愿表达上较独生子女要更加主动。

表 6-10　　　　是否独生子女与志愿服务持续意愿

变　　量	指　标		是否独生子女		合　　计
			独　生	非独生	
志愿服务持续意愿度	非常愿意	计数	248	482	730
		频次（%）	39.9	60.1	100.0
	比较愿意	计数	676	1020	1696
		频次（%）	39.8	60.2	100.0
	无所谓	计数	171	334	505
		频次（%）	33.9	66.1	100.0

续表

变　量	指　标		是否独生子女		合　计
			独　生	非独生	
志愿服务持续意愿度	比较不愿意	计数	21	29	50
		频次（%）	42.0	58.0	100.0
	非常不愿意	计数	2	1	3
		频次（%）	66.7	33.3	100.0
合　计		计数	1373	2327	3700
		频次（%）	37.1	62.9%	100.0

3. 政治面貌

（1）与志愿服务频率的关系

政治面貌因素对大学生志愿服务频率有显著影响。皮尔逊卡方检验显示，政治面貌因素与大学生志愿服务频率两变量之间有显著关系（$\chi^2 = 296.123$，$p = 0.000 < 0.05$）。从图 6-8 可以看出，在志愿服务频率标准"至少每周一次"这个维度上，共青团员大学生参与志愿服务的比例比较高，占调查对象的 75.2%。在"至少每两周一次"这个维度，共青团员大学生参与志愿服务的比例也比较高，占调查对象的 60.3%。图 6-8 还显示，在每一个选项上均是共青团员＞党员＞群众。究其原因，一方面，大多数志愿者在大一、大二就是党员的，从总体上看其人数是有限的；另一方面，大学生表现出积极向党组织靠拢的志愿，因此以一名中国共产党党员的标准要求自己，主动自觉奉献社会、帮助他人来参加志愿服务活动，也是一个重要的动机。

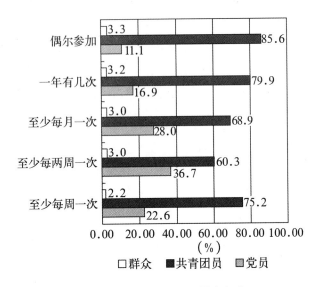

图 6-8　政治面貌与志愿服务频率

（2）与志愿服务自我满意度的关系

表 6-11 数据表明，共青团员表现出比中共党员和群众更高的满意度，他们选择"非常满意"和"比较满意"的比例均是最高的；而选择"比较不满意"和"非常不满意"的比例也是最高的，究其原因，有可能是对自我标准或定位较高，或者确实因为志愿服务不能提供其成长发展的实际期待或需求满足。

表 6-11　　　　　政治面貌与志愿服务自我满意度

变　量	指　标		政治面貌		合　计
			中共党员	共青团员	群　众	
志愿服务自我满意度	非常满意	计数	67	222	7	296
		频次（%）	22.6	75.0	2.4	100.0
	比较满意	计数	292	1348	44	1684
		频次（%）	17.3	80.0	2.6	100.0

续表

变 量	指 标		政治面貌			合 计
			中共党员	共青团员	群 众	
志愿服务自我满意度	比较不满意	计数	48	99	7	154
		频次（%）	31.2	64.3	4.5	100.0
	非常不满意	计数	5	10	0	15
		频次（%）	33.3	66.7	.0	100.0
合 计		计数	650	2938	142	3730
		频次（%）	17.4	78.8	3.8	100.0

（3）与志愿服务持续意愿度的关系

表 6-12 数据表明，整体而言，政治面貌为共青团员的在表达"非常愿意"和"比较愿意"持续志愿服务的态度上更加积极，多数大一、大二的共青团员本着"我志愿、我快乐"的纯粹公益，当然也可能有部分学生基于某种个人功利动机而表现出更加持续的意愿表达。

表 6-12 政治面貌与志愿服务持续意愿度

变 量	指 标		政治面貌			合 计
			中共党员	共青团员	群 众	
志愿服务持续意愿度	非常愿意	计数	111	605	18	734
		频次（%）	15.1	82.4	2.5	100.0
	比较愿意	计数	331	1324	48	1703
		频次（%）	19.4	77.7	2.8	100.0

续表

变 量	指 标		政治面貌			合 计
			中共党员	共青团员	群 众	
志愿服务持续意愿度	无所谓	计数	178	648	36	862
		频次(%)	24.1	71.8	4.1	100.0
	比较不愿意	计数	19	26	6	51
		频次(%)	37.3	51.0	11.8	100.0
	非常不愿意	计数	1	2	0	3
		频次(%)	33.3	66.7	0.0	100.0
合 计		计数	645	2935	141	3721
		频次(%)	17.3	78.9	3.8	100.0

4. 是否是学生干部

(1) 与志愿服务参与频率的关系

是否是学生干部因素对大学生志愿服务频率也有显著影响。皮尔逊卡方检验显示，是否是学生干部因素与大学生志愿服务频率两者变量之间有显著关系（$\chi^2=113.274$，p＝0.000）。是学生干部的大学生参与志愿服务的频率要高于不是学生干部的大学生，这主要发生在志愿服务频率为"至少每周一次"和"至少每两周一次"两个维度上。

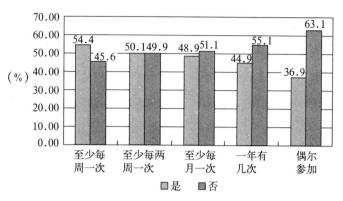

图 6-9　是否学生干部与志愿服务参与频率

（2）与志愿服务自我满意度的关系

从表6-13数据可以看出，非学生干部在志愿服务过程中对志愿服务的自我满意度要稍高于学生干部，他们在志愿服务过程中增长了阅历，结交了朋友，收获了快乐，了解了社会，等等。当然，他们也较学生干部表现出更多一点的"不满意感"。

表 6-13　　　　　　　是否学生干部与志愿服务自我满意度

变　量	指　标		是否学生干部		合　计
			是	否	
志愿服务自我满意度	非常满意	计数	144	148	292
		频次（%）	49.3	50.7	100.0
	比较满意	计数	773	904	1677
		频次（%）	46.1	53.9	100.0
	说不清	计数	331	524	855
		频次（%）	38.7	61.3	100.0
	比较不满意	计数	45	102	147
		频次（%）	30.6	69.4	100.0

续表

变 量	指 标		是否学生干部		合 计
			是	否	
志愿服务自我 满意度	非常不满意	计数	5	10	15
		频次（%）	33.3	66.7	100.0
合 计		计数	1488	2214	3702
		频次（%）	40.2	59.8	100.0

（3）与志愿服务持续意愿态度的关系

表6-14数据表明，在整体较为乐观的持续意愿表达中，非学生干部还表现出比学生干部更好的持续意愿态度，其"非常愿意"和"比较愿意"的比例均高于学生干部，当然总体频数也要高出不少。由此可见，志愿服务是大学生成长、成才的重要方式。

表 6-14 是否学生干部与志愿服务持续意愿度

变 量	指 标		是否学生干部		合 计
			是	否	
志愿服务持续 意愿度	非常愿意	计数	329	404	733
		频次（%）	44.9	55.1	100.0
	比较愿意	计数	771	916	1687
		频次（%）	45.7	54.3	100.0
	无所谓	计数	176	327	503
		频次（%）	35.0	65.0	100.0
	比较不愿意	计数	17	34	51
		频次（%）	33.3	66.7	100.0
	非常不愿意	计数	1	2	3
		频次（%）	33.3	66.7	100.0
合 计		计数	1484	2209	3693
		频次（%）	40.2	59.8	100.0

5. 是否为注册志愿者

（1）与志愿服务参与频率的关系

表 6-15 数据表明，注册志愿者在志愿服务的参与频率方面，除了"偶尔参加"的选项上低于非注册志愿者，其他参与频率的选项上均要高于非注册志愿者。志愿组织在组织志愿者参加志愿服务的过程中要经过一系列的宣传、动员、招募、选拔、培训和公益实践，有利于大学生志愿者对志愿服务有更加全面深刻的了解，也可以增加志愿者对组织的认同感，因此其参与志愿服务频率也会较高。

表 6-15 是否注册志愿者与志愿服务参与频率

变 量	指 标		是否注册志愿者		合 计
			是	否	
志愿服务参与频率	至少每周一次	计数	98	40	138
		频次（%）	71.0	29.0	100.0
	至少每两周一次	计数	292	174	466
		频次（%）	62.7	37.3	100.0
	至少每月一次	计数	311	153	464
		频次（%）	67.0	33.0	100.0
	一年有几次	计数	360	338	698
		频次（%）	51.6	48.4	100.0
	偶尔参加	计数	480	771	1251
		频次（%）	38.4	61.6	100.0
合 计		计数	1630	2106	3737
		频次（%）	43.6	56.4	100.0

（2）与志愿服务自我满意度的关系

表 6-16 数据表明，注册志愿者在参与志愿服务过程表现出对志愿

服务自我满意度较高的状态，选择"非常满意"和"比较满意"的均高于非注册志愿者。组织化程度较高的成员的自我满意度相对于松散的个体志愿服务的自我满意度要高。

表6-16　　　　　　　是否注册志愿者与志愿服务自我满意度

| 变　量 | 指　标 | | 是否学校某一志愿组织的注册志愿者 | | 合　计 |
			是	否	
志愿服务自我满意度	非常满意	计数	154	141	295
		频次（%）	52.2	47.8	100.0
	比较满意	计数	893	791	1684
		频次（%）	53.0	47.0	100.0
	说不清	计数	404	458	862
		频次（%）	46.9	53.1	100.0
	比较不满意	计数	78	76	154
		频次（%）	50.6	49.4	100.0
	非常不满意	计数	9	6	15
		频次（%）	60.0	40.0	100.0
合　计		计数	1626	2103	3730
		频次（%）	43.6	56.4	100.0

（3）与志愿服务持续意愿态度的关系

表6-17数据表明，学校某一志愿组织的注册志愿者的组织认同感会更强，对于志愿服务的持续意愿更强，其在"非常愿意"和"比较愿意"上的比例均高于非注册志愿者，而在"比较不愿意"和"非常不愿意"上则明显少于非注册志愿者。由此可见，志愿服务事业的组织化有利于志愿者的持续参与。

表 6-17　　　　　　　　是否注册志愿者与志愿服务持续意愿度

变　量	指　标		是否学校某一志愿组织的注册志愿者		合　计
			是	否	
志愿服务持续意愿度	非常愿意	计数	416	318	734
		频次（%）	56.7	43.3	100.0
	比较愿意	计数	883	819	1702
		频次（%）	51.9	48.1	100.0
	无所谓	计数	210	301	511
		频次（%）	41.1	58.9	100.0
	比较不愿意	计数	23	28	51
		频次（%）	45.1	54.9	100.0
	非常不愿意	计数	1	2	3
		频次（%）	33.3	66.7	100.0
合　计		计数	1621	2099	3721
		频次（%）	43.6	56.4	100.0

（三）小结

　　调查显示，我国"80后""90后"大学生已经在基础教育阶段开始普及志愿服务的概念并付诸实际行动；大学生刚入校时对志愿服务保持较高的热情，参与积极性高。多数学生利用"课余时间、节假日或者寒暑假"开展的志愿服务活动，按照选择次序先后为敬老服务、校园文化维护、大型活动志愿服务、扶贫济困、义务支教、社区建设等。简而言之，大学生在公共领域选择利他行为尤其是针对社会弱势群体的助人行动领域是多样化的。他们由于"学校组织、同学介绍等周围人际关系的影响"而"比较自觉"地参加志愿服务活动，表现出对自我的志愿服务满意度、认可度较高的状态，且绝大多数大学生认为在时间允许的情况下愿意继续参与志愿服务活动。可以说，近年来我国大学生志愿服务氛围有了较好的营造，但是多数大学生选择的是短暂的随机性志愿服务活动，经常性地定期参加志愿服务活动的积极性尚不高，调研中尚有近20％的学生表示未参加过志愿服务活动，究其原因有"缺乏时间、信息不畅、参与渠道和合适项目不多"等。

本节内容我们选取性别、独生子女与否、学生干部与否、政治面貌、是否注册志愿者等人口学变量因素，与大学生志愿服务参与频率、志愿服务自我满意度、志愿服务持续参与意愿等进行交叉列联分析，研究了大学生志愿者在参与志愿服务方面的差异。数据显示，性别对大学生志愿服务的频率有显著影响，志愿服务频率最高的两个维度"至少每周一次"和"至少每两周一次"中男大学生的志愿服务频率要高于女大学生；但总体来看，在参与的近八成志愿者中"至少每月一次""一年有几次"和"偶尔参加"的比例上女生志愿者均明显高于男生。大学女生志愿者对提供的志愿服务满意度自我评价较男生要乐观一些；女生在志愿服务的持续性意愿表达上较男生要更加积极。

独生子女大学生在每一项志愿服务的参与频率上均显著低于非独生子女大学生；非独生子女大学生在志愿服务的持续意愿表达上较独生子女要更加主动。

政治面貌因素对大学生志愿服务频率有显著影响，在每一个参与频率选择项上均是共青团员＞党员＞群众，共青团员表现出比共产党员和群众更高的志愿服务自我满意度，他们选择"非常满意"和"比较满意"的比例均是最高的，共青团员身份的志愿者在表达"非常愿意"和"比较愿意"持续志愿服务的态度上相比较而言更加积极。

是否是学生干部因素对大学生志愿服务频率有显著影响。在志愿服务频率"至少每周一次"和"至少每两周一次"两个维度上，学生干部参与志愿服务的频率要高于不是学生干部的大学生；非学生干部大学生在志愿服务过程中对志愿服务的自我满意度要稍高于学生干部；非学生干部还表现出比学生干部更好的持续意愿态度，其"非常愿意"和"比较愿意"的比例均高于学生干部。

注册志愿者在志愿服务的参与频率方面，除了在"偶尔参加"的选项上低于非注册志愿者，其他参与频率的选项上均要高于非注册志愿者；注册志愿者在参与志愿服务过程中表现出对志愿服务自我满意度较高的状态，选择"非常满意"和"比较满意"的比例均高于非注册志愿者；学校某一志愿组织的注册志愿者的组织认同感会更强，其志愿服务持续意愿更强，其在"非常愿意"和"比较愿意"上的比例均高于非注册志愿者。

三　大学生志愿服务动机实证调研

（一）研究设计与方法

动机是众多志愿服务研究学者关注的重要问题。[1] 综观国外关于志愿服务动机的研究，我们可以发现几个特点：第一，其动机模型的建立都有诸如心理学、经济学、管理学等学科支撑；第二，不同类别的动机能影响志愿服务的产生与持续；第三，有较为成熟的志愿服务动机测量工具；第四，其研究成果能转化到志愿服务管理的实际运用中。相比于国外丰富的志愿服务动机研究成果，目前我国在该领域的研究还只是处于起步阶段。当前中国高校存在由共青团、学生处等部门推动的自上而下的个体服从学校决定的志愿服务模式，单一短期任务型的志愿服务工作其多元功能动机的满足也许不是很重要，但从长远来看，社会所认可的单一动机尚不能满足大众志愿服务的多元功能需求；同时，缺乏自下而上的个体自觉能动性而导致的志愿性不足，

---

① 卓高生等：《大学生志愿服务动机功能理论及实证研究》，《统计与决策》2014 年第 6 期。

将导致志愿者资源的不可持续。因此，本书以国外学者 Clary 等人的研究成果为借鉴，将大学生志愿服务动机的功能类型划分为 6 类，具体是：价值表达（Values Function）、学习理解（Understanding Function）、社会交往（Social Function）、职业生涯（Career Function）、自我保护（Protective Function）、自我增强（Enhancement Function）。

考虑到我们设计大学生志愿精神作用机理调查问卷已经包括受访对象基本信息、志愿精神量表、志愿服务参与现状、志愿精神形成和发展的内部（人际信任、人格特质、一般自我效能感）与外部（家庭、学校、社会、网络）影响因素等，总体调查内容较多，所以本研究将大学生志愿服务动机量表单独设计并选择温州大学①作为抽样学校。本书将对大学生志愿服务动机的六大功能进行统计描述，并从性别、专业、年级、政治面貌、家庭背景属性等人口学特征方面对大学生志愿服务动机的影响进行研究，提出如下假设：大学生个人基本属性不同，其志愿服务动机亦有所不同。

假设 4.1：性别对志愿服务动机有显著影响；

假设 4.2：专业学科背景对志愿服务动机有显著影响；

假设 4.3：不同年级的同学其志愿服务动机有显著差异；

假设 4.4：政治面貌对志愿服务动机具有显著影响；

假设 4.5：不同居住地的同学志愿服务动机有显著差异。

调查采用问卷量表的形式，具体分为两个部分。第一部分为调查对象的性别、年级、学科、政治面貌、出生地等人口学变量。第二部分采用的是 Clary 等人编制的志愿服务功能量表（Volunteer Function Inventory，VFI）。该量表采用 7 级评分标准，"非常不符" 1 分，"不

---

① 截至 2014 年 12 月 5 日，温州大学现有注册志愿者 24153 人，20 万人次参与到志愿服务中，为社会提供了 55 万小时的志愿服务工作。以志愿服务基地为依托，坚持项目化、品牌化的运营机制，扎实开展了扶贫助困、家用电器修理、免费家教、心理保健、法律咨询、义务演出等多种志愿服务活动，曾获得中国志愿者工作组织奖、浙江省志愿服务杰出集体等诸多荣誉。作为样本抽选对象，具有较好的代表性。

符合"2分，"较不符合"3分，"不确定"4分，"较符合"5分，"符合"6分，"非常符合"7分。量表中含有价值表达、学习理解、社会交往、职业生涯、自我保护、自我增强这六个方面的功能维度，即六个分量表，代表六种类型的动机。一共30个项目，每个分量表包括5个项目。考虑到量表使用的国别差异性，我们对量表开展预测，并进行探索性因子分析、验证性因子分析和信度分析。

本研究的调查对象为至少参加过一次志愿服务活动的温州大学在校志愿者，采用随机抽样方法选取样本，发放调查问卷510份，回收有效问卷452份，问卷回收率为88.6%。其中，预试问卷114份，经探索性因子分析修改后，发出正式问卷338份。本研究以SPSS 17.0和AMOS 21.0为数据分析工具，在验证量表的信效度后，采用描述性统计分析、独立样本T检验、单因子方差ANOVA分析、SCHEF-FE事后比较法等方法分析数据。

（二）数据分析与结果讨论

1. 信效度分析

一是探索性因子分析。本研究以主成分分析法抽取因素，并用最大方差法进行正交转轴方式，进行探索性因子分析。首先，对预测的114份问卷进行KMO和Bartlett球形检验，得到KMO值为0.894，Bartlett球形检验结果的显著性为0.000（p<0.001），表明数据适合做因子分析。去除相关度为1的重复题项后，用最大方差法进行因子分析，应将因子负荷量小于0.4的题目除去，其结果见表6-18。问卷共设23题项，分为价值表达、学习理解、社会交往、职业生涯、自我保护、自我增强6个因素。

表 6-18　　　　　志愿服务动机探索性因子分析结果

分量表/题项	因 子 分 析					
	1	2	3	4	5	6
因素一：价值表达						

续表

分量表/题项	因子分析					
	1	2	3	4	5	6
我觉得帮助他人非常重要	0.626					
我关心那些不幸的人	0.768					
我真诚地关心我在志愿活动中的服务对象	0.521					
因素二：学习理解						
志愿服务让我学到了许多实践经验		0.764				
我可以学到更多与我想要从事的工作相关的事		0.781				
通过志愿服务，我可以挖掘并发展我的优势		0.801				
我可以学习与人相处，增强交际能力		0.521				
志愿服务可以让我获得一个看事物的全新视角		0.59				
因素三：社会交往						
我接触的人认为志愿服务是非常有价值的			0.457			
我或者我的亲人朋友接受过志愿服务的帮助			0.629			
我身边的人希望我成为志愿者			0.504			
因素四：职业生涯						
志愿服务对我以后想要从事的工作会有帮助				0.416		
志愿服务可以帮助我成功就业				0.891		
志愿服务拓宽了我的职业选择				0.517		

续表

分量表/题项	因 子 分 析					
	1	2	3	4	5	6
志愿服务经历可以充实我的简历				0.406		
因素五：自我保护						
志愿者工作让我减少了比别人幸运的罪恶感					0.738	
通过志愿服务，我很少感到孤独					0.581	
志愿服务可以帮助我解决个人问题					0.783	
因素六：自我增强						
志愿服务让我觉得自己很好						0.572
志愿服务可以增强我的自信心						0.618
志愿服务让我感觉自己是被需要的						0.789
志愿服务可以让我结交更多新的朋友						0.690
参加志愿服务让我觉得自己很重要						0.589

提取方法：主成分分析法、旋转法、正交旋转法。

二是验证性因子分析。研究使用 Amos 20.0 软件的 Unbiased 对量表的因子结构进行 338 份正式问卷验证性因子分析。通过 Amos 建立原始模型，得到大学生志愿服务动机调查问卷的拟合指数，见表 6-19，CFI、NFI 均大于 0.9，GFI、AGFI 均大于 0.85，RMSEA 小于 0.08，卡方比小于 3，各指数均表明模型拟合效果较好，探索性因子分析得到验证。

表 6-19　　　　　　　　　　模型拟合指数计算结果

拟合指数	CMIN	CMIN/DF	CFI	NFI	GFI	RMSEA	AGFI
结　果	615.44	2.917	0.938	0.909	0.895	0.065	0.863

提取方法：主成分分析法。

三是信度分析。本研究采用 SPSS 17.0 Cronbach's α 值进行分析，结果显示各分量表 Cronbach's α 值都大于 0.7，且总量表 Cronbach's α 值大于 0.9，表明数据具有较高的可靠性，见表 6-20。

表 6-20　　　大学生志愿服务动机的平均值、标准差和 Cronbach's α 值

题　项	数　量	均　值	标准差	分量表 Alpha 值	总量表 Alpha 值
价值表达	338	5.84	1.015	0.737	
学习理解	338	5.71	0.892	0.857	
社会交往	338	5.22	1.141	0.725	0.942
职业生涯	338	5.51	0.902	0.780	
自我保护	338	5.07	1.150	0.784	
自我增强	338	5.65	0.890	0.828	

提取方法：主成分分析法。

2. 描述性统计分析

我们使用 SPSS 17.0 软件，计算了各因子的平均值与标准差，结果如表 6-20 所示，大学生志愿服务动机量表 6 个维度的平均值均在 5 分至 6 分之间，表明大学生整体参与志愿服务的动机较明确，呈现积极倾向。其中，"价值表达"维度分数最高，为 5.84 分；"自我保护"维度分数最低，为 5.07 分。

（三）差异性比较分析

1. 性别因素

采用 T 检验分析假设 4.1，见表 6-21，各维度上的显著值均大于 0.05，皆未达到显著水平，可推断男女学生对志愿服务工作的动机具有较高的一致性，即性别不是影响大学生志愿服务动机的关键因素。

表 6-21　　　　　　　男女生志愿服务动机的差异性分析

题　项	男		女		T 检验	
	均值	标准差	均值	标准差	t 值	显著性
价值表达	5.80	1.015	5.87	1.016	−0.605	0.546
学习理解	5.63	0.837	5.78	0.935	−1.458	0.146
社会交往	5.25	1.069	5.19	1.204	0.508	0.612
职业生涯	5.45	0.791	5.57	0.988	−1.211	0.227
自我保护	5.14	1.084	5.02	1.205	0.939	0.348
自我增强	5.62	0.849	5.67	0.927	−0.592	0.554

注：* $p < 0.05$，** $p < 0.01$，*** $p < 0.001$。

2. 学科因素

采用 T 检验分析假设 4.2，见表 6-22，文理科学生在学习理解维度上的分数显著性小于 0.05，即在志愿活动中，文理科学生所抱有的学习动机有显著差异，理科生更认同志愿服务的学习意义。进一步分析发现，相较于文科学生，理科学生认为志愿服务能够让学生学到更多的实践经验（χ^2 "志愿服务让我学到了许多实践经验" 的显著值小于 0.05），并且对自己想要从事的工作有更多帮助（χ^2 "我可以学到更多与我想要从事的工作相关的事" 的显著值小于 0.05）。可见，假设 4.2 部分成立。

表 6-22 文理科学生志愿服务动机的差异性分析

题　项	理　科		文　科		T 检验	
	均值	标准差	均值	标准差	t 值	显著性
价值表达	5.91	1.128	5.76	0.881	1.359	0.175
学习理解	5.82	0.924	5.60	0.846	2.281	0.023
社会交往	5.13	1.238	5.31	1.029	−1.457	0.146
职业生涯	5.55	0.961	5.47	0.838	0.827	0.409
自我保护	5.08	1.244	5.07	1.048	0.065	0.948
自我增强	5.69	0.973	5.60	0.798	0.905	0.366

注：* $p < 0.05$，** $p < 0.01$，*** $p < 0.001$。

3. 年级因素

采用 ANOVA 分析假设 4.3，见表 6-23，不同年级学生在价值表达维度上的分数显著性为 0.05，即不同年级的学生在志愿工作的价值观取向上的看法有显著差异。利用 Scheffe 事后比较法进行进一步分析发现，在"我觉得帮助他人非常重要"与"我关心那些不幸的人"题项方面，大二学生分数要明显高于大三学生分数，即大二学生较之大三学生更关心不幸的人，并认为这种帮助他人的精神难能可贵，十分重要。这或可解释为大三开始，专业课程压力较大，学生忙于学业和未来发展，因而对志愿服务的价值取向变弱。数据结果表明，假设 4.3 部分成立。

表 6-23 各年级学生志愿服务动机的差异性分析

题　项	大一均值	大二均值	大三均值	大四均值	F 值	显著性
价值表达	5.86	6.03	5.64	5.67	2.624	0.049
学习理解	5.73	5.79	5.60	5.68	5.73	0.549

续表

题　项	大一均值	大二均值	大三均值	大四均值	F 值	显著性
社会交往	5.10	5.37	5.28	5.05	1.373	0.251
职业生涯	5.49	5.67	5.43	5.32	1.869	0.135
自我保护	5.02	5.19	5.10	4.89	0.758	0.519
自我增强	5.70	5.72	5.54	5.51	1.032	0.379

注：* $p < 0.05$，** $p < 0.01$，*** $p < 0.001$。

4. 政治面貌因素

采用 ANOVA 分析假设 4.4，见表 6-24，不同政治面貌的学生在自我增强维度和价值表达维度上的分数显著性小于 0.05，即党员、团员、群众对志愿服务工作的价值观取向和自我能力提升的看法差异显著。利用 Scheffe 事后比较法进一步分析发现，政治面貌为"群众"的学生，对志愿服务价值取向和能力提升的关注度明显高于党员。研究者在访谈中发现，相比普通学生，党员学生在参与志愿服务工作方面，较少考虑对自身是否有提升和帮助，其动机多源于一种特殊的动机——作为党员的责任感、使命感与荣誉感。数据结果表明，假设 4.4 部分成立。

表 6-24　党员、团员、群众学生志愿服务动机的差异性分析

题　项	党员均值	团员均值	群众均值	F 值	显著性
价值表达	5.60	5.85	6.67	3.026	0.049
学习理解	5.59	5.71	6.43	2.294	0.102
社会交往	5.02	5.23	5.56	0.837	0.434
职业生涯	5.35	5.52	6.08	1.825	0.163

续表

	党员均值	团员均值	群众均值	F 值	显著性
自我保护	4.98	5.06	6.17	2.872	0.058
自我增强	5.43	5.66	6.47	3.706	0.026

注：* p<0.05, ** p<0.01, *** p<0.001。

5. 居住地因素

采用 ANOVA 分析假设 5.5，见表 6-25，不同居住地的学生在社会交往维度上的分数显著性小于 0.05，即居住地为城市、农村、乡镇的学生在志愿服务的社会交往动机方面的看法显著不同。利用 Scheffe 事后比较法分析，居住在城市和乡镇的学生比居住在农村的学生在志愿服务方面拥有更多的社会支持。据结果可推断，城市较于农村，志愿服务的意识更浓烈。数据结果表明，假设 4.5 部分成立。

表 6-25　　　　　不同居住地学生志愿服务动机的差异性分析

题　项	城市均值	农村均值	乡镇均值	F 值	显著性
价值表达	5.93	5.78	5.83	0.648	0.524
学习理解	5.73	5.73	5.63	0.394	0.675
社会交往	5.31	5.06	5.40	2.970	0.048
职业生涯	5.55	5.51	5.47	0.179	0.836
自我保护	5.16	5.04	5.04	0.387	0.679
自我增强	5.68	5.68	5.55	0.669	0.513

注：* p<0.05, ** p<0.01, *** p<0.001。

（四）小结

根据上述数据分析结果，我们得出如下结论：第一，大学生志愿服务动机功能理论包括价值表达、学习理解、社会交往、职业生涯、自我保护、自我增强六个维度。经检验，在我国高校大学生志愿者中有较高的信度和效度。第二，当代大学生志愿服务动机呈现多元的价值（功能）取向，有利他、利己、社会责任等纯粹公益和互惠公益共存的情况，其具体动机的排序总体来看是"价值表达""学习理解""自我增强"三个维度依次排名前三，"职业生涯"和"社会交往"排名第四和第五位，"自我保护"维度分数最低。第三，大学生个人基本属性如专业学科背景、政治面貌、年级、出生成长地是（部分）影响志愿服务动机的重要因素。第四，性别与大学生志愿服务动机的强度并无显著关系。第五，在考虑大学生志愿服务组活动展和志愿精神培育过程中，必须尊重和关照大学生志愿者自身成长、成才实际的多种需要。

第七章

大学生志愿精神影响因素的实证调研

本章将利用自编信效度良好的大学生志愿精神量表作为测量工具，希望通过全面分析来自全国各地、各类高校大学生的第一手资料，运用描述性分析、相关分析、单因素方差分析等统计方法，深入分析和研讨影响大学生志愿精神形成和发展的主要因素，为我国高校志愿服务事业发展提供数据参考。

一 外部成长环境与大学生志愿精神的相关性分析

（一）大学生志愿精神、外部成长环境影响因素及其测量

通过前面的分析，我们得到了外部成长环境与大学生志愿精神的理论分析模型，得知外部成长环境与大学生志愿精神认知、志愿服务情感、志愿服务行为倾向等方面在理论上存在一定的关系。但在现实中它们之间是否存在关系，存在什么样的关系，还需要通过实证分析进一步探索理论分析模型的量化问题。

我们主要从大学生志愿精神认知、志愿服务情感和志愿服务行为

倾向三个维度测量大学生志愿精神，经过量表的预测试和探索性因子分析，最终形成正式问卷，并重新编排题项序号，具体见表7-1。

表 7-1　　　　　　　　　　大学生志愿精神量表

大学生志愿精神结构	题　　项
大学生志愿精神认知	B1：我认为志愿者是无私奉献、不计回报的人
	B2：我认为志愿者是充满爱心、乐于助人的人
	B3：我认为参与志愿服务活动不应以盈利为目的
	B4：我认为志愿服务是提高社会福祉的公益活动
	B5：我认为志愿服务应是志愿参加的
	B6：我认为受助者与志愿者之间应是平等的关系
大学生志愿服务情感	B7：我很高兴我能当一个志愿者
	B8：我经常能在志愿服务的过程中得到乐趣
	B9：我经常能在志愿服务过程中得到他人的赞赏
大学生志愿服务行为倾向	B7：我很高兴我能当一个志愿者
	B10：我身边的人参加志愿服务很积极
	B11：当我看到有人需要帮助时，我愿意提供力所能及的帮助
	B12：尽管专业学习任务很重，但我还是愿意抽出时间来做志愿者
	B13：我愿意将志愿服务当成生活中的重要部分

根据研究设定的大学生志愿精神影响因素的模型，我们从大学生志愿者外部成长环境所包括的家庭、学校、社会和网络环境四个方面编制相关的题目，形成大学生志愿精神影响因素测试问卷，具体题项设计见表7-2。

表 7-2　　　　　　　　大学生志愿精神外部影响因素问卷

大学生志愿者成长环境		题　　项
家庭环境	家庭成员关系	D1：我家庭成员间感情融洽，尊老爱幼，孝顺父母
		D2：我家庭中每个成员都有自豪感、快乐感
		D3：我家庭中每个成员都愿意回家，有归属感、安全感
		D4：我家庭成员与外界人际和谐、融洽
	父母亲对志愿服务的认知与参与	D5：我父母认为大多数志愿者是有爱心的人
		D6：我父母认为会有越来越多的人参加公益活动
		D7：我父母经常关注志愿服务的相关报道
		D8：我父母经常教导我积极参加志愿服务活动
		D9：我父母经常参加志愿服务活动
学校环境	学校教育管理制度	D13：老师上课会讲解与志愿精神相关的内容
		D14：学校会组织各种形式的志愿服务活动
		D17：学校有对积极参加志愿服务活动的同学进行表扬
		D18：学校有宣传各种志愿服务的活动
	师生对志愿服务的认知与参与	D15：我身边的一些老师也积极参加志愿服务活动
		D16：我身边的一些同学也积极参加志愿服务活动
	校园关系认同	D10：师生间能够相互尊重、互相理解
		D11：同学间能够相互团结、互帮互助
		D12：对我就读的学校或所在班级有强烈的归属感、自豪感
社会环境	社会组织环境	D22：现在社会上有很多志愿组织可以让我们选择参加志愿服务活动
		D26：志愿组织都非常重视自身的能力建设
	社会文化环境	D27：我认为帮助别人很光荣
		D28：我认为团结互助是一种可贵的品质
		D29：我认为和谐的人际关系在和谐社会中占有重要地位

大学生志愿者成长环境		题　　项
社会环境	社会政策环境	D23：现在用人单位很看重大学生志愿服务经历
		D24：大学生志愿服务应该向制度化、常态化、规范化方向发展
		D25：助人行为应该受到免责保护
	网络媒体环境	D19：门户网站经常有关于志愿服务的资讯
		D20：我的微信群或 QQ 群等网群经常能收到志愿服务的活动宣传
		D21：一些网站经常会上传志愿者的感人故事

　　本节内容主要是大学生志愿者外部成长环境对志愿精神影响的量化研究。其基本数据来源于全国 7 个省份 11 座城市的 18 所高校，有效问卷 3747 份（共发放 4200 份）。在进行相关分析之前，首先需要了解本次调查中获得大学生志愿精神和外部成长环境数据的基本情况。通过 SPSS 17.0 软件，我们计算了大学生志愿精神各变量的平均值、标准差，计算结果见表 7-3。大学生志愿精神总量表的平均值为 50.4312，标准差为 8.967585，表明当代大学生志愿精神水平在志愿精神认知、志愿服务情感和志愿服务行为倾向上均呈现积极的发展趋势。

表 7-3　　　　　大学生志愿精神各个维度的描述情况统计

维　　度	题目数	极小值	极大值	均　　值	标准差
大学生志愿精神	12	13	65	50.4312	8.967585
志愿精神认知	5	6	30	24.5551	5.05291
志愿服务情感	3	4	20	14.4226	3.01551
志愿服务行为倾向	4	3	15	11.4945	2.53569

从表7-4中可以看出，量表中每个维度的均值得分与中值较接近，说明被试的取样是比较平均地分布在量表的各个维度，没有太大的差异值和极端值。

表7-4   大学生成长环境各个维度的描述情况统计

维　度	题目数	极小值	极大值	均　值	标准差
家庭成员关系	4	0	20	16.1894	3.344
父母亲对志愿服务的认知与参与	5	0	25	18.2796	3.98954
学校教育管理制度	4	4	20	14.8773	2.99109
师生对志愿服务的认知与参与	2	2	10	7.5837	1.65833
校园关系认同（师生、同学关系、归属感）	3	3	15	11.6072	2.46544
网络媒体环境	3	3	15	10.9705	2.41576
社会组织环境	2	2	10	7.5692	1.68839
社会文化环境	3	3	15	12.5139	2.38608
社会政策环境	3	3	15	12.4217	2.44312

（二）大学生外部成长环境与大学生志愿精神的相关分析

相关分析（Correlation Analysis）主要用来探讨两个或两个以上变量之间的相关性。本研究主要使用Pearson系数来考察大学生外部成长环境与志愿精神的相关性及相关程度。

1. 家庭环境因素变量对大学生志愿精神的影响

（1）家庭成员关系和大学生志愿精神的相关分析

根据Pearson相关分析和双侧检验进行相关性分析，结果见表7-5。大学生志愿精神认知、志愿服务情感、志愿服务行为倾向与家庭成员关系的相关系数检验的显著性概率为零，Pearson系数分别为

0.500、0.366、0.418，说明家庭成员关系与大学生志愿精神认知、志愿服务情感和志愿服务行为倾向呈显著正相关，假设1.1.1得到验证。进一步分析可以发现，大学生所处的家庭若是成员间感情融洽、尊老爱幼、孝顺父母、家庭成员充满自豪感和快乐感、对家庭有归属感与安全感、与外界人际关系和谐、融洽相处，大学生志愿精神认知、志愿服务情感和志愿服务行为倾向则表现出较高的水平。

表 7-5　　　　家庭成员关系与大学生志愿精神的相关分析结果

维　度		家庭成员关系	志愿精神认知	志愿服务情感	志愿服务行为倾向
家庭成员关系	Pearson 相关性	1	0.500**	0.366**	0.418**
	显著性（双侧）		0.000	0.000	0.000
	N	3722	3624	3694	3699

注：* p＜0.05，** p＜0.01，*** p＜0.001；N 为样本量。

（2）父母亲对志愿服务认知与参与和大学生志愿精神的相关分析

根据 Pearson 相关分析和双侧检验进行相关性分析，结果如表7-6所示。大学生志愿精神认知、志愿服务情感和志愿服务行为倾向与父母亲对志愿服务的认知与参与的相关系数检验的显著性概率为零，Pearson 系数分别为 0.250、0.359、0.387，说明父母亲对志愿服务的认知与参与和大学生志愿精神认知、志愿服务情感和志愿服务行为倾向呈显著正相关，假设1.1.2得到验证。进一步分析可以发现，大学生父母亲对志愿服务认知水平更高、志愿服务参与度越深，那么作为其子女的大学生志愿精神认知、志愿服务情感和志愿服务行为倾向越是表现出积极主动的状态。

表 7-6　父母亲对志愿服务认知与参与和大学生志愿精神的相关分析结果

维　度		父母亲对志愿服务的认知与参与	志愿精神认知	志愿服务情感	志愿服务行为倾向
父母亲对志愿服务的认知与参与	Pearson 相关性	1	0.250**	0.359**	0.387**
	显著性（双侧）		0.000	0.000	0.000
	N	3719	3623	3691	3694

注：* $p<0.05$，** $p<0.01$，*** $p<0.001$；N 为样本量。

2. 学校环境因素变量对大学生志愿精神的影响

（1）学校教育管理制度与大学生志愿精神的相关分析

学校教育管理制度是学校环境因素变量中的重要内容，这里就学校教育管理制度与大学生志愿精神做相关分析，分析结果见表 7-7。大学生志愿精神认知、志愿服务情感和志愿服务行为倾向与学校教育管理制度的相关系数检验的显著性概率为零，Pearson 系数分别为0.350、0.403、0.447，说明学校教育管理制度与大学生志愿精神认知、志愿服务情感和志愿服务行为倾向呈显著正相关，假设 1.2.1 得到验证。进一步分析可以发现，学校能建章立制，将志愿服务活动作为思想政治教育工作的重要载体，倡导在课堂教学中渗透关于志愿精神的相关内容，支持各种志愿服务活动的组织开展，宣传和表彰志愿服务活动先进个人等，大学生的志愿精神认知水平、服务热情将更高，志愿服务行为倾向将更为持续。

表 7-7　学校教育管理制度与大学生志愿精神的相关分析结果

维　度		学校教育管理制度	志愿精神认知	志愿服务情感	志愿服务行为倾向
学校教育管理制度	Pearson 相关性	1	0.350**	0.403**	0.447**
	显著性（双侧）		0.000	0.000	0.000
	N	3708	3612	3682	3686

注：* $p<0.05$，** $p<0.01$，*** $p<0.001$；N 为样本量。

（2）师生对志愿服务的认知与参与和大学生志愿精神的相关分析

教师和学生是学校环境因素变量中的重要内容，这里就师生对志愿服务的认知与参与和大学生志愿精神做相关分析，分析结果见表7-8。大学生志愿精神认知、志愿服务情感和志愿服务行为倾向与师生对志愿服务的认知与参与的相关系数检验的显著性概率为零，Pearson系数分别为0.331、0.342、0.416，说明师生对志愿服务的认知与参与和大学生志愿精神认知、志愿服务情感和志愿服务行为倾向呈显著正相关，假设1.2.2得到验证。进一步分析可以发现，校园中师生能积极参加志愿服务活动，形成良好的志愿服务氛围，就能提高大学生的志愿精神认知水平，促进志愿服务情感投入，坚定志愿服务行为选择。

表7-8 师生对志愿服务的认知与参与和大学生志愿精神的相关分析结果

维 度		师生对志愿服务的认知与参与	志愿精神认知	志愿服务情感	志愿服务行为倾向
师生对志愿服务的认知与参与	Pearson 相关性	1	0.331**	0.342**	0.416**
	显著性（双侧）		0.000	0.000	0.000
	N	3721	3624	3694	3696

注：* p<0.05，** p<0.01，*** p<0.001；N 为样本量。

（3）校园关系认同与大学生志愿精神的相关分析结果

对校园中的师生关系、同学关系的认同，对学校或所在班级的归属感、自豪感的评价和大学生志愿精神做相关分析，分析结果见表7-9，大学生志愿精神认知、志愿服务情感和志愿服务行为倾向与校园关系认同的相关系数检验的显著性概率为零，Pearson系数分别为0.489、0.413、0.482，说明师生对志愿服务认知与参与和大学生志愿精神认知、志愿服务情感和志愿服务行为倾向呈显著正相关，假设1.2.3得到验证。进一步分析可以发现，校园中师生间彼此尊重、相互理解，同学间互帮互助、彼此团结，对学校和班级有强烈的归属感和自豪感，将有利于大学生志愿精神的形成与发展。

表 7-9　校园关系认同（师生关系、同学关系、归属感）与大学生志愿精神的
相关分析结果

维　度		校园关系认同	志愿精神认知	志愿服务情感	志愿服务行为倾向
校园关系认同（师生关系、同学关系、归属感）	Pearson 相关性	1	0.489＊＊	0.413＊＊	0.482＊＊
	显著性（双侧）		0.000	0.000	0.000
	N	3735	3636	3707	3710

注：＊ p＜0.05，＊＊ p＜0.01，＊＊＊ p＜0.001；N 为样本量。

3. 网络媒体因素对大学生志愿精神的影响

网络媒体已成为社会舆论的策源地，对高校大学生的世界观、人生观、价值观有着重要的影响，这里就网络媒体环境和大学生志愿精神做相关分析，分析结果见表 7-10。大学生志愿精神认知、志愿服务情感和志愿服务行为倾向与网络媒体环境的相关系数检验的显著性概率为零，Pearson 系数分别为 0.297、0.367、0.416，说明网络媒体环境对大学生志愿精神认知、志愿服务情感和志愿服务行为倾向呈显著正相关，假设 1.3.1 得到验证。进一步分析可以发现，主流媒体经常报道志愿服务资讯和感人故事，微信群或 QQ 群等网络社交平台经常传播志愿服务的活动，形成"奉献、友爱、互助、进步"的网上正能量，有利于在大学生中培育和践行志愿精神。

表 7-10　　　　网络媒体环境与大学生志愿精神的相关分析结果

维　度		网络媒体环境	志愿精神认知	志愿服务情感	志愿服务行为倾向
网络媒体环境	Pearson 相关性	1	0.297＊＊	0.367＊＊	0.416＊＊
	显著性（双侧）		0.000	0.000	0.000
	N	3719	3627	3698	3702

注：＊ p＜0.05，＊＊ p＜0.01，＊＊＊ p＜0.001；N 为样本量。

4. 社会因素对大学生志愿精神的影响

（1）社会组织环境与大学生志愿精神的相关分析结果

根据 Pearson 相关分析和双侧检验进行相关性分析，结果见表 7-11。大学生志愿精神认知、志愿服务情感和志愿服务行为倾向与社会组织环境的相关系数检验的显著性概率为零，Pearson 系数分别为 0.335、0.388、0.424，说明社会组织环境与大学生志愿精神认知、志愿服务情感和志愿服务行为倾向呈显著正相关，假设 1.4.1 得到验证。进一步分析可以发现，社会组织数量和能力越发提升，选择参加志愿服务组织开展的志愿服务越发便利，就越发有益于大学生志愿精神的培育和践行。

表 7-11　　社会组织环境与大学生志愿精神的相关分析结果

维　度		社会组织环境	志愿精神认知	志愿服务情感	志愿服务行为倾向
社会组织环境	Pearson 相关性	1	0.335**	0.388**	0.424****
	显著性（双侧）		0.000	0.000	0.000
	N	3728	3623	3693	3696

注：* $p < 0.05$，** $p < 0.01$，*** $p < 0.001$；N 为样本量。

（2）社会文化环境与大学生志愿精神的相关分析

社会文化环境是社会因素的重要变量，这里将社会文化环境和大学生志愿精神做相关分析，分析结果见表 7-12。大学生志愿精神认知、志愿服务情感和志愿服务行为倾向与社会文化环境的相关系数检验的显著性概率为零，Pearson 系数分别为 0.526、0.386、0.434，说明社会文化环境和大学生志愿精神认知、志愿服务情感和志愿服务行为倾向呈显著正相关，假设 1.4.2 得到验证。进一步分析可以发现，一个社会越是重视和谐人际关系的构建，越是强调团结互助和乐于助人的精神品质，将越有利于对大学生培育志愿精神，越有利于大学生自觉参加志愿服务活动。

表 7-12　　　社会文化环境与大学生志愿精神的相关分析结果

维　度		社会文化环境	志愿精神认知	志愿服务情感	志愿服务行为倾向
社会组织环境	Pearson 相关性	1	0.526**	0.386**	0.434**
	显著性（双侧）		0.000	0.000	0.000
	N	3732	3630	3701	3703

注：* $p < 0.05$，** $p < 0.01$，*** $p < 0.001$；N 为样本量。

（3）社会政策环境与大学生志愿精神的相关分析结果

社会政策环境是个体价值观念形成与行为导向的重要影响因素，这里将社会政策环境和大学生志愿精神做相关分析，分析结果见表7-13。大学生志愿精神认知、志愿服务情感和志愿服务行为倾向与社会政策环境的相关系数检验的显著性概率为零，Pearson 系数分别为0.495、0.360、0.424，说明社会政策环境和大学生志愿精神认知、志愿服务情感和志愿服务行为倾向呈显著正相关，假设 1.4.3 得到验证。进一步分析可以发现，大学生志愿服务活动开展能遵循制度化、常态化、规范化，助人行为能受到免责保护，用人单位看重大学生的志愿服务经历，将能够提高大学生的志愿精神认知水平，培养其志愿服务情感，鼓励其志愿服务行为参与。

表 7-13　　　社会政策环境与大学生志愿精神的相关分析结果

维　度		社会政策环境	志愿精神认知	志愿服务情感	志愿服务行为倾向
社会组织环境	Pearson 相关性	1	0.495**	0.360**	0.424**
	显著性（双侧）		0.000	0.000	0.000
	N	3729	3619	3691	3691

注：* $p < 0.05$，** $p < 0.01$，*** $p < 0.001$；N 为样本量。

（三）大学生外部成长环境影响大学生志愿精神的 T 检验

为进一步检验大学生成长环境与大学生志愿精神的相关性，我们首先分别对 3747 名受访对象在家庭环境、家庭成员关系、父母亲对志愿服务的认知与参与、学校教育管理制度、师生对志愿服务的认知与参与、校园关系认同（师生关系、同学关系、归属感）、网络媒体环境、社会组织环境、社会文化环境、社会政策环境等大学生成长环境的 10 个维度上的得分由高到低进行排序；然后取前 27％和后 27％的临界点上的大学生得分作为高低分组的临界点，通过 SPSS 17.0 统计软件的编码功能，将大学生成长环境的各个维度分为高分组和低分组两个组别；最后，我们应用独立样本 T 检验的方法对高分组和低分组大学生的志愿精神认知、志愿服务情感和志愿服务行为倾向得分均值之间的差异性是否显著进行检验。

1. 家庭环境影响大学生志愿精神的独立样本 T 检验

以大学生的家庭成员关系、父母亲对志愿服务的认知与参与作为自变量，以大学生志愿精神作为因变量，进行独立样本 T 检验，探讨家庭成员的关系、父母亲对志愿服务的认知与参与与大学生志愿精神之间的关系。

（1）家庭成员关系影响大学生志愿精神的 T 检验

从表 7-14 和表 7-15 中可以看出，不同水平的家庭成员关系下，大学生志愿精神的认知（p＝0.000＜0.05，N＝2329）、志愿服务情感（p＝0.000＜0.05，N＝2374）和志愿服务行为倾向（p＝0.000＜0.05，N＝2379）三个维度均具有显著性差异。所以，家庭成员关系对大学生志愿精神有显著影响，假设 1.1.1 得到验证。

表 7-14 不同水平家庭成员关系下大学生志愿精神的描述性统计结果

维　度	家庭成员关系	N	均　值	标准差	均值的标准误
志愿精神认知	低分组	1205	21.4929	5.62307	0.16199
	高分组	1124	26.8754	3.83132	0.11428
志愿服务情感	低分组	1233	10.4023	2.44326	0.06958
	高分组	1141	12.4715	2.43986	0.07223
志愿服务行为倾向	低分组	1238	12.8837	2.99221	0.08504
	高分组	1141	15.7257	2.79522	0.08275

表 7-15 不同水平家庭成员关系下大学生志愿精神的独立样本 T 检验

维　度		F	Sig.	t	df	Sig.（双侧）
志愿精神认知	假设方差相等	242.069	0.000	−26.808	2327	0.000
	假设方差不相等			−27.151	2133.979	0.000
志愿服务情感	假设方差相等	0.750	0.386	−20.631	2372	0.000
	假设方差不相等			−20.632	2358.305	0.000
志愿服务行为倾向	假设方差相等	5.212	0.023	−23.885	2377	0.000
	假设方差不相等			−23.951	2376.565	0.000

（2）父母亲对志愿服务认知与参与影响大学生志愿精神的 T 检验

从表 7-16 和表 7-17 中可以看出，不同水平的父母亲对志愿服务的认知与参与对大学生志愿精神的认知（p＝0.000＜0.05，N＝2205）、志愿服务情感（p＝0.000＜0.05，N＝2251）和志愿服务行为倾向（p＝0.000＜0.05，N＝2252）三个维度均具有显著影响。所以，父母亲对志愿服务的认知与参与变量对大学生志愿精神有显著影响，假设 1.1.2 得到验证。

表 7-16　不同水平的父母亲对志愿服务的认知与参与下大学生志愿精神的描述性统计结果

维　度	父母亲对志愿服务的认知与参与	N	均　值	标准差	均值的标准误
志愿精神认知	高分组	1202	23.3569	5.47098	0.15780
	低分组	1003	26.3071	4.43352	0.13999
志愿服务情感	高分组	1231	10.5475	2.50836	0.07149
	低分组	1020	12.7020	2.37698	0.07443
志愿服务行为倾向	高分组	1233	13.1014	2.78364	0.07927
	低分组	1019	15.9078	2.99563	0.09384

表 7-17　不同水平的父母亲对志愿服务的认知与参与下大学生志愿精神的独立样本 T 检验

维　度		F	Sig.	t	df	Sig.（双侧）
志愿精神认知	假设方差相等	60.719	0.000	−13.726	2203	0.000
	假设方差不相等			−13.985	2201.151	0.000
志愿服务情感	假设方差相等	4.715	0.030	−20.771	2249	0.000
	假设方差不相等			−20.876	2208.975	0.000
志愿服务行为倾向	假设方差相等	2.652	0.104	−23.005	2250	0.000
	假设方差不相等			−22.845	2103.990	0.000

2. 学校环境影响大学生志愿精神的独立样本 T 检验

以大学生所在学校环境中的"学校促进志愿服务发展的相关教育管理制度""师生对志愿服务的认知与参与"和"校园关系认同（师生、同学关系、归属感）"三个维度为自变量，以大学生志愿精神作为因变量，进行独立样本 T 检验，探讨学校环境中关于促进志愿服务发展的相关教育管理制度、师生对志愿服务的认知与参与和校园关系认同与大学生志愿精神之间的关系。

（1）学校教育管理制度影响大学生志愿精神的 T 检验

从表 7-18 和表 7-19 中发现，不同水平的学校教育管理制度下，对大学生志愿精神的认知（p＝0.000＜0.05，N＝2052）、志愿服务情感（p＝0.000＜0.05，N＝2092）和志愿服务行为倾向（p＝0.000＜0.05，N＝2089）三个维度均具有显著性差异。所以，学校教育管理制度对大学生志愿精神有显著影响，假设 1.2.1 得到验证。

表 7-18　不同水平的学校教育管理制度下大学生志愿精神的描述性统计结果

维　　度	学校教育管理制度	N	均　　值	标准差	均值的标准误
志愿精神认知	低分组	1043	22.4727	5.80009	0.17959
	高分组	1009	26.5907	4.08806	0.12870
志愿服务情感	低分组	1062	10.2797	2.48955	0.07639
	高分组	1030	12.7913	2.26781	0.07066
志愿服务行为倾向	低分组	1065	12.8394	2.91540	0.08934
	高分组	1024	16.1299	2.88247	0.09008

表 7-19　不同水平的学校教育管理制度下大学生志愿精神的独立样本 T 检验

维　　度		F	Sig.	t	df	Sig.（双侧）
志愿精神认知	假设方差相等	192.098	0.000	−18.534	2050	0.000
	假设方差不相等			−18.638	1875.656	0.000
志愿服务情感	假设方差相等	6.713	0.010	−24.101	2090	0.000
	假设方差不相等			−24.135	2081.860	0.000
志愿服务行为倾向	假设方差相等	2.787	0.095	−25.931	2087	0.000
	假设方差不相等			−25.937	2085.374	0.000

（2）师生对志愿服务认知与参与影响大学生志愿精神的 T 检验

从表 7-20 和表 7-21 中发现，师生对志愿服务的认知与参与，对大学生志愿精神的认知（p＝0.000＜0.05，N＝3624）、志愿服务情感（p＝0.000＜0.05，N＝3694）和志愿服务行为倾向（p＝0.000＜0.05，N＝3696）三个维度均具有显著影响。所以，师生对志愿服务的认知与参与对大学生志愿精神有显著影响，假设 1.2.2 得到验证。

表 7-20　不同水平的师生对志愿服务的认知与参与下大学生志愿精神的描述性统计结果

维　度	师生对志愿服务的认知与参与	N	均　值	标准差	均值的标准误
志愿精神认知	低分组	1564	22.9399	5.49649	0.13898
	高分组	2060	25.8112	4.26271	0.09392
志愿服务情感	低分组	1599	10.6942	2.45401	0.06137
	高分组	2095	12.1208	2.40844	0.05262
志愿服务行为倾向	低分组	1601	13.2842	2.88224	0.07203
	高分组	2095	15.3184	2.79246	0.06101

表7-21　不同水平的师生对志愿服务的认知与参与下大学生志愿精神的独立样本 T 检验

维　度		F	Sig.	t	df	Sig.（双侧）
志愿精神认知	假设方差相等	146.935	0.000	−17.711	3622	0.000
	假设方差不相等			−17.117	2863.161	0.000
志愿服务情感	假设方差相等	3.386	0.066	−17.692	3692	0.000
	假设方差不相等			−17.647	3406.318	0.000
志愿服务行为倾向	假设方差相等	3.535	0.060	−21.640	3694	0.000
	假设方差不相等			−21.549	3387.065	0.000

（3）校园关系认同影响大学生志愿精神的 T 检验

从表 7-22 和表 7-23 中可以看出，不同水平的校园关系认同下，大学生志愿精神的认知（p＝0.000＜0.05，N＝2809）、志愿服务情感（p＝0.000＜0.05，N＝2869）和志愿服务行为倾向（p＝0.000＜0.05，N＝2871）三个维度均具有显著性差异。所以，校园关系认同对大学生志愿精神有显著影响，假设 1.2.3 得到验证。

表 7-22 不同水平的校园关系认同下大学生志愿精神的描述性统计结果

维　　度	校园关系认同（师生关系、同学关系、归属感）	N	均　　值	标准差	均值的标准误
志愿精神认知	低分组	1497	22.2819	5.46739	0.14131
	高分组	1312	26.6829	4.03835	0.11149
志愿服务情感	低分组	1531	10.4637	2.45332	0.06270
	高分组	1338	12.5523	2.36131	0.06455
志愿服务行为倾向	低分组	1536	12.9798	2.84203	0.07252
	高分组	1335	15.9228	2.75418	0.07538

表 7-23 不同水平的校园关系认同下大学生志愿精神的独立样本 T 检验

维　　度		F	Sig.	t	df	Sig.（双侧）
志愿精神认知	假设方差相等	195.111	0.000	−23.982	2807	0.000
	假设方差不相等			−24.451	2730.726	0.000
志愿服务情感	假设方差相等	1.254	0.263	−23.149	2867	0.000
	假设方差不相等			−23.208	2840.452	0.000
志愿服务行为倾向	假设方差相等	3.069	0.080	−28.075	2869	0.000
	假设方差不相等			−28.137	2835.293	0.000

3. 网络媒体环境影响大学生志愿精神的独立样本 T 检验

以大学生所处于的网络媒体环境为自变量,大学生志愿精神作为因变量进行独立样本 T 检验,探讨网络媒体环境变量与大学生志愿精神之间的关系。

从表 7-24 和表 7-25 中发现,不同水平的网络媒体环境下,大学生志愿精神的认知(p＝0.000＜0.05,N＝3055)、志愿服务情感(p＝0.000＜0.05,N＝3120)和志愿服务行为倾向(p＝0.000＜0.05,N＝3122)三个维度均具有显著性差异。所以,网络媒体环境对大学生志愿精神有显著影响,假设 1.3.1 得到验证。

表 7-24　不同水平的网络媒体环境下大学生志愿精神的描述性统计结果

维　度	网络媒体环境	N	均　值	标准差	均值的标准误
志愿精神认知	低分组	1439	23.0980	5.56821	0.14679
	高分组	1618	25.7769	4.45429	0.11074
志愿服务情感	低分组	1468	10.5368	2.50766	0.06545
	高分组	1654	12.3259	2.39723	0.05894
志愿服务行为倾向	低分组	1473	13.1928	2.89011	0.07530
	高分组	1651	15.6015	2.81853	0.06937

表 7-25　不同水平的网络媒体环境下大学生志愿精神的独立样本 T 检验

维　度		F	Sig.	t	df	Sig.（双侧）
志愿精神认知	假设方差相等	110.001	0.000	−14.758	3055	0.000
	假设方差不相等			−14.569	2748.794	0.000

续表

维 度		F	Sig.	t	df	Sig.（双侧）
志愿服务情感	假设方差相等	3.641	0.056	−20.367	3120	0.000
	假设方差不相等			−20.312	3038.080	0.000
志愿服务行为倾向	假设方差相等	2.488	0.115	−23.560	3122	0.000
	假设方差不相等			−23.526	3062.675	0.000

4. 社会环境影响大学生志愿精神的独立样本 T 检验

（1）社会组织环境影响大学生志愿精神的 T 检验

从表 7-26 和表 7-27 中可以看出，不同水平的社会组织环境下，大学生志愿精神的认知（p＝0.000＜0.05，N＝2653）、志愿服务情感（p＝0.000＜0.05，N＝2704）和志愿服务行为倾向（p＝0.000＜0.05，N＝2710）三个维度均具有显著性差异。所以，社会组织环境对大学生志愿精神有显著影响，假设 1.4.1 得到验证。

表 7-26　不同水平的社会组织环境下大学生志愿精神的描述性统计结果

维 度	网络媒体环境	N	均 值	标准差	均值的标准误
志愿精神认知	低分组	1577	23.0805	5.41857	0.13645
	高分组	1078	26.5612	4.21514	0.12838
志愿服务情感	低分组	1609	10.5500	2.47100	0.06160
	高分组	1097	12.6764	2.30679	0.06965
志愿服务行为倾向	低分组	1617	13.2591	2.84701	0.07080
	高分组	1095	15.9087	2.91483	0.08809

表 7-27　不同水平的社会组织环境下大学生志愿精神的独立样本 T 检验

维　　度		F	Sig.	t	df	Sig.（双侧）
志愿精神认知	假设方差相等	103.648	0.000	−17.738	2653	0.000
	假设方差不相等			−18.579	2609.219	0.000
志愿服务情感	假设方差相等	5.191	0.023	−22.573	2704	0.000
	假设方差不相等			−22.869	2456.773	0.000
志愿服务行为倾向	假设方差相等	0.118	0.732	−23.551	2710	0.000
	假设方差不相等			−23.445	2311.121	0.000

（2）社会文化环境影响大学生志愿精神的独立样本 T 检验

从表 7-28 和表 7-29 中可以看出，不同水平的社会文化环境下，大学生志愿精神的认知（p＝0.000＜0.05，N＝2905）、志愿服务情感（p＝0.000＜0.05，N＝2954）和志愿服务行为倾向（p＝0.000＜0.05，N＝2962）三个维度均具有显著性差异。所以，社会文化环境对大学生志愿精神有显著影响，假设 1.4.2 得到验证。

表 7-28　不同水平的社会文化环境下大学生志愿精神的描述性统计结果

维　　度	社会文化环境	N	均　　值	标准差	均值的标准误
志愿精神认知	低分组	1804	22.4989	5.26413	0.12394
	高分组	1103	27.3445	3.51185	0.10574
志愿服务情感	低分组	1840	10.7261	2.42606	0.05656
	高分组	1116	12.6577	2.34955	0.07033
志愿服务行为倾向	低分组	1849	13.3953	2.86455	0.06662
	高分组	1115	15.9318	2.69164	0.08061

表 7-29   不同水平的社会文化环境下大学生志愿精神的独立样本 T 检验

维　度		F	Sig.	t	df	Sig.（双侧）
志愿精神认知	假设方差相等	223.795	0.000	−27.104	2905	0.000
	假设方差不相等			−29.743	2883.476	0.000
志愿服务情感	假设方差相等	0.153	0.696	−21.235	2954	0.000
	假设方差不相等			−21.403	2411.828	0.000
志愿服务行为倾向	假设方差相等	8.133	0.004	−23.885	2962	0.000
	假设方差不相等			−24.256	2462.823	0.000

（3）社会政策环境影响大学生志愿精神的独立样本 T 检验

从表 7-30 和表 7-31 中可以看出，不同水平的社会政策环境下，大学生志愿精神的认知（p＝0.000＜0.05，N＝2041）、志愿服务情感（p＝0.000＜0.05，N＝2079）和志愿服务行为倾向（p＝0.000＜0.05，N＝2079）三个维度均具有显著性差异。所以，社会政策环境对大学生志愿精神有显著影响，假设 1.4.3 得到验证。

表 7-30   不同水平的社会政策环境下大学生志愿精神的描述性统计结果

维　度	社会政策环境	N	均　值	标准差	均值的标准误
志愿精神认知	低分组	996	21.1386	5.62165	0.17813
	高分组	1047	27.3543	3.34383	0.10334
志愿服务情感	低分组	1017	10.2881	2.53025	0.07934
	高分组	1064	12.5395	2.38456	0.07310
志愿服务行为倾向	低分组	1021	12.6699	2.93855	0.09196
	高分组	1060	15.8292	2.70838	0.08319

表 7-31　不同水平的社会政策环境下大学生志愿精神的独立样本 T 检验

维　度		F	Sig.	t	df	Sig.（双侧）
志愿精神认知	假设方差相等	336.330	0.000	−30.545	2041	336.330
	假设方差不相等			−30.183	1604.582	
志愿服务情感	假设方差相等	0.008	0.929	−20.896	2079	0.008
	假设方差不相等			−20.868	2056.609	
志愿服务行为倾向	假设方差相等	7.242	0.007	−25.516	2079	7.242
	假设方差不相等			−25.477	2050.089	

（四）小结

调查研究显示，当代大学生志愿精神总体水平乐观，在志愿服务认知、志愿服务情感和志愿服务行为倾向上均呈现积极的发展趋势。相关分析和 T 检验均表明，大学生成长环境包括的家庭、学校、社会、网络等，与大学生志愿精神发展水平存在显著相关性（详见表7-32）。通过数据分析发现，家庭的和睦融洽程度、家庭成员的志愿服务认知与参与态度；师生对志愿服务的认知和参与、师生对学校的归属感、师生关系融洽程度、学校对志愿服务的宣传教育和保障激励制度；志愿服务网络媒体宣传报道；良好的社会组织环境、文化环境、政策环境，都对大学生志愿精神整体发展水平及志愿精神认知、志愿服务情感、志愿服务行为倾向具有显著影响，且为正相关的关系。

表 7-32　　成长环境与大学生志愿精神影响的相关性检验结论一览

假　设	内容描述	检验结果
1.1.1	家庭成员关系，对大学生志愿精神认知、志愿服务情感和志愿服务行为倾向都有显著影响	通过验证
1.1.2	父母亲的志愿服务认知与参与，对大学生志愿精神认知、志愿服务情感和志愿服务行为倾向有显著影响	通过验证
1.2.1	学校教育管理制度，对大学生志愿精神认知、志愿服务情感和志愿服务行为倾向都有显著影响	通过验证
1.2.2	师生对志愿服务认知与参与，对大学生志愿精神认知、志愿服务情感和志愿服务行为倾向都有显著影响	通过验证
1.2.3	校园关系认同（师生关系、同学关系、归属感），对大学生志愿精神认知、志愿服务情感和志愿服务行为倾向都有显著影响	通过验证
1.3.1	网络媒体环境，对大学生志愿精神认知、志愿服务情感和志愿服务行为倾向都有显著影响	通过验证
1.4.1	社会组织环境，对大学生志愿精神认知、志愿服务情感和志愿服务行为倾向都有显著影响	通过验证
1.4.2	社会文化环境，对大学生志愿精神认知、志愿服务情感和志愿服务行为倾向都有显著影响	通过验证
1.4.3	社会政策环境，对大学生志愿精神认知、志愿服务情感和志愿服务行为倾向都有显著影响	通过验证

二　内部主观倾向与大学生志愿精神的相关性分析

本节主要从大学生人格特质、人际信任感、一般自我效能感三个个体内部因素对大学生志愿精神的相关性进行统计分析。

（一）大学生人格特质与大学生志愿精神的相关性统计分析

本研究采用自编的"大学生志愿精神量表"和王登峰编制的"中国大学生人格特质量表"，在全国范围内进行样本的采集，探索研究大学生志愿精神与大学生人格特质是否存在相关性及人格特质是如何预测大学生志愿精神的。

1. 大学生人格特质的多维度差异分析

性别维度：表 7-33 数据显示，大学生在利他（$p = 0.000 < 0.05$）、重情（$p = 0.002 < 0.05$）、随和（$p = 0.000 < 0.05$）、严谨（$p = 0.000 < 0.05$）、活跃（$p = 0.000 < 0.05$）等多种人格特质上存在显著的性别差异，且男大学生在利他、重情、随和、严谨和活跃五个维度上显著高于女大学生，表明男大学生合群、活跃、认真仔细、严谨自制、关注他人利益、为人处世注重感情或利益、机智敏捷、温和柔顺。

是否独生子女维度：表 7-33 数据显示，在是否独生子女维度上，大学生人格特质的坚韧（$p = 0.026 < 0.05$）、利他（$p = 0.000 < 0.05$）、重情（$p = 0.003 < 0.05$）、随和（$p = 0.000 < 0.05$）、严谨（$p = 0.011 < 0.05$）等方面存在显著的差异。

是否学生干部维度：表 7-33 数据显示，在此维度上，大学生人格特质的爽直（$p = 0.01 < 0.05$）、利他（$p = 0.000 < 0.05$）、重情（$p = 0.038 < 0.05$）和随和（$p = 0.000 < 0.05$）等方面存在显著的差异。

表 7-33　大学生人格特质在性别、是否独生子女和是否学生干部方面的差异分析

维　度	性　别		是否独生子女		是否学生干部	
	t	p	t	p	t	p
爽直	1.032	0.302	−1.160	0.246	2.594	0.01
坚韧	−0.653	0.514	−2.231	0.026	1.476	0.14
利他	−13.132	0.000	−6.216	0.000	3.995	0.000
重情	−3.066	0.002	−2.993	0.003	2.079	0.038

续表

维　度	性　别		是否独生子女		是否学生干部	
	t	p	t	p	t	p
随和	−5.461	0.000	−5.494	0.000	5.523	0.000
严谨	−4.822	0.000	−2.549	0.011	1.578	0.115
活跃	−6.461	0.000	−1.631	0.103	0.635	0.525

2. 高低组人格特质与大学生志愿精神的差异比较

为探讨大学生人格特质与大学生志愿精神的关系，本研究将大学生在人格特质量表上按照总分由高到低排列，选取前27％的被试组成高分组，后27％的被试组成低分组，比较两组的志愿精神得分是否存在差异。

表7-34为高、低人格特质组大学生志愿精神得分的比较，数据显示，高、低人格特质在大学生志愿精神的三个因子和总分上均达到显著性水平，且高人格特质组大学生的得分均显著高于低人格特质组。

表 7-34　　　　　　　　志愿精神与大学生人格特质差异分析

变　量	低分组（n＝565）	高分组（n＝1039）	t	Sig.（双侧）
志愿精神认知	23.3412±6.12299	24.9123±4.61316	−5.277	0.000
志愿服务情感	10.7575±2.77456	12.0204±2.39823	−9.111	0.000
志愿服务行为倾向	13.7062±3.37314	15.1122±2.91257	−8.352	0.000
志愿精神总分	47.8124±10.92156	52.0689±8.41780	−7.932	0.000

3. 人格特质与大学生志愿精神的相关分析

为了确定人格特质变量与大学生志愿精神之间关系的密切程度，本研究对人格特质与大学生志愿精神进行了相关分析，分析结果见表7-35。数据显示，志愿精神总分与爽直、坚韧、重情、随和、严谨和活跃显著相关；志愿精神认知与爽直、坚韧、利他、重情、随和、严谨与活跃显著相关；志愿服务情感与爽直、坚韧、利他、重情、随和、严谨与活跃显著相关；志愿服务行为倾向与爽直、坚韧、重情、随和、严谨与活跃显著相关。这说明爽直、坚韧、重情、随和、严谨和活跃等人格特质得分越高，大学生志愿精神的认知、情感、行为倾向和总分越高，两者之间呈显著的正相关。假设2.1得到验证。

表 7-35　　　　　人格特质影响大学生志愿精神的相关分析

维　度	爽　直	坚　韧	利　他	重　情	随　和	严　谨	活　跃
志愿精神认知	0.119**	0.237**	−0.116**	0.144**	0.263**	0.105**	0.059**
志愿服务情感	0.167**	0.262**	0.085**	0.209**	0.289**	0.148**	0.143**
志愿服务行为倾向	0.185**	0.282**	0.032	0.210**	0.308**	0.145**	0.154**
总　分	0.175**	0.301**	−0.031	0.211**	0.331**	0.149**	0.125**

注：* $p < 0.05$，** $p < 0.01$，*** $p < 0.001$。

4. 人格特质对志愿精神影响的回归分析

本研究以志愿精神总分为因变量，以大学生人格特质为自变量，探讨影响大学生志愿精神的人格特质。

从表中7-36的回归分析可以看出，影响大学生志愿精神的主要人格特质是随和、利他、坚韧、严谨和爽直，其他人格特质对志愿精神的影响不显著。也就是说，大学生人格特质的随和、利他、坚韧、严谨和爽直对志愿精神有一定的预测能力，活跃、重情的人格特质不具有预测能力。

表 7-36　人格特质变量影响大学生志愿精神的回归分析

变　量	β	t	Sig.	累计 R^2
随　和	0.622	13.999	0.000	0.108
利　他	−0.409	−13.688	0.000	0.140
坚　韧	0.474	10.716	0.000	0.180

续表

变　量	β	t	Sig.	累计 R^2
严　谨	－ 0.101	－ 2.968	0.003	0.181
爽　直	0.094	2.795	0.005	0.183

（二）大学生人际信任与大学生志愿精神的相关性统计分析

本研究采用自编的《大学生志愿精神量表》和 Rotter（1976）编制的《人际信任量表》，探索研究大学生志愿精神与大学生人际信任是否存在相关性以及人际信任是如何预测大学生志愿精神的。

1. 大学生人际信任感的多维差异分析

表 7-37 呈现了大学生人际信任的普遍信任和特殊信任两个方面的得分，以及大学生人际信任总分的平均值和标准差。总体上看，大学生人际信任两个维度和总分的均值比较接近中值，说明不同类型的被试者在每个维度的分布是比较平均的，没有出现太大的差异值、缺失值和极端值。

表 7-37　　　　大学生人际信任得分的描述性统计（N＝3747）

变　量	极小值	极大值	均　值	标准差
普遍信任	13	65	32.448	7.44881
特殊信任	12	60	40.6909	6.9342
总　分	34	108	73.0999	7.20421

从表 7-38 中的数据可以看出，大学生在普遍信任（p＝0.001＜0.05）和特殊信任（p＝0.000＜0.05）两个因子上存在显著的性别差异，而大学生人际信任的总分却不存在显著的性别差异。在普遍信任因子上，女生的得分显著高于男生；而在特殊信任因子上，男生的得分显著高于女生。

表 7-38　大学生人际信任在性别、是否独生子女和是否学生干部方面的差异比较

变　量	性　别		是否独生子女		是否学生干部	
	t	p	t	p	t	p
普遍信任	−3.345	0.001	−3.391	0.001	−1.555	0.12
特殊信任	4.177	0.000	5.091	0.000	4.00	0.000
总　分	0.726	0.468	1.395	0.163	2.092	0.036

大学生在普遍信任（p＝0.001＜0.05）和特殊信任（p＝0.000＜0.05）两个因子上存在显著的是否独生子女的差异，而大学生人际信任的总分却不存在显著的是否独生子女的差异。在普遍信任因子上，非独生子女大学生得分显著高于独生子女大学生；在特殊信任因子上，独生子女大学生得分显著高于非独生子女大学生。

大学生在特殊信任（p＝0.000＜0.05）和总分（p＝0.036＜0.05）维度上存在显著的是否学生干部的差异，而在普遍信任的维度上不存在显著的是否学生干部的差异。也就是说，在特殊信任和大学生人际信任总分两个维度上，担任学生干部的大学生得分显著高于非学生干部大学生。

2. 人际信任与大学生志愿精神的相关分析

从表 7-39 中可以看出，大学生人际信任的普遍信任维度与志愿精神认知（r＝0.272，p＜0.05）、志愿服务情感（r＝0.234，p＜0.05）、志愿服务行为倾向（r＝0.241，p＜0.05）、志愿精神总分（r＝0.300,p＜0.05）显著正相关；特殊信任维度与志愿精神认知（r＝0.190，p＜0.05）、志愿服务情感（r＝0.290，p＜0.05）、志愿服务行为倾向（r＝0.328，p＜0.05）、志愿精神总分（r＝0.299，p＜0.05）显著正相关；人际信任总分与志愿服务倾向（r＝0.054，p＜0.05）显著正相关。总体上，普遍信任得分越高，大学生志愿精神得分越高；特殊信任得分越高，大学生志愿精神得分亦越高，大学

生人际信任总分越高，其大学生志愿服务行为倾向越高。假设 2.2 得到验证。

表 7-39　　　　　　　人际信任和大学生志愿精神相关分析

变　量	志愿精神认知	志愿服务情感	志愿服务行为倾向	志愿精神总分
普遍信任	0.272**	0.234**	0.241**	0.300**
特殊信任	0.190**	0.290**	0.328**	0.299**
人际信任总分	−0.022	0.027	0.054**	0.014

注：* $p < 0.05$，** $p < 0.01$，*** $p < 0.001$。

3. 人际信任感与大学生志愿精神回归分析

本研究使用逐步回归的方法，以大学生志愿精神总分为因变量，以人际信任变量为自变量，探讨影响大学生志愿精神的人际信任变量。

从表 7-40 的回归分析可以看出，人际信任的两个因子和人际信任总分都对大学生志愿精神产生了影响。就是说，大学生人际信任以及普遍信任和特殊信任两个维度对大学生志愿精神具有一定的影响作用。而且大学生人际信任以及普遍信任和特殊信任对大学生志愿精神得分变异的解释为 12.2%（$R^2 = 0.122$），说明人际信任对大学生志愿精神的培养具有重要的作用。

表 7-40　　　　人际信任感变量影响大学生志愿精神的回归分析

变　量	β	t	Sig.	累计 R^2
特殊信任	0.388	18.932	0	0.092
普遍信任	0.235	10.776	0	0.12
总　分	−0.009	−2.163	0	0.122

（三）一般自我效能感与大学生志愿精神的相关性统计分析

本研究采用自编的"大学生志愿精神量表"和张建新与 Schwarzer（1995）改进的"自我效能感量表"，探索研究大学生志愿精神与大学生自我效能感是否存在相关性以及自我效能感是如何预测大学生志愿精神的。

1. 大学生一般自我效能感的多维差异分析

从表 7-41 中可以看出，大学生一般自我效能感的平均分 M＝26.4773 分，高于中等水平[①]，这表明参加本次调查的受访对象自我效能感平均水平较高，他们对自己身处复杂困难境遇时成功处置困难的自信程度较高。

表 7-41　　　　　　大学生一般自我效能感的现状

变　　量	N	均　　值	标准差
一般自我效能感	3774	26.4773	5.70818

由表 7-42 得知，大学生一般自我效能感在性别上呈现出显著差异（t＝9.87，p＜0.01），且男大学生的一般自我效能感显著高于女大学生。

表 7-42　大学生一般自我效能感在性别、是否独生子女和是否学生干部
方面的差异分析

变　　量	性　　别		是否独生子女		是否学生干部	
	t	p	t	p	t	p
一般自我效能感	9.87	0.000	7.592	0.000	4.769	0.000

大学生一般自我效能感在是否独生子女方面呈现出显著差异（p＝0.000＜0.01），且独生子女出身的大学生一般自我效能感得分显著高于非独生子女大学生。

---

① 一般自我效能感量表分数越高说明自信心越高。1－10 分，自信心很低；10－20 分，自信心偏低；20－30 分，自信心较高；30－40 分，自信心非常高。

大学生一般自我效能感在是否学生干部方面呈现出显著差异（p＝0.000＜0.01），且是学生干部的大学生一般自我效能感得分显著高于不是学生干部的大学生。这说明学生干部的工作经历对大学生的自我效能感和自信心的培养起了很大的作用。

2. 高低组一般自我效能感与大学生志愿精神的差异比较

为探究大学生志愿精神与一般自我效能感的关系，本研究将一般自我效能感总分由高到低排列，选取前 27％的被试组成高分组，后 27％的被试组成低分组，比较两组的志愿精神是否存在差异。

表 7-43 数据显示，高、低自我效能感组在大学生志愿精神认知上达到显著性水平（p＝0.000＜0.01），高自我效能感组得分显著高于低自我效能感组。高、低自我效能感组在大学生志愿服务情感上达到显著性水平（p＝0.000＜0.01），高自我效能感组得分显著高于低自我效能感组。高、低自我效能感组在大学生志愿服务行为倾向上达到显著性水平（p＝0.000＜0.01），高自我效能感组得分显著高于低自我效能感组。高、低自我效能感组在大学生志愿精神总分上达到显著性水平（p＝0.000＜0.01），高自我效能感组得分显著高于低自我效能感组。

表 7-43　　高、低自我效能感组大学生志愿精神的差异比较

变　量	维　度	均　值	标准差	t	Sig.（双侧）
志愿精神认知	低自我效能感组	23.5793	5.54665	−11.519	0.000
	高自我效能感组	26.0006	4.21745		
志愿服务情感	低自我效能感组	10.768	2.58887	−16.489	0.000
	高自我效能感组	12.5337	2.41094		
志愿服务行为倾向	低自我效能感组	13.4786	2.87696	−19.106	0.000
	高自我效能感组	15.8298	2.86483		
志愿精神总分	低自我效能感组	47.8259	9.40797	−17.76	0.000
	高自我效能感组	54.3641	7.74796		

3. 一般自我效能感与大学生志愿精神相关及回归分析研究

为了确定一般自我效能感与大学生志愿精神之间关系的密切程度，本研究对一般自我效能感与大学生志愿精神进行了相关分析，结果见表 7-44。

表 7-44　　　　大学生志愿精神与一般自我效能感的相关系数

变　量	志愿精神认知	志愿服务情感	志愿服务行为倾向	总　分
一般自我效能感	−0.028	−0.035*	−0.045**	−0.041*

注：* p<0.05，** p<0.01，*** p<0.001。

表 7-44 显示，志愿服务情感与一般自我效能感（r=−0.035，p<0.05）显著相关，志愿服务行为倾向和一般自我效能感（r=−0.045，p<0.01）显著相关，志愿精神总分和一般自我效能感（r=−0.041，p<0.05）显著相关。假设 2.3 得到验证。

本研究使用逐步回归的方法，以大学生志愿精神总分作为因变量，以一般自我效能感为自变量，探讨大学生的自我效能感对志愿精神的影响。

从表 7-45 中的回归分析可以看出，大学生的一般自我效能感影响大学生的志愿精神，其结果显著，就是说，一般自我效能感对大学生志愿精神有一定的影响作用。但是因为一般自我效能感对大学生志愿精神得分变异的解释仅为 0.2%（$R^2=0.002$）。所以，一般自我效能感只是影响大学生志愿精神的因素之一，还有其他因素影响大学生志愿精神。

表 7-45　　　　一般自我效能感影响大学生志愿精神的回归分析

变　量	β	t	Sig.	累计 R^2
一般自我效能感	−0.29	−2.446	0.014	0.002

（四）小结

大学生人格特质包括爽直、坚韧、利他、重情、随和、严谨、活跃七个方面。调查数据显示，大学生在利他、重情、随和、严谨、活跃等人格特质上存在显著的性别差异，在坚韧、利他、重情、随和维度上存在显著的是否独生子女上的差异，在爽直、利他、重情和随和维度上存在是否学生干部上的显著差异。调查发现，高、低人格特质在大学生志愿精神的三个因子和总分上均达到显著性水平，且高人格特质组大学生的得分均显著高于低人格特质组。其中，爽直、坚韧、重情、随和、严谨和活跃等人格特质得分越高，大学生志愿精神的认知、情感、行为倾向和总分越高，两者之间呈显著的正相关。回归分析显示，影响大学生志愿精神的主要人格特质是随和、利他、坚韧、严谨和爽直，其他人格特质对志愿精神的影响不显著。

人际信任可分为普遍信任和特殊信任两个因子。调查显示，大学生在普遍信任和特殊信任两个因子上存在显著的性别、是否独生子女差异。在普遍信任因子上，女生的得分显著高于男生；而在特殊信任因子上，男生的得分显著高于女生。在普遍信任因子上，非独生子女大学生得分显著高于独生子女的大学生；在特殊信任因子上，独生子女大学生得分显著高于非独生子女大学生。在特殊信任和总分维度上存在显著的是否学生干部差异。大学生人际信任的总分不存在显著的性别、是否独生子女差异，普遍信任的维度上不存在显著的是否学生干部差异。相关分析显示，普遍信任和特殊信任与大学生志愿精神呈正相关，大学生人际信任总分越高，其大学生志愿服务行为倾向越高。回归分析发现，大学生人际信任以及普遍信任和特殊信任两个维度对大学生志愿精神具有一定的影响作用。

参加本次调研的受访对象的一般自我效能感水平较高，他们对自己处理问题的能力自信程度较高。调查发现，大学生一般自我效能感在性别、是否独生子女、是否学生干部上存在显著差异，男大学生的一般自我效能感显著高于女大学生，独生子女大学生一般自我效能感得分显著高于非独生子女大学生，作为学生干部的大学生一般自我效能感的得分显著高于不是学生干部的大学生。数据显示，高、低自我效能感组在大学生志愿精神总分上达到显著性水平，高自我效能感组得分显著高于低自我效能感组。大学生自我效能感与大学生志愿精神总分和志愿服务情感、志愿服务行为倾向存在显著相关，与志愿精神认知则不存在显著相关性。

三 基于人口统计学基本信息的大学生志愿精神比较分析

为了进一步分析大学生志愿精神作用机理的内部差异，本书还就性别、年级、是否独生子女、学生干部与否、政治面貌、是否注册志愿者等基本信息对大学生志愿精神的现状进行差异显著性检验。

（一）大学生志愿精神性别差异显著性检验

我们以性别为自变量，以大学生志愿精神量表三个维度各自总分为因变量，进行差异显著性检验，结果见表7-46。

表 7-46 　　　大学生志愿精神的性别描述统计 （N＝3747）

因　　素	性　别	N	均　　值	标准差	均值的标准误
志愿精神认知	男	1660	23.844	5.333	0.131
	女	2087	25.055	4.738	0.104
志愿服务情感	男	1660	11.293	2.660	0.065
	女	2087	11.647	2.411	0.053
志愿服务行为倾向	男	1660	14.158	3.197	0.785
	女	2087	14.625	2.835	0.621

续表

因　素	性　别	N	均　值	标准差	均值的标准误
总　分	男	1659	49.298	9.5781	0.235
	女	2087	51.328	8.3465	0.182

从表 7-47 中数据可以看出，大学生志愿精神的三个因素与大学生志愿精神总分均存在显著的性别差异，且女大学生的得分显著高于男大学生。国外有研究成果证明"女性比男性更易移入感情并利他""女生比男生表现出更强的亲社会的价值观"[①]。这一结论在本次调研中得到印证，即总体上来，志愿者女生的志愿精神水平在志愿服务认知、情感和行为倾向等方面比起志愿者男生而言要高。

表 7-47　　　　大学生志愿精神性别差异显著性检验（M±SD）

因　素	t	df	Sig.（双侧）	均值差
志愿精神认知	−7.252	3346.946	0.000	−1.211
志愿服务情感	−4.226	3385.287	0.000	−0.355
志愿服务行为倾向	−4.670	3342.745	0.000	−0.46725
总　分	−6.815	3306.237	0.000	−6.815

（二）大学生志愿精神年级差异显著性检验

从表 7-48 和表 7-49 中的数据可以看出，大学生志愿精神的志愿精神认知和总分两个因素的方差齐性检验结果显著，显著性结果均小于 0.05，表明方差不齐性，这两个因素不能做年级差异的方差分析。只有志愿服务情感与志愿服务行为倾向两个因素适合做进一步的方差分析。

---

① ［美］马克·A. 缪其克、约翰·威尔逊：《志愿者》，魏娜等译，中国人民大学出版社 2013 年版，第 166、173 页。

表 7-48   **大学生志愿精神年级描述性统计（N＝3747）**

因　　素	年　级	N	均　　值	标准差	标准误
志愿精神认知	一年级	1236	25.1425	4.71615	0.13415
	二年级	1673	24.3029	5.22219	0.12767
	三年级	695	24.4261	4.90014	0.18587
	四年级	143	22.1056	5.4714	0.45754
志愿服务情感	一年级	1236	11.6693	2.51725	0.0716
	二年级	1673	11.4513	2.53011	0.06186
	三年级	695	11.3278	2.50317	0.09495
	四年级	143	11.1873	2.68804	0.22478
志愿服务行为倾向	一年级	1236	14.7724	2.94837	0.08386
	二年级	1673	14.3001	3.01794	0.07378
	三年级	695	14.1556	3.04633	0.11555
	四年级	143	14.0169	2.99075	0.2501
总　　分	一年级	1236	51.5841	8.48943	0.24147
	二年级	1673	50.0542	9.18926	0.22466
	三年级	695	49.9095	8.87443	0.33663
	四年级	143	47.3099	9.559	0.79936

表 7-49   大学生志愿精神的方差齐性检验

因　素	Levene 统计量	df1	df2	显著性
志愿精神认知	9.491	3	3743	0.000
志愿服务情感	0.896	3	3743	0.442
志愿服务行为倾向	0.594	3	3743	0.619
总　分	5.182	3	3743	0.001

表 7-50 和表 7-51 为大学生志愿精神年级差异显著性方差分析，从表中可以看出，大学生志愿服务情感不存在显著的年级差异（F＝3.842，p＝0.009），大学生志愿服务行为倾向存在显著的年级差异（F＝9.238，p＝0.000）。对大学生志愿精神的年级差异做进一步的Post Hoc 检验，发现：在志愿服务行为倾向因素上，一年级＞二年级，一年级＞三年级，一年级＞四年级。表明一年级大学生志愿精神水平的程度较高，并且随着年级的上升而下降。

表 7-50   大学生志愿精神年级差异显著性方差分析（ANOVA）

因　素		平方和	自由度	均　方	F	显著性
志愿服务情感	组间	73.604	3	24.535	3.842	0.009
	组内	23903.426	3743	6.386		
	总数	23977.029	3746			
志愿服务行为倾向	组间	249.332	3	83.111	9.238	0.000
	组内	33674.752	3743	8.997		
	总数	33924.084	3746			

表 7-51 多重比较 LSD 法

因变量	(I) 年级	(J) 年级	均值差 (I−J)	标准误	显著性	95%置信区间 下限	95%置信区间 上限
志愿服务情感	一年级	二年级	0.21797 *	0.09478	0.022	0.0321	0.4038
		三年级	0.34144 *	0.11981	0.004	0.1065	0.5763
		四年级	0.48193 *	0.22322	0.031	0.0443	0.9196
	二年级	一年级	−0.21797 *	0.09478	0.022	−0.4038	−0.0321
		三年级	0.12347	0.11404	0.279	−0.1001	0.3471
		四年级	0.26396	0.22017	0.231	−0.1677	0.6956
	三年级	一年级	−.34144 *	0.11981	0.004	−0.5763	−0.1065
		二年级	−0.12347	0.11404	0.279	−0.3471	0.1001
		四年级	0.14049	0.23205	0.545	−0.3145	0.5954
	四年级	一年级	−.48193 *	0.22322	0.031	−0.9196	−0.0443
		二年级	−0.26396	0.22017	0.231	−0.6956	0.1677
		三年级	−0.14049	0.23205	0.545	−0.5954	0.3145
志愿服务行为倾向	一年级	二年级	0.47227 *	0.1125	0.000	0.2517	0.6928
		三年级	0.61679 *	0.14221	0.000	0.338	0.8956
		四年级	0.75545 *	0.26494	0.004	0.236	1.2749
	二年级	一年级	−0.47227 *	0.1125	0.000	−0.6928	−0.2517
		三年级	0.14452	0.13536	0.286	−0.1209	0.4099
		四年级	0.28318	0.26133	0.279	−0.2292	0.7955
	三年级	一年级	−0.61679 *	0.14221	0.000	−0.8956	−0.338
		二年级	−0.14452	0.13536	0.286	−0.4099	0.1209
		四年级	0.13866	0.27543	0.615	−0.4013	0.6787
	四年级	一年级	−0.75545 *	0.26494	0.004	−1.2749	−0.236
		二年级	−0.28318	0.26133	0.279	−0.7955	0.2292
		三年级	−0.13866	0.27543	0.615	−0.6787	0.4013

注: * $p < 0.05$, ** $p < 0.01$, *** $p < 0.001$。

（三）大学生志愿精神与是否独生子女的差异显著性检验

从表 7-52 和表 7-53 数据中可以看出，除了志愿精神认知不存在显著的是否为独生子女的差异外，其他因素以及大学生志愿精神总分均存在显著的是否为独生子女差异，且独生子女大学生得分显著高于非独生子女大学生。这说明独生子女大学生的志愿精神水平显著高于非独生子女大学生。

表 7-52   大学生志愿精神与是否为独生子女描述性统计（N＝3747）

因　素	是否独生子女	N	均　值	标准差	均值的标准误
志愿精神认知	是	1379	24.6025	5.10794	0.13755
	否	2339	24.5019	5.01019	0.10359
志愿服务情感	是	1379	11.6592	2.59853	0.06998
	否	2339	11.395	2.49331	0.05155
志愿服务行为倾向	是	1379	14.5922	3.09165	0.08325
	否	2339	14.3226	2.95744	0.06115P
总　分	是	1379	50.854	9.30236	0.2505
	否	2339	50.2196	8.77096	0.18136

表 7-53   大学生志愿精神与是否为独生子女差异显著性检验

因　素	t	df	Sig.（双侧）	均值差值	标准误差值
志愿精神认知	0.587	3716	0.557	0.10059	0.17134
志愿服务情感	3.072	3716	0.002	0.26421	0.08599
志愿服务行为倾向	2.64	3716	0.008	0.26961	0.10212
总　分	2.083	3716	0.037	0.63441	0.3046

（四）大学生志愿精神与是否学生干部的差异显著性检验

从表 7-54 和表 7-55 中可以看出，是否为学生干部和大学生志愿精神认知不存在显著差异，而志愿服务情感、志愿服务行为倾向和总分与是否为学生干部均存在显著性差异，即担任学生干部的大学生，其志愿服务精神认知、志愿服务情感、行为倾向、志愿精神总分显著高于未担任学生干部的大学生。

表 7-54   大学生志愿精神与是否为学生干部的描述性统计（N＝3747）

因　素	是否学生干部	N	均　值	标准差	均值的标准误
志愿精神认知	是	1489	24.7028	5.03378	0.13045
	否	2224	24.4441	5.04773	0.10704
志愿服务情感	是	1489	11.5984	2.52714	0.06549
	否	2224	11.4252	2.53904	0.05384
志愿服务行为倾向	是	1489	14.5947	3.03619	0.07868
	否	2224	14.3114	2.99686	0.06355
总　分	是	1489	50.896	9.0365	0.23418
	否	2224	50.1808	8.92576	0.18927

表 7-55   大学生志愿精神与是否为学生干部的差异显著性检验

因　素	t	df	Sig.（双侧）	均值差值	标准误差值	差分的95％置信区间	
						下限	上限
志愿精神认知	1.532	3711	0.126	0.25871	0.16884	−0.07231	0.58972
志愿服务情感	2.041	3711	0.041	0.17319	0.08486	0.00681	0.33957
志愿服务行为倾向	2.808	3711	0.005	0.2833	0.10088	0.08552	0.48109
总　分	2.381	3711	0.017	0.7152	0.30037	0.12629	1.3041

（五）大学生志愿精神政治面貌差异显著性检验

表7-56和表7-57为大学生志愿精神政治面貌差异描述性统计与方差齐性检验，从中可以看出，大学生志愿精神认知、志愿服务行为倾向和大学生志愿精神总分三个因素的方差齐性检验结果显著（p＝0.000），大学生志愿服务情感的方差齐性检验结果不显著，适合做进一步的单因素方差分析。

表7-56　　大学生志愿精神政治面貌差异的描述性统计（N＝3747）

变　量	政治面貌	N	均　值	标准差	标准误
志愿精神认知	党员	651	22.3545	5.83031	0.22851
	团员	2947	25.0386	4.72086	0.08696
	群众	142	23.7269	5.00824	0.42028
志愿服务情感	党员	651	11.1418	2.57995	0.10112
	团员	2947	11.5796	2.50781	0.0462
	群众	142	11.2446	2.60065	0.21824
志愿服务行为倾向	党员	651	13.8598	3.29405	0.1291
	团员	2947	14.5444	2.92744	0.05393
	群众	142	14.3462	3.07516	0.25806
总　分	党员	651	47.3561	10.32091	0.40451
	团员	2947	51.1626	8.47595	0.15613
	群众	142	49.3177	9.18083	0.77044

表 7-57　　　　　　大学生志愿精神政治面貌差异方差齐性检验

变　量	Levene 统计量	df1	df2	显著性
志愿精神认知	53.814	2	3737	0.000
志愿服务情感	1.567	2	3737	0.209
志愿服务行为倾向	11.762	2	3737	0.000
总　分	42.31	2	3737	0.000

表 7-58 和表 7-59 为大学生志愿服务情感的政治面貌差异显著性方差分析和多重比较 LSD 法分析。从表中可以看出，大学生的志愿服务情感维度存在显著的政治面貌差异。对大学生的志愿服务情感做进一步的 Post Hoc 检验，发现团员＞党员，即政治面貌为团员的大学生的志愿服务情感水平显著高于党员的大学生。

表 7-58　　　大学生志愿服务情感的政治面貌差异显著性方差分析（ANOVA）

变　量	平方和	df	均　方	F	显著性
组间	111.129	2	55.565	8.722	0.000
组内	23807.924	3737	6.371		
总数	23919.053	3739			

表 7-59　　　　　　　　　　　多重比较 LSD 法

因变量	(I) 政治面貌	(J) 政治面貌	均值差(I－J)	标准误	显著性	95％置信区间 下限	95％置信区间 上限
志愿服务情感	党员	团员	−0.43779*	0.10931	0	−0.6521	−0.2235
		群众	−0.10283	0.23378	0.66	−0.5612	0.3555
	团员	党员	0.43779*	0.10931	0	0.2235	0.6521

续表

因变量	(I) 政治面貌	(J) 政治面貌	均值差 (I−J)	标准误	显著性	95%置信区间	
						下限	上限
志愿服务情感	群众	群众	0.33496	0.21686	0.123	−0.0902	0.7601
		党员	0.10283	0.23378	0.66	−0.3555	0.5612
		团员	−0.33496	0.21686	0.123	−0.7601	0.0902

（六）大学生志愿精神与是否学校注册志愿者差异显著性检验

表7-60为大学生志愿精神与是否为学校志愿者组织的注册志愿者差异显著性检验，从中可以看出：大学生志愿精神认知不存在显著的是否是学校某一志愿组织的注册志愿者的差异，其他两个变量和总分均存在显著的是否是学校某一志愿组织的注册志愿者的差异，且是学校志愿组织的注册志愿者的大学生志愿精神得分显著高于不是学校志愿组织的注册志愿者的大学生。这一个结论符合事实，间接证明了这次研究的合理性，提升了研究的信效度。

表7-60 大学生志愿精神与是否为学校志愿者组织的注册志愿者差异显著性检验

变量	是否学校某一志愿组织的注册志愿者	N	均值	标准差	t	df	Sig.
志愿精神认知	是	1634	24.6468	4.85834	1.401	3609.695	0.161
	否	2107	24.4157	5.18876			
志愿服务情感	是	1634	11.6181	2.42483	2.775	3617.746	0.006
	否	2107	11.3889	2.60576			
志愿服务行为倾向	是	1634	14.7252	2.96742	5.528	3739	0.000
	否	2107	14.1789	3.02209			
总 分	是	1634	50.99	8.68855	3.431	3592.826	0.001
	否	2107	49.9834	9.16516			

· 188 ·

（七）小结

本节主要就性别、年级、是否为独生子女、是否为学生干部、政治面貌、是否为志愿组织注册志愿者等人口学基本信息，与大学生志愿精神进行差异分析。调查显示：

第一，大学生志愿精神的三个因素与总分均存在显著的性别差异，且女大学生的得分显著高于男大学生；

第二，大学生志愿精神认知、志愿服务情感不存在显著的年级差异，大学生志愿服务行为倾向存在显著的年级差异，且一年级大学生志愿精神水平比其他年级高，而且因为学业、就业等因素的影响存在随着年级上升志愿精神水平反而下降的状态；

第三，除了志愿精神认知不存在显著的是否为独生子女的差异外，志愿服务情感和志愿服务行为倾向以及大学生志愿精神总分均存在显著的是否为独生子女的差异，独生子女大学生得分显著高于非独生子女大学生，其原因尚需进一步探讨；

第四，是否为学生干部和大学生志愿精神认知不存在显著差异，而志愿服务情感、志愿服务行为倾向和总分与是否为学生干部均存在显著性差异，即担任学生干部的大学生的志愿服务情感、行为倾向、志愿精神总分显著高于未担任学生干部的大学生；

第五，政治面貌为共青团员的大学生志愿服务情感水平显著高于已经是中国共产党党员的大学生；

第六，学生志愿精神认知不存在显著的是否是学校某一志愿组织的注册志愿者的差异，志愿服务情感、志愿服务行为倾向两个变量和总分均存在显著的是否是学校某一志愿组织的注册志愿者的差异，且是学校志愿组织的注册志愿者的大学生，其志愿精神得分显著高于不是学校志愿组织的注册志愿者的大学生。

第八章

志愿精神与大学生成才、成长的质性研究

　　志愿精神是志愿服务的精髓，是志愿服务行动的精神动力；志愿服务是志愿精神的行为外显。综观国外对于志愿精神的研究，很少从其本身进行研究，往往是通过对志愿服务的研究来反映志愿精神。在选择利他的公益行动之时，成千上万的大学生志愿者在各自不同的志愿服务岗位上深切体验志愿服务不仅仅是一种单向的爱心奉献，还是一种自我快乐收获、心理满足、能力发展、价值实现的过程，志愿服务对于大学生志愿者的成才、成长来说有着重要的个体效应。本章内容我们将通过质性研究的方法来探讨志愿精神的弘扬和志愿服务行动对"大学生心理成长"[①]、职业能力发展和道德发展的效应。

一　志愿精神与大学生心理成长的深度访谈

　　随着志愿精神的逐步推广，志愿服务逐渐成为大学生成才、成长的重要途径。据共青团中央统计，"截至 2013 年 11 月底，全国所有

---

　　① 卓高生：《志愿服务对大学生心理成长影响的质性研究》，《城乡社会观察》2014 年第五辑。

的省区市和市地州盟、2763 个县市区旗，以及 2000 多所高校建立了
青年志愿者协会，并建立了 13 万个志愿服务阵地，形成了比较完善
的组织体系；经过规范注册的青年志愿者达 4043 万。据不完全统计，
注册志愿者在过去一年，向社会提供了 6.9 亿小时的志愿服务"①。志
愿服务是一种高层次的亲社会行为，是个体出于自愿的助人行为，培
养大学生的志愿精神，积极开展志愿服务活动，不仅有助于营造良好
的社会氛围，也有利于大学生个体的自我发展。作为有生命的个体，
不仅有生存的需要，更有享受和发展的需要。大学生志愿者出于自愿
奉献自己的时间、知识、技能等从而与他者发生利他互动，他们在社
会公益领域践行公平、正义、爱心、互助的价值理念，带给他人的将
是物质利益和精神利益，倡导了一种积极的道德精神、良好的社会风
尚。传统我们理解的利他行为、无私奉献固然是高尚的，但是满足志
愿者主体生存与发展的需要是大学生志愿服务可持续的坚强后盾。在
志愿服务的各种场域，大学生志愿者是否能收获意义世界的丰满，是
否伴随心理的成熟与发展？其心理成长又是受到何种因素的牵引而实
现的？本研究将通过对参与志愿服务的大学生志愿者进行访谈，探索
性地研究志愿服务对大学生心理发展的影响，研究大学生志愿者心理
发展的内在机制即谋求心理健康、和谐发展的动因何在，新时期作为
志愿者的大学生自我发展完善的内在需求与外在环境的互动又是如何
促使志愿者坚守公益服务的理想的。

（一）已有相关研究及不足

人类实践以功利为基础，并在主客体之间建构起事实上的多重价
值关系。志愿者是基于一种普遍性地为社会提供服务的公益性动机而
进入公益的意义领域的，它与"自我利益（或效用）最大化的追求
者"有着质的区别。在与陌生者发生利他性的互动关系时，志愿者更
多的是付出而不是接受社会援助，其结果对于志愿者一方而言是志愿

---

① 马婷婷：《截至 2013 年 11 月底 中国注册青年志愿者达 4043 万》，2013 年 12 月 2
日，中国新闻网（http://www.gov.cn/wszb/zhibo588/content_2539800.htm）。

服务工作带来的身心健康，这从动机抑或是客观的公益效果来看都是可以理解的。国外学者对此展开深入研究。Wuthnow（1991）[1] 经过调查发现志愿者"常要表示帮助他人让自己觉得幸福"，活跃于社会各领域的志愿者也可能会认为"成为社会中积极而有效的成员是真正的回报，并带来了正面的精神收益，如更强的自尊心、自信心和对环境的控制意识"（Midlarsky[2]，1991）。Omoto[3] 等人（1993）发现经过与艾滋病患者共同工作 12 个月后，志愿者觉得不再像以前那样孤独，也比以前更加自信。Thoits 和 Hewitt（2001）[4] 利用 1986 年和 1989 年的数据考察了志愿服务对心理健康变化的影响，并得出志愿者的"生活满意度、幸福感、自尊和控制意识都与志愿服务时间呈正相关关系"。Piliavin[5]（2003）同样也表达了类似的观点，在服务对象整体状况改善之时，志愿者发现可以通过自己的努力为社会带来正能量，这种自我效能感与更好的心理健康呈正相关关系。就志愿服务与心理健康的关系，国外学者研究对象主要选择的是老年人群。Wheeler[6]等人（1998）对 16 项关于老年人参与志愿服务的研究进行了元分析，根据不同的生活满意度测量指标得出了志愿者享受到了"更

① Wuthnow，Robert. *Acts of Compassion*：*Caring for Others and Helping Ourselves*，Princeton：Princeton University Press，1991.

② Midlarsky，Elizabeth. "Helping as Coping"，in *Prosocial Behavior*，ed. Margart Clark. Newbury Park，Calif.：Sage，1991，pp. 238—264.

③ Omoto，Allen，Mark Snyder，and James Berghuis. "The Psychology of Volunteerism：A Conceptual Analysis and a Program of Action Research"，in *The Social Psychology of HIV Infection*，ed. John Pryor and Glenn Reeder. Hillsdale，N. J.：Lawrence Eerlbaum Associates，1993，pp. 333—356.

④ Thoits，Peggy，and Lynda Hewitt. "Volunteer Work and Well−Being"，*Journal of Health and Social Behavior* Vol. 43，2001，p. 115—131.

⑤ Piliavin，Jane. "Doing Well by Doing Good：Benefits for the Benefactor". ed. C. L. Keyes & J. Haidt. *Flourishing*，*The Positive Person and the Good Life*，Washington，D. C.：American Psychological Association. 2003，pp. 227—247.

⑥ Wheeler，Judith，Kevin Gorey and Bernard Greenblatt . "The Beneficial Effects of Volunteering for Older Adults and the People They Serve". *International Journal of Aging and Human Development*. Vol. 47，1998，pp. 69—80.

高的生活质量"的结论。Midlarsky 和 Kahana（1994）[1] 发现，老年志愿者比非志愿者在健康指数上的得分更高，该指数综合了斗志、幸福、主观社会融合和自尊几个方面的内容。另一项对美国 55 岁及以上成人的研究发现，做志愿服务工作的退休人员更可能对退休生活表示"非常满意"或"比较满意"。（Butrica & Schaner，2005）[2]

　　国内学者更多是将志愿服务与道德教育的相关命题结合进行研究，把志愿服务与心理健康、心理成长或发展融合研究的较少。郑碧强[3]（2011）采用"非结构性深入访谈法"对福建"同人心桥"心理咨询热线志愿者进行志愿服务与心理需求满足的实证研究，项目围绕"成就感、自我成长、兴趣、身体健康、人际关系、归属感"等主题来探讨肢残人志愿者心理成长；沈潘艳[4][5]、辛勇、郑南柯等人（2012）就志愿者活动与大学生心理成长的关系做了理论上的阐述，并用质性研究方法探索分析了志愿服务与大学生志愿者个体心理、群体心理和民族心理的关系。荀轶文等人[6]（2009）用个性成熟度量表和自信心量表对 2008 年奥运会期间参与志愿服务的志愿者进行抽样调查，研究发现，奥运会作为强刺激因子，对学生志愿者的个性成熟和自信心起促进作用。冯珊珊等（2011）[7] 围绕志愿者的心理健康与志愿活动的关系展开研究，指出志愿服务扩大了人际交往圈、有利于

①　Midlarsky，Elizabeth and Eva Kahana. *Altruism in Later Life*. Thousand Oaks，Calif.：Sage，1994.

②　Butrica，Barbara and Simone Schaner. "Satisfaction and Engagement in Retirement". *The Retirement Project：Perspectives on Productive Aging*.（Number 2）. Urban Institute，2005.

③　郑碧强：《志愿服务参与对企业肢残员工心理健康影响研究——以福建"同人心桥"心理咨询热线志愿者为例》，《东南学术》2011 年第 3 期。

④　沈潘艳、辛勇：《志愿者活动：大学生心理成长的依托》，《黑龙江高教研究》2012 年第 9 期。

⑤　沈潘艳、郑南柯、王斌：《大学生志愿者的心理成长——对 15 名大学生志愿者的深度访谈分析》，《学术探索》2012 年第 12 期。

⑥　荀轶文等：《部分学生志愿者参与奥运会服务前后的心理变化分析》，《中国学校卫生》2009 年第 8 期。

⑦　冯珊珊、赵久波：《志愿者的心理健康与志愿活动关系》，《中国社会医学杂志》2011 年第 2 期。

调节心理健康状况；但是，志愿者在特殊情况尤其是在面临重大灾难地区从事志愿服务活动所处的应激状态也可能会带来心理上的创伤，需要对志愿者的心理健康状况进行监控和防护。

从国内外现有研究来看，学者们认为志愿服务对于个体心理发展（健康）的研究较多，尤其是从一般志愿者和以老年人为研究对象的理论逻辑推导与假设验证，指出志愿服务对于提高个体的社会认知力，促进个体的正向情绪体验，提升自我认识、人际交往、社会适应力等都有很大的帮助，但对于大学生志愿者心理成长影响的内在机制缺乏深入细致的实证研究。个体内在发展的需求与家庭、学校、朋辈群体、媒体等外部社会支持于志愿服务过程中又在何种程度上影响大学生的心理成长，这正是本书探索研究的一个问题，具体研究思路如图 8-1 所示。

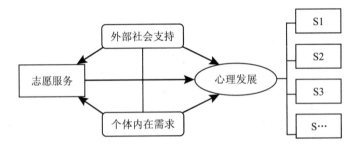

图 8-1　志愿服务对大学生心理发展的影响及动力机制结构

（二）研究方法与工具

本书采用质性研究中的深度访谈法和小组焦点访谈法。"访谈是建立在这样一种信念之上的，即通过语言交流，人可以表达自己的思想，不同的人之间可以达到一定的相互'理解'；通过提问和交流，人可以超越自己，接近主体之间视域的融合，建构出新的、对双方都有意义的社会现实。"[①] 通过访谈，研究者设身处地地与志愿者搭建良性的互动关系，把研究对象置于丰富、复杂、流动的自然情境中进行

---

① 陈向明：《质的研究方法与社会科学研究》，教育科学出版社 2000 年版，第 171 页。

考察，将焦点聚集于志愿服务活动中志愿者心理成长的过程、意义和理解，在访谈中传达志愿者具体而丰富的"日常生活"并获得深度的"意义探索"和"解释性理解"（interpretive understanding）。相对于量化研究而言，质性研究可以在微观层面就志愿服务对大学生心理成长的影响进行更为深入细致的描述和分析。"由于强调以当事人的角度看待问题，重视研究者个人与被研究者之间的互动，这种研究方法给参与研究的人以极大的尊重。"① 这种具有"人文关怀"和体现"平民意识"的研究方法要求研究者"在研究对象的实地背景下，试图对人们赋予意义的现象作出理解和阐释"②。

本研究遵循质性研究的"目的性抽样"原则进行半结构式深访，即抽取那些能够为本研究提供最大信息量的研究对象。访谈分预访谈和正式访谈两个阶段。预访谈的对象主要为目前从事支教服务的大学生志愿者 12 人，其中男生 5 人，女生 7 人。正式访谈为对 30 位有一年以上支教经历的大学生志愿者③围绕"志愿服务对心理成长的影响、志愿者心理成长的内部动因和外部支持因素"进行探索性访谈，以寻找志愿者心理成长的生态环境并构建解释理论。受访者中男生 13 人，女生 17 人；其中一、二、三年级学生比为 6∶18∶6。正式访谈事先拟订详细的提纲，让受访者选择访谈地点，访谈内容实际进行中不局限于访谈提纲范围，可根据访谈对象适当调整和应变。访谈时间为45～90分钟。访谈中除了通过互动询问相关问题外，访谈员统一进行访问培训，要求在访谈过程中充分考虑与受访者保持亲密、尊重、信任的关系及访谈氛围等影响因素。在征求访谈对象同意的情况下，记录员配合访谈员进行现场记录与录音并将其转化成为逐字稿，形成8.5万字的原始访谈资料。

① 陈向明：《质的研究方法与社会科学研究》，教育科学出版社 2000 年版，第 9 页。
② N. K. Denzin & Y. S. Lincoln. *Handbook of Qualitative Research*. Thousand Oaks, C. A.：Sage，2000，p. 2.
③ 受访志愿者来自温州大学知心姐姐志愿服务队、2013温蜀夏令营暑期社会实践队、侨界留守儿童志愿服务队等。

访谈资料的分析，主要采取"扎根理论"[①] 的操作程序进行，采用分析软件 NVIVO 8.0 对采集信息进行编码和类属分析，编码分为三个阶段，即一级编码（开放式编码）、二级编码（轴心编码）和三级编码（核心编码）。

（三）访谈结果与分析讨论

特里弗斯从个人的适应性角度将所谓的利他行为定义为"对另一个与自己无甚关联的生物体有益，但对执行这种行为的有机体有明显损害的一种行为"[②]。在他看来，利他行为会产生相互利他行为，乐善好施者会从自己的行为中得到收获。大学生志愿者通过奉献自己的时间、知识、技能等与他人发生积极的利他互动，对于志愿者而言，在行为发生的主体关系间承载的互惠收益或回报更多的是精神层面的。这种道德利他行为的效力实现过程就是大学生自我礼法、自我观照、自我裁断的过程，包括个体心理在大学阶段所发生的较持久的积极变化。

1. 志愿服务促进大学生的心理成长

通过对志愿者访谈资料的分析整理，我们发现大学生志愿者在参与志愿服务的过程中，对其自身的心理成长效能具有以下 6 个方面。

第一，拓宽了大学生了解社会的渠道。大学生心理成熟、不断成长的重要标志就是主动面向社会、广泛了解社会、正确认知社会。"我国当前正处在一个大变革时期，这个变革包括几千年沿袭下来的文化、观念的变革，因此人群中不可避免地会出现因适应不良而产生的各种心理障碍。"[③] 因而，走出校园积极参与各种志愿服务活动，接触外面的精彩世界，这是多数大学生志愿者主动适应社会、寻求并实现心理成长的诉求。

去四川支教的大学生志愿者张同学说：

① 陈向明：《质的研究方法与社会科学研究》，教育科学出版社 2000 年版，第 332—335 页。

② 马向真：《道德心理研究》，江苏人民出版社 2007 年版，第 110 页。

③ 杨世昌、张迎黎：《大学生心理健康教程》，科学出版社 2011 年版，第 13 页。

作为一种社会动物，人应是不断交流的，不断地去发现和接触不一样的人和事情。这次去四川支教，我发现那边的风土人情的确是迥异于浙江的……那边的人相对来说都很诚实、很热情、很大方、很淳朴。特别是我们吃饭的饭馆老板，虽然我们每天钱给的不多，但得知我们是大学生志愿者来那里支教，他能多给肉就多给肉，真的很是感动。（ZKJ①）

参加过戒毒帮教的志愿者倪同学说：

大一暑假时参加戒毒帮教志愿服务活动，让我认识到社会的另外一面。生活中我几乎在这之前从没有看到过真正吸毒的人。和那些与我们年纪相仿的吸毒者交谈的时候，我深切地感知到毒品对吸毒者、家庭和社会的危害。所以，我觉得我们的帮教活动也是很有社会意义的。（NYW—1）

"知心姐姐"的志愿者刘同学说：

我们"知心姐姐"有民工队、海岛队、留守儿童队。去民工子弟学校的时候，我发现这些孩子的父母亲在外打工，经济生活条件不是很富裕，且对孩子教育的关注也不是很够。还有侨界留守儿童，他们更多的时间是跟着爷爷奶奶，缺乏一种父爱或者母爱。我们真心想通过自己的介入促进他们集体的沟通和交流，帮助他们寻找童年的快乐。（LDZ—1）

在访谈中，我们发现在当代大学生面临传统观念变革、价值体系坐标选择、全新生活方式适应等诸多问题的时候，志愿服务对于志愿者而言是一个调适心理、加强社会认知、提升社会参与意识的重要方式。

---

① 本研究对所有访谈对象均取姓名首字母代替，下同。

第二，满足了大学生人际交往的心理需求。马克思指出："一个人的发展取决于和他直接或间接进行交往的其他一切人的发展。"① 大学生个体的发展是在一定的社会关系中实现的，是通过人际交往得以体现的。受访的30位大学生志愿者表示志愿服务促进大学生"人际交往心理需求满足"，经过编码有35个参考点。

志愿服务有助于克服大学生人际交往的心理障碍。有一年多志愿服务经历的大二志愿者说：

> 本来我是一个比较内向的人，过去说话也可能比较腼腆，但在志愿服务中和小朋友、老师打交道多了，感觉脸皮厚了，说话也利索了。（KQN）

> 还有就是交流会更加主动了，更愿意跟别人谈一些事情，愿意把自己的想法跟别人分享和讨论。（WLJ）

> 至少没进"知心"之前，在讲台上给学生上课那是不敢想象的，但是这几次分到的任务都是做主题班会活动，经过小组队员的设计，通过和学生的交流之后，我发现自己上台能非常顺利地完成预定的目标，自我感觉还蛮好的，也不紧张。我想下次再有类似的机会，紧张恐惧的心理应该会少很多的。（SY）

我们发现志愿服务参与深入程度对于克服大学生社交的自卑、恐惧、羞怯、自负、自我中心等心理障碍具有正相关性。

志愿服务有助于扩大大学生人际交往的关系圈。

> 我是从大一加入校青协开始接触志愿服务活动的，现在也待在校青协。暑期社会实践公益活动我也参加了两次。第一次去的是戒毒帮教活动，这次是去四川给小学生支教。我觉得两次外出

---

① 中共中央马克思恩格斯列宁斯大林著作编译局编：《马克思恩格斯全集》（第3卷），人民出版社1960年版，第515页。

的活动，有一点感觉是相同的，就是交到了很多热心公益的朋友嘛。（NCY－2）

我们队伍里有来自不同学院、专业、年级的同学，有来自杭州、宁波、绍兴的，还有来自贵州、四川的，能认识这么多的朋友感觉还是挺开心的。（MMM－2）

本来我们这帮志愿者也都是不认识的，但是因为志愿服务我们走到了一起……还有和那边校长、老师的交流也挺多的，他们对我们的活动也是很支持的，还说等我们毕业了以后还可以到他们那边找工作。（CC）

大学生志愿者通过志愿服务实现人际交往关系圈的扩大能为未来的发展提供社会资本的有益储备。

志愿服务有助于满足大学生心理成长的情感需求。

小朋友都挺可爱，很纯真。我觉得教他们更多的不是知识，而是和他们相处。能有机会再次进入孩童的心理世界，也想起了自己的美好童年，很满足很开心。（GLY）

有时是风里来雨里去，坐车来回三四个小时，感觉很累的，但最重要的是我在坚持中收获了志愿服务带来的感动、感恩、快乐、愉悦、幸福……和小朋友相处的时候，他们总是能给我们非常蓬勃的希望，有股正能量在激励着我们。（YY）

多数志愿者受访的时候表示志愿服务给他们带来的更多是"开心、快乐、有成就感"的情感满足。

志愿服务有助于培养大学生人际交往的良好品质。

首先在与那边的领导老师交涉必须要有礼貌，你代表的是我们 WZ 大学的一个队伍的形象过去，那你去跟老师交涉要有礼貌，然后讲话的话也要注意方式，打电话也要注意时间，适不适

合打这个电话等问题都需要思考。(MMM－2)

> 我觉得人与人之间的相处是相互的，建立在相互信任的基础上，这样才会有更进一步的交流。就像"知心姐姐"去小学里面，首先是那边的学校对我们"知心姐姐"的信任，然后我们上课和小学生的沟通交流是建立在他们相信我们能教会他们一些东西的基础上，我们组员间也非常的有信任感。只有信任才能使得活动正常开展。(HFY－2)

志愿服务能让大学生逐渐树立平等、尊重、信任、真诚等良好的人际交往心理品质。

第三，增强了大学生志愿者的自我意识。费希特曾说："一切生活都以自我意识为前提，只有自我意识才能够把握生活，使之成为享受的对象。"① 大学生个体自我意识的确立是在其成长过程中逐步形成和发展起来的，是对其自我"生理状况（生理自我）、心理特征（心理自我）及自己与他人的关系（社会自我）的认知，它包括自我认知、自我体验和自我调节"② 。新时期，个性张扬、敢于冒险、追求挑战的大学生群体通过参与志愿服务进一步强化了自我意识。

志愿服务促进大学生的自我认知。

> 我们一个团队，大家脾气秉性不一样，和大家相处我觉得自己有很多不足，但大家都很包容我。(DHQ)

> 在性格方面，和他们（小学生）接触下来，我发现自己更多的是温和而不是很严格的那种人，可能对自己会有更深入的了解吧。(WLJ－3)

> 有一次大一师妹在临上课前电脑出现了故障，PPT又不能演示，弄得很着急，后来求助于我替她上课。我临时把原有自己备

---

① ［德］费希特：《极乐生活》，于君译，光明日报出版社 2009 年版，第 12 页。
② 陈楚瑞：《大学生心理发展与健康教育》，东北财经大学出版社 2011 年版，第 41 页。

过课的内容和学生进行了互动交流。事后想想自己也还是挺厉害的，觉得自己随机应变的能力还是挺好的。（WLJ—4）

志愿服务参与的过程让大学生志愿者对"我是谁""我是个什么样的人"等问题有更加清晰和正确的自我认知。

志愿服务有利于大学生的自我体验。自我体验即"主观自我对客观自我产生的情绪体验，是一种自我的感受"①。

参加了温蜀夏令营之后，感觉很多时候你觉得不可能的事，其实都是可以用实际行动来解决的。比如说我们前期联系学校，你一个浙江人，通过电话的形式去联系四川那边的学校，让他们同意你来支教，这在我以前看来是不可能完成的任务，毕竟他们对你没有任何的接触和了解，但最后经过我们的努力还是顺利解决了这个问题。经过这次实践，我发现很多事情只要你有足够的努力、进取就有成功的希望。（ZFF）

在和小朋友一起交流的时候，觉着自己更有爱心和耐心了，我挺喜欢自己这种状态的。（DYR）

在"知心姐姐"待了一年多，感觉处事也淡定了一些，和别人交流比原来自信了好多。（YJ）

有一次上课我让两个女同学起来朗读并让同学们点评，之后用掌声奖励那个读得好点的同学，可另一女生坐下就马上哭了。那时我觉得自己不知不觉地伤害了一个学生。所以现在想想做好一个老师还要不断地反思成长，只有这样才会更加成熟。（WLJ—5）

志愿服务的阅历不断丰富大学生志愿者包括自尊心、自信心、挫折感等自我体验，在学习和生活中不断地追寻"我是否喜欢自己""我是否满意自己"等问题的答案。

---

① 陈楚瑞：《大学生心理发展与健康教育》，东北财经大学出版社 2011 年版，第 41 页。

志愿服务有利于提升大学生的自我控制。自我控制是自我意识的意志成分，是对自己行为和思想的控制以达到期望的目标。

> 我们是定期每周都有人要过去丁字桥小学的，有时还真是风里来雨里去，坐车来回三四个小时，感觉很累的，但最重要的是我们在坚持中收获了志愿服务带来的感动、感恩、快乐、愉悦、幸福。（YY－2）

> 都到了成都，我们却碰上四川发大水，路上有塌方，桥梁被冲垮，还有泥石流什么的，学校也担心我们安全问题，甚至建议取消行程。可是大家围在一起决心都很（坚定），都异口同声说要去。我们一帮人真正感受到团结就是力量。因为，那时彼此信任，相互鼓励。（KJN）

在面临其他可以替代的思想或行为的时候，大学生志愿者通过坚守自己的志愿服务行动，致思于"我应该做什么""我可以选择如何做""我应该成为什么样的人"的问题。

第四，培养了大学生志愿者的团队合作意识。团队合作意识是个体独立性、团体协作性、目标一致性的统一，是大学生志愿者成才、成长的重要心理品质。志愿者在一个组织里完成一项任务，需要彼此发挥特长；同时又要有效协调，彼此尊重，相互信任。可以说，一个高效团队的强大竞争力不在于成员个体能力的卓越，而在于其成员形成的整体凝聚力、向心力。在校期间参加志愿组织的志愿服务活动将有助于大学生团队合作意识的培养。

一个优质的团队必然会有一个善于凝聚队员的领导者，学生志愿组织也应是如此。

> 让我最开心的就是从开始到结束，都没有发生过一次争执，大家都是遇到什么问题好好地坐下来商量讨论，这一点跟队长有很大关系。队长是上一届的队员，抗压能力很强，解决问题的效

力也很高，做事很认真。但玩的时候也可以很嗨、很开心，所以队长身上有很强的凝聚力、向心力，我们队员们对她是很有信任感、信赖感的。（DHQ－2）

一个人敷衍了事，两个人相互推诿，三个人则永无事成之日。华盛顿合作定律告诉我们要想取得成功，必须放下个体，投入集体，彼此合作。

　　我们来自不同的学院，有不同的专业背景，个性、兴趣爱好、特长也有差异，但是参加这个活动的人基本上都是有爱心的人，所以挺好相处，而且坚信团结就是力量。在一年多的活动中，我们有分工但不分家，彼此关爱，相互欣赏，扬长避短，资源共享，拥有默契，在志愿服务中我对"一个好汉三个帮"的认识更加深刻了。（GLY－2）

　　平常自己也做一些学生工作，自以为经验比较足，凭借自己一个人的力量就能干好，但后来发现自己力不从心。有两次还因为自己的固执、自负影响到了活动的顺利进行。这次实践活动真正让我认识到团队合作的重要性。（GLY－3）

当我们徘徊于迷途的时候，团队的力量将会是我们可靠的向导。

　　暑假为期20多天的支教历程，还有前期的策划、设计、组队、外联、后勤、实施等环节对于社会阅历欠缺的学生来说其困难是难以想象的，一些看似不可能的事情我们最后都顺利地解决了，这离不开队员们彼此间给予的力量，离不开团队志愿服务信念与愿景的支撑。（LJW）

　　文艺会演环节我负责节目策划，刚开始弄得我焦头烂额、不知所措，后来我就跟大家商量，各抒己见，最后节目串起来还挺丰富的，效果也很好，有朗诵、舞蹈表演、唱歌、T台秀……也许做的过程非常累，但真正做完之后来回味，毫不夸张地说，这可能是我这辈子最好的一个经历之一，没有团队的配合协作是不可能完成这段美好的记忆的（微笑）。（DHQ－3）

第五，培育了大学生的公益行动理想。理想是人对自己未来的希望和憧憬，是人对自己命运的期待和关怀，它是主体实现最高需求的内在动力，是人们在实践中形成的具有实现可能性的对未来的美好向往和追求。作为引领大学生心理成长的重要途径，大学生志愿服务通过志愿者的青春智慧践行着责任和使命。青年志愿者在高扬理想、脚踏实地、甘于奉献中收获了成长和进步，明确了青春方向和人生目标，培育了公益行动的理想。

理想走在行动的路上。作为学生活动积极分子的志愿者 LJW 受访时说：

> 我比较早就接触了有关公益或志愿者这方面的事，这次是第四次支教旅程。之前去过贵州铜仁、江西上饶、云南丽江，这次是去四川广元。我觉得支教是一种责任模式，是一种基于公平和正义而关怀社会的行动。我们要让社会中相对弱势的人群能通过我们的行动感受到还是有很多人去关心、爱护他们的，我们的社会还是一个充满爱意的社会。

在校青年志愿者协会担任干部的志愿者 WWR 说：

> 作为男生，现在趁着自己有精力有时间还能跑就多去外面看看，尝试一些新鲜的东西。我大学毕业以后考虑去参加那个"两项计划"，去西部如新疆、四川、云贵高原支教。我父母是希望我大学毕业后尽量能找个稳定的工作，但是我觉得工作什么时候都可以找，但是那种经历、机会错过了真的就没有了。所以我的想法是大学毕业后先去那边做个一年或者两年，后面工作吧。

坚持了三年志愿公益活动的志愿者 LXL 告诉我们：

> 我期望看到的是我们身边的同学都很自觉的参与志愿服务活动，也不一定就是为了 40 小时义工换学分，而是发自内心地本着自觉责任感的动机；当我毕业之后，在工作之余也会有一帮人一起做公益，这在我看来是非常幸福的一件事，因为我们得到的比我们实际付出的我认为要多一些。这可以算是我对未来社会生活的公益愿景吧。

访谈中，多数志愿者都表示愿意将志愿服务参与持续进行下去，因为"我志愿，我快乐"。

当然，我们访谈的结果也并非全部如上述理想之状态。第一，部分志愿者在服务过程和效果方面因为"跟风"或"功利化过重"而"掺杂了一些水分"，"志愿服务对我心理成长促动作用不甚明显"。第二，部分学生参与志愿服务"被动"化行为倾向明显，服务参与深度不够，存在志愿服务"搭便车""出工不出力"等现象，"我不愿为做好志愿服务项目而耗费这么多时间"。第三，志愿精神尚未充分认知，有简单应付心理，存在只为学校规定 40 个志愿服务小时可换课外教育 1 学分而报名参加志愿服务的短期行为；志愿服务参与的阶段性特征较明显，大一、大二学生参与积极性高，大三、大四因学业、就业等原因逐渐退出，志愿服务参与的可持续性面临挑战。

2. 大学生志愿者心理成长的动因分析

大学生志愿者心理成长的过程是其心理内部的矛盾关系及其与外部的矛盾关系的互动过程，是内在转化和外部制约的辩证统一过程。大学生志愿者心理成长的内部矛盾"即心理内部不断出现新的成长需要与原有心理成长水平之间的矛盾运动"[①] 是心理成长的主要动力；外部矛盾即"家庭、学校、社会、媒体等不断提出新的成长目标或要

---

① 张劲：《心理轨迹的探索——大学生心理成长阶段的特点分析》，《浙江大学学报》1995 年第 2 期。

求与个体现有的成长水平和需要之间的矛盾是心理成长的助长动力或间接动力"①。大学生心理变化的积极成长趋势决定于志愿者行动的内部主动力，但又受到外部因素的影响。访谈中，我们以"你从事志愿服务动力是什么"开始发问，迎着大学生志愿者心理成长的内外动力开始归因的挖掘。

第一，大学生志愿者心理成长的内部动力。根据张劲（1995）的观点，笔者对大学生志愿者心理成长的内部动力做了先天原初和后天习得的两类分法，前者指的是大学生自我心理发展完善的内在倾向，如性格特质。

> 我觉得自己原来就挺有爱心的，看到一些弱势群体和一些需要帮助的人的时候，恻隐之心都是有的；所以，在我力所能及的范围内，我还是愿意选择帮别人的。（DYR）

后者指大学生在社会化过程中追求自我实现的个体外在行为倾向。

> 志愿服务对于我来说是一个共同成长的过程，心理辅导既是我的专业又是我要参加志愿服务的具体工作，当初加入"知心姐姐"的出发点也是想把自己的专业理论知识更多地加进一些实践，与小朋友面对面聊天谈心，大概会知道有一些什么问题，所以参加"知心姐姐"的志愿服务活动，对我来说也是一种成长和深化的过程。（ZPH）

志愿者女生 DHQ 说：

> 读大学之前我连自己家乡都没有出去过，一个女生现在要去这么远的地方，虽然说有同学老师在一起，父母亲担心总还是有的。但我还是很坚定自己的志愿服务旅程的，就觉得应该要对自己的成长负责了。

---

① 张劲：《心理轨迹的探索——大学生心理成长阶段的特点分析》，《浙江大学学报》1995 年第 2 期。

访谈中我们发现，大学生志愿者心理成长的内在动力越强，其参与的时间越长，收获越大，感悟越深。

第二，大学生志愿者心理成长的外部动力。大学生志愿者心理成长的外部动力主要源于对其影响较深的家庭、学校、同辈群体和媒体等环境的影响。首先，家庭环境对个体的影响。

> 我最初做公益是因为我外公，他是抗美援朝老兵，经常向我灌输做人要有道德底线的思想，无论何时何地都要存一颗善心，与人为善。我爸爸和妈妈也经常去社区服务中心做义工，还有我姐，她是一名大学毕业生，在学校里面经常做义工，她现在献血应该有4000毫升了。我觉得家庭的公益氛围对我促动蛮大的。(LJW)

其次，学校环境的影响。

> 学校推行40个志愿服务小时换1个课外素质拓展学分，我认为它是鼓励并开启大学生志愿服务行动的一个举措。实际上我们个体的道德情操或者觉悟是有差异的，志愿者小时可以换学分，以利诱之，可能是次优的策略。在志愿服务的过程中，不断认知、调整或成熟，我们的社会责任感可能会更加强烈，善行可能会更加坚定。(ZKJ)

再次，朋辈群体的影响。

> 大一我还没加入"知心姐姐"，同寝室里有几个室友比我早进了一个多学期，听他们每次回来讲孩子的事情、自己的收获，我也有些心动了；那时觉得我一个男生加入"知心姐姐"和一帮女生在一起总觉得挺别扭的，但看看我身边的同班同学课外生活这么丰富，还认识了好多其他专业的男女同学，后来自己在第二个学期就申请加入当知心哥哥了。实际上知心哥哥很少，当然也很受学生欢迎的。(HJH)

最后，媒体的影响。

生活中我们经常能从电视、报纸、网络上看到关于志愿者的消息，对志愿者的一些情况还是有点了解；还有现在 QQ、微信、微博、微视等信息传播手段很多，我们身边关于志愿服务的正能量也是能感染一些人的。（ZPH－2）

笔者认为，大学生志愿者心理成长就是在内外动力之间矛盾互动关系的运动中不断实现的。其中内部动力是根本的、直接的，外部动力是外在的、间接的，它必须通过内动力而起作用。志愿者心理成长就是在内外动力的合力过程中实现的，其结合点就在于大学生志愿服务的实践活动中。对于大学生而言，二力之和的场域首先应扎根于多元主体的学校思想政治教育，即学校教育要求与大学生志愿者心理成长之间保持一种动态的平衡关系，能适当超越大学生志愿者目前的心理成长现状，有提升其心理成长的可能；同时这一超越又不能高到大学生志愿者经过努力也难以达到的高度，这不仅不能有效促进成长，反而可能出现负效应。总结以上动力系统的内外合力关系如图8-2所示。

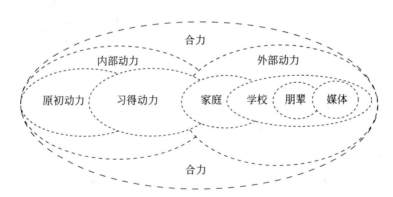

图 8-2　内外动力系统互动形成的成长合力[①]

说明：┄┄表示各动力系统的非封闭性。

---

① 根据张劲《心理轨迹的探索——大学生心理成长阶段的特点分析》（1995）一文改编。

（四）小结

志愿精神是现代社会大学生精神成人的重要内容，是道德水准衡量的重要方面。"道德水准，只有被学生自己去追求，获得和亲身体验过的时候，才能真正成为学生的精神财富。"[①] 研究表明，大学生志愿者的心理成长与其显性的行为投入和隐性的认知与情意投入有关，与内部发展的需求和外部社会支持有关。志愿服务在大学生心理成长方面的积极作用表现在促进大学生主动而正确的认知社会，满足大学生人际交往的心理需求，克服人际交往的心理障碍、扩大人际交往圈、满足心理成长情感需求、培养人际交往良好品质，增强大学生的自我意识，促进自我认知、自我体验和自我控制，培养大学生志愿者的团队合作意识和公益行动理想。可以说，心理成长是大学生志愿者长期行动的重要动力，是志愿者更为丰富、丰满和深厚的心理世界的内在诉求，它应成为志愿者心理科学研究的重要内容。

二　志愿精神与大学生职业能力发展的多个案访谈研究

"一步实际行动胜过一打纲领。"人的本质力量和内在尺度终究需要在具体的客观实际活动中得到进一步的锤炼。青年大学生以志愿服务的形式立足于校内外学习场域，并以个性化的公益实践活动参与验证着他们的能力，考验着他们的素质，开发着他们的潜能，诠释着他们的意义理解，并刷新着青年一代的精神面貌。在培育和践行社会主义核心价值观的过程中，"奉献、友爱、互助、进步"志愿精神落实于青年大学生的具体微观志愿服务活动，并满足着志愿者提升自我发展能力的实际需要。职业能力发展作为高校人才培养的重要内容，其

---

① ［苏联］苏霍姆林斯基：《给教师的建议》（下），杜殿坤编译，教育科学出版社1981年版，第205页。

手段和方式固然可以多样。而志愿服务是否对大学生职业能力发展发生作用，其作用发挥的机理又是什么？本研究将通过对参与志愿服务的资深大学生志愿者进行多个案的访谈，分析研究志愿服务对大学生职业能力发展的影响，研究大学生志愿者职业能力发展的内在机制。

（一）已有相关研究及不足

在社会发展及青年寻求自我成长不断加强的新形势下，大学生参与志愿服务符合社会长远发展需要，有利于满足自身成才、成长的需要。综观国外研究，我们发现已有较多研究成果将职业能力发展和志愿服务参与相结合。志愿者在服务他人的同时也关注自身的成长，正如意大利学者马尔塔和波兹（E. Marta and M. Pozzi）所认为的：“青年志愿者参与志愿服务的动机模式是复合多元的，既有利他的因素，也有自利的因素。”[1] Hall 等人经过调查研究发现：“当时失业的志愿者几乎有一半确信由于志愿服务工作而得到更好的工作机会；已经就业的志愿者中有 1/4 的人相信他们的志愿服务工作帮助他们获得工作。”[2] 之所以能带来更好的工作，总结其原因可以有三个方面：“一是在学校表现更好，有更好的教育证书；二是志愿服务工作是职业训练的一种形式，可以学到一些重要的技能；三是志愿服务工作能与广泛的社会人群建立关系，从而增进工作前景。”[3] Verba 等人也认为“各种志愿服务工作尤其是理想的文职工作能学习较为适用的公民技能”[4]。在加拿大的一项调查研究发现，“有 1/3 的人认为志愿服务工

① E. Marta and M. Pozzi. "Volunteerism During Young Adulthood：An Italian Investigation into Motivational Patterns", *Voluntas*, Vol. 17, 2006, p. 221—232.

② Hall, Michael, Tamara Knighton, Paul Reed, Patrick Bussiere, Don Macrae and Paddy Bowen. *Caring Canadians：Highlights from the* 1997 *National Survey of Giving, Volunteering and Participating.* Statistics Canada, 1998, p. 30.

③ ［美］马克·A. 缪其克、约翰·威尔逊：《志愿者》，魏娜等译，中国人民大学出版社 2013 年版，第 471 页。

④ Verba, Sidney, Kay Lehman Schlozman and Henry Brady. *Voice and Equality：Civic Voluntarism in American Politics.* Cambridge：Harvard University Press, 1995.

作带给他们能直接用到工作或生意中的管理、沟通和人际交往技能"①。由此，志愿服务工作在提高个体的人力资本进而实现成功就业、创业等实际效应方面已经得到各方的关注。

国内将志愿服务和大学生职业能力发展结合进行研究的成果较少。其中，陈雁（2011）以上海世博会315名志愿者为样本就"志愿服务对大学生职业素质和能力的影响"进行了问卷调查，调查显示"志愿服务对于大学生志愿者人际交往能力、沟通协调能力、组织管理能力、分析和解决问题的能力、领导的能力等方面都有了较大的提高"②。王顺茗（2010）从志愿服务与大学生职业道德的培养视角进行了理论阐释，认为志愿服务对"提高大学生的职业道德认知、培育职业道德情感、锤炼职业道德意志、锻炼职业道德行为、提升职业道德品质"③有重要意义，并指出志愿服务对于包括"大学生个体职业能力、社会适应能力和心理素质能力等职业素质"④ 的提升有着积极效应。

回顾国内外相关研究成果可以发现，国外较为重视志愿者个体职业能力发展需要的满足研究，且涉及在校大学生群体、普通市民志愿者和职业能力发展之间的关系；而我国整体在这方面的研究其关注点仍显不够，这和我们长期所奉行的纯粹利他行为注重"无私奉献"的定型文化思维不无关系。因而，新时期结合高校人才培养视角，挖掘、探析志愿服务在大学生志愿者职业能力发展方面的意义诠释并获得价值认同将是本节探索性研究的重要目的。

---

① Hall，Michael，Tamara Knighton，Paul Reed，Patrick Bussiere，Don Macrae and Paddy Bowen. *Caring Canadians*：*Highlights from the* 1997 *National Survey of Giving*，*Volunteering and Participating*. Ottawa：Statistics Canada，1998，pp. 30，35，39.

② 陈雁：《志愿服务对大学生职业素质和能力的影响——以上海世博会志愿者为样本》，《晋中学院学报》2011年第6期。

③ 王顺茗：《志愿服务与大学生职业道德的培养》，《中国青年研究》2010年第10期。

④ 王顺茗：《志愿服务与大学生职业素质的培养》，《人民论坛》2010年第10期。

（二）大学生志愿者职业能力发展的质性建构

1. 大学生职业能力及其发展的内涵阐释[①]

职业能力是个体胜任工作岗位的基本能力，这种能力是可持续发展的。职业能力涉及范围宽广，涵盖个体本身掌握的能力、职业所需的能力和社会要求的能力。也就是说，职业能力是一个综合性概念，到目前为止，主要有以下几种概念界定：一是国际劳工大会认为职业能力是个体内在拥有的，能胜任工作岗位的能力；二是美国机构所认为的"自信"，这种自信能让人取得工作，并保持工作的持续进行；三是个体能够确认和实现单位的内部及外部职业机会的能力；四是职业能力在横向上与所有行业及职位有关的普遍能力；五是职业能力是指个体所拥有的能帮助其取得某一职业成功的能力的集结，即为能有效完成某项任务或胜任某个职位所必须具备的综合素质。[②]

在综合各种职业能力的理解中，我们比较赞同的是整体视角的职业能力，其内涵将工作情境、工作任务及工作者放在了同一个空间中，工作者是其分析各要素间关系的核心，并动态地分析整个体系的运作过程及其要素之间的联系。综合职业能力的视角"既放眼学生就业所需的能力，又顾及学生职业生涯的发展，并且重视能力与行动之间的关系"[③]。关于大学生职业能力最早的研究起源于德国，有一种观点认为大学生职业能力就是综合素质，认为高校大学生职业能力就是综合素质在职业教育领域的一个概念同化，而其在内涵和本质上是一致的；还有一种观点是将国外的"关键能力"概念引入，认为大学生职业能力就是关键能力。徐左平认为大学生职业能力应该是一种综合能力，涵盖了关键能力及部分素质。大学生的这种职业能力应该包括能运用所学知识独立完成一项任务的能力，以及对未来的职业发展有

① 陈瑞洋：《大学生志愿服务与职业能力发展研究》，硕士学位论文，温州大学，2015年，第9—10页。

② 参见宋争辉《高校职业能力课程开发与实施》，河南大学出版社2008年版，第2页。

③ 庄榕霞：《职业院校学生职业能力测评的实证研究》，清华大学出版社2012年版，第22页。

促进作用的社会适应能力及社会组织能力。

综上所述，人们对职业能力的理解越发注重把工作情境和学生的能力培养结合起来，把学生的专业能力、关键能力与他们对工作情境、对工作任务的感知结合起来，并尝试用多种方式表征这种整合或整体的职业能力目标体系。大学生职业能力应该是具备职业所需的专业知识，以及掌握一定的方法能力和社会能力，这是一种整合的认识。

2. 研究方法与样本

本节内容所涉及的研究方法同样也是采取质性研究的焦点小组访谈和一对一深度访谈。关于质性研究的具体内涵前文已经阐述，本部分将不再赘述。

关于访谈对象的取样，我们根据质性研究的"目的性抽样"原则和方便取样[①]的方法选取在校大二和大三共计 17 名志愿者为被试，其中男生 8 人，女生 9 人，二、三年级比例为 10∶7。他们均有较多的志愿服务经历，有来自温州大学青年志愿者服务中心、温州大学橄榄枝公益协会、温州大学"童馨"关爱留守儿童公益志愿服务组织、温州大学社会工作协会"亲情中华"关爱侨界留守儿童夏令营。

3. 研究程序

在已有研究成果的基础上，我们结合对大学生志愿服务的观察和了解，编制了半结构访谈提纲。通过对 4 名大学生志愿者进行预访谈后，确立了研究的正式半结构访谈提纲。

访谈员由 4 名经过培训的掌握质性研究方法的温州大学心理学和思想政治教育专业硕士研究生担任。为了营造良好的访谈氛围，访谈员会送给访谈对象一个小礼物，并尽量创设轻松的访谈环境。访谈开始前，访谈员首先向访谈对象做自我介绍，说明研究目的，强调研究的匿名性和保密性，在访谈对象许可的情况下对访谈过程进行录音。访谈结束后访谈员对访谈对象表示感谢，并及时记录访谈提纲中的问

---

① 参见泥安儒、林聚任《社会调查研究方法纲要》，山东人民出版社 2012 年版，第 14 页。

题及对访谈对象的印象和感受，总结访谈策略和技巧，为下次访谈顺利开展提供经验。

访谈录音资料的转录工作由 4 名思想政治教育专业研究生承担。所有访谈录音均做逐字的转录并转化成 WORD 文本。研究者和访谈员、转录员围绕访谈对象的心理过程进行分析讨论，以利于后期的资料分析。经过转录，共获取原始访谈文本资料 5 万余字，访谈时间在 90～140 分钟。访谈资料以扎根理论为基础运用 NVIVO 8.0 软件进行编码和分析。

（三）研究结果与讨论

在对志愿者的访谈资料进行分析归纳整理时发现，大学生参与志愿服务活动对自己的职业能力发展具有以下几个方面的影响。[①]

1. 专业能力

一是有利于大学生获取职业知识与职业技能。大学教育除了专业学习所能发展学生专业知识和专业技能，并形成未来的职业知识、职业技能和职业意识之外，公益类志愿服务活动亦是学生增长技能、巩固知识、适应社会的重要途径。大学生志愿者在如义务支教、环境保护、法律宣传等志愿服务领域利用自己所学专业知识和技能，不仅满足了社区居民等不同人群的需求，同时，在经过有组织的动员、招募、培训、项目策划和组织实施等一系列环节后，整个志愿服务的过程也是将自身学习到的知识和技能进一步理解、应用及获取新知的过程，是大学生志愿者增强职业竞争力、迈向未来职业道路的重要收获。

已经是大三的应用心理学专业女生 AWY，曾在童馨暑期社会实践队当志愿者两届，她告诉我们：

> 当初进这个实践队就是想去教教孩子们打篮球，因为我还蛮喜欢打篮球的。但后来我们和孩子们聊天的时候，发现个别学生

---

① 陈瑞洋：《大学生志愿服务与职业能力发展研究》，硕士学位论文，温州大学，2015 年，第 16—23 页。

的心理有些问题。那时我正好已经看了点心理学方面的书，但又不敢轻易直接和孩子们讲该怎么办。于是大伙坐下来集中进行讨论想办法，后来又电话给我们上心理学课程的老师，之后尝试着和小朋友以 QQ、短信等方式聊天，找到了孩子自卑内向的原因，经过一段时间的交往后，发现孩子变得主动一些了。我觉得志愿服务对自己专业知识也是一次很好的检验与提高。

侨界留守儿童志愿者 ZQ 说：

> 我这大半年时间都洒在咱侨界留守儿童这个项目上。这个项目包括前期策划、新闻媒体宣传培训、公关培训、团队领导力培训、课程设计培训等，这些培训对于我们团队高质量完成好项目预定任务来说是很重要的，当然对我这个负责人来讲，更是一次自我提升的全新挑战，我读的是汉语言专业，但是这个项目让我收获了更多专业以外的新知识、新技能，我相信这些对我未来进入职场是有很大帮助的。

访谈中，志愿者表示志愿服务的经历将有助于掌握未来进入职场所需要的基本知识和技能。

二是有利于大学生职业适应能力的增强。所谓职业适应能力即是大学生志愿者在从学生角色到职业角色的转变过程中，主动调节自身行为以适应环境变化、满足角色期待，使自己逐渐达到从事职业要求并完成活动的一种综合能力。参加过志愿服务的大学生更能将自己定位为一个成熟的社会人，主动将角色调整为相应的职业身份，在参与社会实践活动的过程中，更好地融入社会、适应社会。下列内容为支教类大学生志愿者的访谈感想，强调说明了大学生志愿服务有助于大学生职业适应能力的提高。

> 经过这几次的志愿服务经历，我深深地感到我们老师和我们说的一些话是对的，很多东西不是环境适应你，而是你要去适应环境。（SYN）

> 走出去就没人把你当学生看，你也不得不把自己看成一个成年人，要按成年人的思维来看问题。（FWF）

> 以前在学校大家都是学生，觉得怎么穿都习惯，自己喜欢就行。但出来后就觉得不行啦，还是要非常注意自己的衣着打扮的。而且还要看场合不同穿着打扮就不一样，这也有点讲究的啦。（LL—1）

> 以前我比较懒散，觉得大学的时间很自由，没人管。但现在不一样了，因为早上你得起来呀，必须赶在早读前吧，晚上也要按时守晚自习。作息规律自然而然就要按照这边的来，后来也就慢慢习惯了，蛮好的。（LL—2）

访谈中，大学生志愿者们表示志愿服务将有助于增强自我在未来职场之中的适应能力。

三是有利于培养大学生质量与经济意识。质量意识与经济观念是个体抑或组织可持续发展的根基，是个体或组织的生命和未来。大学生志愿服务本着"奉献、友爱、互助、进步"的志愿精神，对于每一个项目的开展、每一个服务环节和工作人员的精益求精之质量要求，对于每一项活动的精心策划尤其是项目经费的精打细算都在无形中培养了大学生志愿者的质量意识和经济意识，它将有助于大学生未来更自主、更有效地在市场经济这个大舞台上实现成功就业或创业。

"童馨"志愿者 WYN 说：

> 刚进队的时候，招募的负责人就打预防针，说会怎么怎么辛苦啦。大家为了一个策划书反复讨论四五遍，为了一个教案和PPT 会来回研讨好几次，有时还真是废寝忘食，大家都挺拼的，最后效果出来了，我们大家都觉得挺开心的……那段时间里，我们真的不舍得花钱买肉吃、买西瓜吃，"童馨"有这样的精神传承，我们要把节省下来的钱放到童馨公益基金，尽力帮助当地的孩子们，给那些孩子拿奖学金什么的。

职业人士所需的敬业、节俭和公益的使命在大学生志愿服务的过程中得到了很好的磨炼。参加了第四季"亲情中华"侨界留守儿童快乐营志愿者 ZQ 说：

> 我们总队希望各个分营能办出特色，但经费是有限的，必须本着节约、高效的原则来设计，一定要有质量、品牌意识，把钱支配好。今年乌牛分营运用商业运作模式，在学生中搞了一个用牛币换物的牛市活动，让我印象深刻。

大学生志愿者在这些志愿服务活动参与过程中能真正体悟到质量和经济意识的重要性。

2. 方法能力

一是有利于培养大学生分析与综合能力。分析与综合能力是大学生职业能力培养内容中重要的组成部分。在志愿服务的过程中，大学生志愿者和服务对象、志愿者、自我等不同人群发生联系，为了达成志愿服务的预期目标，大学生必须客观、科学地分析服务对象需求，全面研判志愿服务开展所具备的主客观条件，合理认识评估自我能力的胜任程度，积极做好相关主体的互动反馈。活动开展的过程也是大学生分析综合能力提升的过程，是大学生志愿者认识自我、塑造自我、开发自我的过程，是大学生个性充分发挥和能力成熟的思维呈现，是大学生储备职业能力的重要手段。

> 山里的孩子比起城里的孩子，我的感受是要淳朴一些……令我们很感动的一件事是，有个学生利用中午时间回家，把家里种的茄子、土豆拿过来给我们队员吃。（FWF）

> 我觉得对于留守儿童，我们十几天时间教的知识真的是很有限，一些拓宽视野的课程我觉得这个倒是蛮有用的。但总体而言，他们多数父母不在身边，只有爷爷奶奶陪伴；或者父母离异，缺乏这个阶段孩子特别需要的父爱、母爱。所以我觉得陪伴

可能是对他们来说最想要的，这个比上多少课要好得多、重要得多。（AWY）

我们三个志愿者分在一个小班负责教学，大家采取听课、评课和集体备课的方式，备课过程提想法、给思路，课中会记录师生表现和反应，课后会分享交流听课意见。这对大家的师范技能都有很大的提升。（DSY）

已经是大三的志愿者 DH 说：

通过这些活动，我们可以进一步认识自己，比如说我在当队长的时候，我发现我这个组织管理能力不是很强，甚至是比较弱的。我将来可能就不会走行政管理这些职业选择，我现在的想法是开始准备考心理学方面的研究生。

从志愿者访谈的内容可以看出，志愿服务过程中大学生在了解学生的学习、心理和家庭等因素、分析志愿者自我优势和不足、规划职业生涯等方面都潜移默化地提高了自我分析综合能力。

二是有利于培养大学生谋略与决策能力。能否果断地抓住关键问题制定学习工作计划乃至未来的职业生涯规划，并适时安排好有关学习工作事项是大学生职业能力发展中的重要内容。大学生在参加志愿服务时，会碰到一些复杂的工作内容，这对于志愿者尤其是活动组织者而言将会是一次独立判断和决策的考验。

我觉得人这一辈子就这么短的时间，说长也长，说短也短。就像我当初做的决定，去北川安县支教一年一样，你不出去你永远不知道外面的世界是怎样的，你就永远不知道你到底想干什么，你能干什么！……现在我是知道了，教师这个岗位不怎么适合我，我还是会考虑去企业或考公务员。（JSH）

> 我们这支队伍大家轮流当家，队长一人，但是任务分工定期都会有专门负责人轮着干，负责人需要向队长负责，并做好队员分工、任务主题设计等。这些都挺能锻炼大家能力的。（WCN）

访谈中我们发现，大学生志愿组织骨干队员比起普通志愿者在谋略和决策能力方面要表现的更具优势。在志愿服务的过程中，学生能根据自己的性格特点发现自己适合做什么，确定自己的职业兴趣，进而以此为目标确定未来努力的方向，不断在实践当中培养自己的职业技能，为未来的职业发展做好准备。

三是有利于培养大学生开拓创新能力。知识经济时代的到来，不仅对大学生的开拓创新能力提出严峻挑战，也孕育着大学生创新能力培养的良好契机。大学生积极参加各种类型的志愿服务活动，对于培养和强化自我开拓创新能力，开掘自我潜能，迎接未来更为激烈的市场竞争能发挥积极的作用。

> 我们"童馨"一班的班歌是张韶涵唱的《隐形的翅膀》，我们和班上的同学一起把里面的歌词给改了，同学们都很喜欢。大家唱着唱着都会笑起来的。（JZY）

> 感恩节那天活动，我们还邀请了这些孩子的爷爷奶奶、外公外婆。我们事先取得了这些孩子在国外父母的联系方式，请他们帮忙录制一段对孩子寄语的视频；还有发来一些照片，我们把他们制作成PPT、视频。活动开始后，当看到自己父母的时候，孩子们有哭的，也有笑的，老人们的情绪也是很复杂。我们感觉这次活动创意还是非常成功的，比预期的效果要好。（LL）

志愿服务扩大了志愿者生活的容量，可以更多地使志愿者通过服务活动产生更为宽广的开拓创新的思维方式，使志愿者无形之中掌握和运用联想与创造能力，这是学生受用终身的可持续发展的源泉性能力。

四是有利于培养大学生总结评估能力。总结评估是用正确的观点和方法对以往实践工作进行客观、全面的回顾、分析和评价，从而总结经验，发现问题，并采取有针对性的措施予以改进，实现工作更好开展的过程。总结评估能力是大学生胜任未来工作岗位需要的一项重要能力。在校期间通过参与志愿服务等实践活动，及时总结评估活动开展得失，将直接或间接有助于提升自我素质和能力。

> 我们每次活动结束完以后，都会召开工作例会，大家都会交流一下自己的心得体会，把一些不足的东西提出来，包括下一步该如何改进都会进行讨论。（WZR）

> 我们给孩子家长的印象就是很负责，虽然每一年过来的可能不是同一批人，但是他们对我们的活动还是非常信任的，所以很放心把孩子送过来。（DH）

> 我觉得我们在做宣传的时候，一定要客观真实，要与实际情况相吻合，不能说为了吸引到比较好的队员，就把当地的活动基地夸得天花乱坠，队员们到了那里才发现条件很差，这可能会造成他们有心理逆反情绪。所以，还是要实事求是点好。（LL）

访谈中，大学生志愿者们认为在志愿服务过程中总结活动成绩，清醒认识和了解存在的问题和不足，并及时予以改进，对增强自我素质，提高认识确能起到积极效用。

五是有利于培养大学生解决实际问题的能力。解决问题的能力是大学生职场生涯不可或缺的软实力，它是大学生结合自己个性、某一阶段工作任务的性质和职责，采用一定的理念、规则、工作程序方法等对客观问题进行分析并提出解决方案的能力。大学生参加志愿服务，有时面临的问题接踵而来且复杂程度不断提升，在此过程中能够找出问题起因并拿出应对方案，采用最有效的方式解决问题，则能对大学生的应变和处理问题能力的提升有很大帮助。

刚开始对方学校领导是答应我们过去支教的，可后来不知怎
么地通知我们不能去了。可是我们这里队伍都搭好了，队员们也
都很着急。后来，我就找到我的朋友，我跟他说了这个事情，他
帮我们跑到当地的教育局去了解这个情况。可能是搞暑期实践活
动，校长怕安全方面的责任。后来经过和教育局还有学校的多次
沟通，最后还是成功出行了……我的一个感受就是策划文案可能
你想得会很完美，但有些突发情况还是事先无法预料，在"童
馨"志愿服务的过程中，我很好地学会了如何处理这些突发情
况。（FWF）

　　访谈中，我们发现在志愿服务过程中，大学生志愿者勇于担当，
客观审视自我并不断完善，在明确目标的前提下，积极思考，坚持不
懈，想方设法解决问题，由此提高了处理问题的能力。

　　六是有利于培养大学生获取信息的能力。比尔·盖茨在《未来时
速》中曾写道："怎样搜寻、管理和使用信息将决定你的成败。"[1] 面
对知识和信息日新月异的新时代，谁掌握了信息，谁就抓住了机遇。
为此，大学生必须增强信息意识，善于捕捉有效信息，努力提高信息
开发利用能力。大学生志愿者为完成志愿服务相应工作任务，必须认
真准备，查阅和收集资料，学会筛选和鉴别，获取更多相关的有效信
息以便为决策做好参考。

　　他们每天要去上课，晚上还要制作或完善课件，就算没课也
会很认真地备课，他们很用心地查阅书籍，或者上网查资料，没
有网就用手机开热点或者用公共账号去联网查资料。（WJY）

　　每周六我们志愿者去基地活动的同时，也是蛮注重私底下跟
他们的爷爷奶奶、父母亲的交流。我们现在就有通过微信或者

----

　　① 黄士华：《大学生心理健康教育》，华中师范大学出版社 2013 年版，第 124 页。

QQ 跟他们在国外的父母取得联系，这样便于我们更好地做好服务工作。（LL）

下个学期我们快乐营又要开始招新啦，我们会请一些老的队长、资深社工回来给大家讲一讲他们曾经的志愿服务故事，这也是我们宣传的一项重要手段。（ZQ）

访谈中，大学生志愿者们均表示为完成某项任务，通过网络、图书、讲坛等方式提高了自己的信息获取能力。

3. 社会能力

一是有利于锻炼大学生的社交能力。人是社会性动物，人的本质属性是社会属性，正如马克思所说："人的本质并不是单个人所固有的抽象物，在其现实性上，它是一切社会关系的总和。"[1] 大学生交往能力即与他人进行思想感情的有效传递和信息的积极沟通能力是当今社会的一项基本生存能力。大学生志愿者多数是要在与他者的公益互动中实现交往网络的搭建和延伸，实现交往广度和深度的扩张。

乡村的夜晚星星很多，天热的时候，队员们晚上有时铺席在廊道睡觉，大家一起玩玩游戏，讲讲心里话，今天回忆起来仍然很是骄傲，正是在"童馨"的这段日子让我懂得了真诚和投入的意义。（WJY）

为了拉赞助，我每天都要扣好几页的企业电话，可人家经常会说你是骗子吧。后来我们学会上门拜访企业主，也吃了很多闭门羹。这是我第一次体会到挫败感。多次碰壁后，我又精心准备去了另一家，把我们的活动理念、可能给予企业的回报等充分予以考虑，双方谈得很是投机，他们也很支持我们的志愿服务活动，终于有企业答应给予我们 5000 元的赞助费。（SYN）

---

① 中共中央马克思恩格斯列宁斯大林著作编译局编：《马克思恩格斯选集》（第 1 卷），人民出版社 1995 年版，第 60 页。

我大一带分队的时候，去找电视台帮我们宣传一下活动，我给他们打了5个电话，第一个电话打给他的时候，他根本没把我当一回事儿。他就觉得，你们无非就是一队大学生在那里活动嘛，那样的事没有什么可报道的价值。后来我当面推介活动特色，通过交谈也逐渐了解他们的意图，经过深入的交流后，终于争取到一个宣传报道的机会。有时换位思考，"投其所好"，才能获得认可哦。（ZQ）

暑期社会实践21天时间，我学到最多的就是与人沟通，包括和来慰问的领导、孩子们、孩子家长的沟通。（SYY）

以前我感觉自己喜欢一个人独处，不喜欢和别人交流。但在志愿服务中没办法，必须要和别人交流，和队友、指导老师交流。我觉得现在我做事情开朗多了，心情也愉悦了，虽然很多事还是做得不怎么满意。（FWF）

志愿服务为大学生提供了一个社交平台，在志愿服务的过程中学会与不同人群进行沟通交流，体验队员之间真诚交流的趣味，感受融洽社交关系构建的平等互动，这些都为大学生的社会化奠定了良好的交往实践基础。

二是有利于增强大学生的团队合作能力。在志愿服务的过程之中，学生之间的友谊将会进一步深化和加强，团队合作精神将会得到进一步巩固与发展。

也许很多事情你能一个人解决，但总体来说一个人的力量相比于团队还是要单薄一些。（WF）

还记得当时我接管一个班级，一想到有这么多事情就要哭。我们一个小组的同学就过来安慰我，给我出主意，帮我一起带班，一起管理班级参加活动。第一次班会的成功举办就是得益于我们小组的帮忙和参与，还是很感谢她们的。（YQY）

> 我从没有一个人独立生活过，也不会做饭什么的，这还是第一次在小伙伴的指导下炒了一桌菜，自己都觉得不可思议。我们大家平时都互相照顾，遇到不懂的问题，我都会问他们，大家都乐于帮助我，我也会努力成长起来的。总之很开心，这半年的志愿服务经历让我很难忘。（YZH）

多数大学生志愿者参加服务工作是以项目小组的形式，这有助于促进团队成员为了共同目标和任务而增加沟通和合作，也提高了志愿者们对集体的认同与理解，并强化了自我团队合作意识，这是未来就业道路上必须具备的一种能力和观念。

三是有利于增强大学生的组织协调能力。所谓组织协调能力是指个体按照一定目标将群众统筹安排、优化组合，形成一个新的系统性或整体的个性特征。大学生志愿者在志愿服务行动过程中无论是作为组织者还是参与者都将需要一定的组织协调能力，并在行动过程中强化和提升这种素质能力。

> 我是这次活动的带队负责人，主要任务就是分配队员的工作任务，我每天都会召集开工作例会，对于队员上课课件、班级管理状况、团队后勤生活服务如做饭等都要全面了解和进行任务布置。（WCN）

> 我们要组织那个运动会，同学们报名积极性很高，但参加人数有限。为了赢得比赛，我们先在班级内部进行了选拔，还对落选的孩子做了思想工作，最后我们和隔壁班的比赛获得了胜利，大家都挺高兴的。（WF）

> 今年玉壶分营有137个孩子，我们办了一次游园会，怎么去组织并确保活动顺利进行？后来大家想了一个办法，我们的队员指导一个高年级的孩子带领一、二年级的孩子，这样就解决了管理秩序的问题了。（JSH）

访谈中，大家认为志愿服务促使大学生志愿者把各方面的力量有效整合，协调好各方面的关系，从全局出发，有条不紊地开展工作，一定程度上能满足未来职业生涯中的组织协调能力提升的需求。

四是有利于培养大学生的批评与自我批评能力。批评和自我批评是一种良好的工作习惯，也是一种职业能力。严于律己，不断反思，才能成就更加完美的自我；团结他人，真诚谏言，才能营造更加和谐上进的集体。大学生参与志愿服务的过程能增强批评和自我批评能力。

> 这次去乡村支教也就是想体验一下，但没想到小朋友很喜欢我。但遗憾的是我的专业水平也就那样。所以，回来之后我对专业知识学习也认真了很多，也有意识拓宽自己的视野。孩子们都是天使，很单纯，不能忽悠他们的啊。（JZY）

> 我时常在想等我们完成这二十多天的志愿服务之后，孩子们有可能会有没人陪同的心理落差，所以当初说好会和他们聊聊天打打电话什么的，但是后来我们都有了自己的事情就搁浅下来了，这个事有做得不足的地方。（FWF）

> 我是负责整个项目的，有一天队员和我提出来说要请假提前几天回家，得知是家里奶奶身体不好，我就同意她回去了。现在想来，感觉那时自己都没有好好关照到队员们在这二十多天的思想动态，还是做得不够好。（WJY）

首先从自己身上找不足是职场人际关系处理的重要法则，越是深度参与志愿服务的志愿者，对活动细节感受将越发真切，越发体验到反思、批评和自我批评能力于大学生在成长中带来的良性改变。

志愿者也有认为志愿服务能促进他们的职业道德、认真、诚实、积极主动、勇于担当的社会责任等品质。关于这些内容，我们通过第三节志愿服务与大学生道德发展做专题论述。

访谈中我们发现，部分志愿者也有认为对其职业能力发展影响不大的。第一，部分志愿者因为作为普通志愿者参与深度不够，因此职业能力发展的感受不深，甚至也有个别学生认为耽误时间，影响学习。第二，因为在志愿服务项目中承担角色和任务不同，对职业能力的发展并非是上述三大方面的每一项内容，可能是和承担的工作相关度较高的一项或某几项职业能力发展有关。第三，本次访谈对象抽样多数为义务支教类志愿者，对于其他志愿服务领域的志愿者感受到的职业能力发展可能会存在一定的差异，具体有什么差异仍需进一步研究。

　　（四）小结

　　职业能力是个体顺利完成职业活动所必需的并影响职业活动效率的个性心理特征，它是一个目前理论界尚无统一定义的概念，本书就其内容来说包括专业能力、方法能力、社会能力三个方面。通过调研访谈，我们发现大学生志愿精神的弘扬和志愿服务实际行动的付出，对于大学生自身职业能力的发展有着积极意义。一是志愿服务有利于提升大学生在未来职场竞争中具备的专业能力，具体可以包括获取职业知识与职业技能、增强职业适应能力、培养质量与经济意识等；二是有利于培养大学生分析与综合能力、谋略与决策能力、开拓创新能力、总结评估能力、实际处理问题的能力、获取信息的能力等方法能力；三是有利于增强大学生的社交能力、团队合作能力、组织协调能力、批评和自我批评能力等社会能力。通过志愿服务这个平台，大学生的职业能力获得提升，就业创业能力更强，社会经济发展更有活力。总体来说，大学生志愿服务参与深度和志愿者感知职业能力发展有正相关。当然，志愿服务领域对志愿者在职业能力发展的影响上也有可能会有差异。

三　志愿精神对大学生道德发展影响的质性研究

志愿精神是中华民族传统美德和新时代民族精神与时代精神的结晶，是广大青年大学生投身志愿服务实践活动的内在动力。大学生志愿者依托志愿组织，通过转移自身拥有的物质资源和精神资源来解决共同面临的问题和困难，实现了社会福祉的提升。众所周知，作为志愿服务主体的大学生不仅应是道德建设过程的参与者，也应是道德建设成果的受益者。作为"80 后""90 后"的大学生志愿者在践行志愿精神、选择利他行为之时，不仅应该要考虑其道德行为的社会效应，还应尊重其作为道德行为主体的人性化的内在利益诉求，包括道德发展的需要。在志愿服务过程中，大学生志愿者是否能感知自身道德发展及在多大程度上实现道德发展？志愿者实现道德发展的内在机制又有什么？我们通过对参与志愿服务的大学生志愿者进行访谈，探索性地研究志愿服务对大学生道德发展的影响，分析大学生志愿者个体道德的社会化问题，即如何将应然状态的公共"道"内化为个体的"德"进而外化为个体的"道"的问题。

（一）已有相关研究及不足

就志愿精神践行或志愿服务与大学生道德发展之间的内在关联性，国外学者已进行一定的研究。在美国，志愿精神成为美国建国200 多年来一直延续着的社会共同价值。正如美国前总统尼克松曾指出："志愿服务是美国生活方式的标志之一。"[1] 志愿精神所蕴含的道德理念及其行动呈现已经成为美国高校公民教育体系的重要内容，在美国高校培养积极公民的目标中扮演着重要的角色。马克·A. 缪其

---

[1]　转引自徐彤武《联邦政府与美国志愿服务的兴盛》，《美国研究》2009 年第 3 期。

克和约翰·威尔逊认为"志愿服务工作使公民美德得到展示和实践"①，"参加志愿服务工作的青少年有着更有益于社会整合的态度和信念"②。"在志愿者计划中与他人共同工作有助于对抗他们以自我为中心的习惯。他们了解到'所有行动是相互依赖的，团队纪律是为共同目标服务的，参与者之间的分歧可以加以协商，不同的观点视角能够加以协商'。"③

国内近年来围绕志愿精神和志愿服务与大学生思想政治教育（德育）的研究较多。李茂平、阮东彪（2011）、张育广（2011）、王顺茗（2010）等均围绕志愿（服务）精神与大学生道德发展展开研究。一些硕士学位论文也将选题关注点放在志愿服务和道德发展上进行理论上的系统研究，如徐彩华的《志愿服务活动对个体道德发展的影响研究》④论述了志愿服务活动对个体道德发展的六大作用：有助于个体树立正确的、积极的人生价值观；有助于个体公益心、社会责任感的培养；有助于个体民族精神与时代精神的培育；有助于个体道德行为习惯的养成；有助于个体可持续发展能力的提升；有助于个体健全人格的形成与发展。熊丽娟的硕士学位论文《基于志愿服务的大学生道德成长研究》⑤也指出，志愿者活动是促进大学生道德成长的有效手段，它具有道德认知的导向功能，道德情感的陶冶功能，良好道德行为的持续发展功能，知情合一的道德实践功能。

回顾国内外相关研究成果可以发现，国内外均重视从理论视角探析志愿服务对大学生道德发展方面的研究。但是，志愿服务与大学生道德发展的实证研究尤其是质性研究较少。因而，新时期培育和践行

---

① ［美］马克·A. 缪其克、约翰·威尔逊：《志愿者》，魏娜等译，中国人民大学出版社 2013 年版，第 450 页。

② 同上书，第 464 页。

③ Youniss James, Miranda Yates and Y. Su. "Social Integration: Community Service and Marijuana Use in High School Seniors". *Journal of Adolescent Research*, Vol. 12, 1997, p. 245—262.

④ 徐彩华：《志愿服务活动对个体道德发展的影响研究》，硕士学位论文，北京交通大学，2009 年。

⑤ 熊丽娟：《基于志愿服务的大学生道德成长研究》，硕士学位论文，南昌大学，2011 年。

社会主义核心价值观，挖掘和分析志愿服务在大学生志愿者道德发展方面的价值是本节探索性研究的重要内容。

（二）研究方法与工具

本研究采用质性研究方法，对大学生志愿者进行焦点小组访谈和一对一的深度访谈。研究者旨在了解被研究者在志愿服务过程中道德发展的独特主观体验和意义。

本研究采用方便抽样和目的抽样选取研究对象。研究以温州大学有较好志愿服务发展基础的瓯江学院和数学信息科学学院志愿者为样本。瓯江学院有在温州大学最早开始推行党员50小时义工制的多年志愿服务经历，数学信息科学学院有坚持了25年之久的"阳光"志愿者协会。我们共选取访谈对象23人，其中女生11人，男生12人，一、二、三年级比例分别为15∶6∶2。

在征得访谈对象知情同意后我们进行录音，运用半结构式访谈提纲采集信息。访谈由4名接受过质性研究训练和访谈培训的心理学和思想政治教育专业硕士研究生担任访谈员，对每位研究对象的访谈时间均在40～90分钟左右。访谈地点以方便学生的就近原则，访谈室整体环境安静、温馨，适合谈话。在访谈正式开始前，访谈员先做简单自我介绍，并送上事前准备好的小礼物，营造良好的访谈心理环境。访谈结束后，我们对录音逐字转录，并形成原始访谈信息6万字。然后以扎根理论为基础运用NVIVO 8.0软件进行编码和分析。

（三）访谈结果与分析

"每个公民既是道德建设过程的参与者，也是道德建设成果的受益者，要坚持在各种类型的群众性精神文明创建活动中突出思想内涵，精神生活得到充实，道德境界得到升华。"[①] 在访谈中，大学生志愿者表示在志愿服务过程中一方面是帮助了他们，但另一方面又对自己的道德认知、道德情感和行为习惯产生了积极影响。具体来说，主

---

① 中共中央文献研究室：《十五大以来重要文献选编》（下），中央文献出版社2011年版，第227页。

要有以下几个方面。

第一，有助于树立正确的世界观、人生观和价值观。公民对个体自我利他行为的价值认知很大程度上依赖于他人对其表现出来行为的尊重及由此产生的公益利他互惠性。大学生参与扶贫济困、帮老助老、文明倡导、社区公益服务、环境保护等公益活动，一方面给受助者带来一定的帮助，但同时受助者和社会公众对大学生的公益行为给予的肯定和赞赏对于大学生的价值认同提升，正确的世界观、人生观和价值观的确立也都有着积极的作用。

> 最初感觉参加志愿服务活动就是好玩，同学们去了我也跟着去了，可是后来几次下来之后，感觉有一种自我满足感，很开心，我感觉到自己是一个有用的人，有一种心理升华。（PJ）

> 刚开始做活动的时候，会拍照、留念，老人们会怀疑别有用心，但时间长了以后，很多老人都会亲切地喊我们是小老师。所以，我觉得做好事，要更多讲奉献付出，而且是坚持不懈的付出。（YZH）

> 进入"阳光"已经有两年了，"我是一名志愿者"已经成为我身上的属性，这是一种能带给我积极向上的感觉的属性，我很喜欢这种状态。（LYL）

> 过去，没有什么刻意的因素敦促自己非要参加志愿者行为，觉得能帮助别人就尽量去做，但是现在真切感受到志愿活动能给我们带来快乐，它是我实现自身价值的一种方式，我觉得这是成为一个公民服务社会应该做的事情。（YZH）

访谈中，多数志愿者认为志愿服务是大学生感悟人生价值的重要实践活动，是正确的世界观、人生观形成和发展的重要促动力量。

第二，有助于提升大学生社会责任感。社会责任感是具备独立人格的社会成员在一定社会历史条件下生成的对社会所应承担的职责、义务的一种自律意识与人格品质。"'积极负责任的公民'被确认为青少年所应完善的优先推荐的教育行动品质。这是一种主动去寻求、担当公共生活责任的公民。"① 新时期，着力提高大学生服务国家、服务人民群众的社会责任感是国家中长期教育改革和发展规划的重要内容。在高校人才培养中，志愿服务是高校道德教育内容之一——社会责任感培养的重要途径，是大学生人格健康发展的重要方式。

> 我去民工子弟小学支教过，碰到一些调皮但也渴望好好学习的孩子；去过敬老院，遇到过一些生活不能自理的老人。对于他们这些社会弱势群体，我觉得我们生活条件好一点的人都应该有责任来帮帮他们。（JK）

> 我从小到大都很幸福，觉得自己也是一个懂得感恩的人，觉得帮助别人已经成为一种本能、一种生活方式、责任，遇到有困难的同学不去帮助，会感觉有羞耻感，这可能和从小的教育有关。（PJ）

> 世界上还是好人多，我自己也没碰到过什么坏人，不管未来怎样，我接受过那么多帮助，我现在还不了，但是应该把帮助传递下去，让更多的人接受帮助，让世界变得更美好。这就是一种责任和使命。（SSK）

> 做公益事情做得多了，觉得世界并不是想象中的那么美好，但我们每一个人都有改造这个世界并让它变得更好的责任。从志愿服务的一些小事情也需要努力做好，这样可以更好地培养自己的责任心、耐心去帮助别人。（PJK）

> 我们都是社会和学校中的一员，类似环境保护问题，我们都有责任和义务来保护好人类共同的家园。（YB）

---

① 顾成敏：《论公民教育的时代价值》，《郑州大学学报》（哲学社会科学版）2010 年第 6 期。

访谈中，多数大学生志愿者表达了志愿服务对于他们增强社会责任感具有强化的作用，一方面，志愿者选择助人行为就具有一定的社会责任意识；另一方面，在志愿服务的过程中又进一步强化了大学生为国家发展、社会进步、人民幸福而勇于担当的社会责任感。

第三，有助于培养大学生的吃苦耐劳意识和乐观精神。从目前"90后"大学生的实际来看，他们的生活条件相对优越，但多数学生缺少生活磨砺，抗压能力和抗挫折能力较弱；其享乐意识较强，吃苦耐劳意识较弱。大学生志愿者在志愿服务中的经历将有助于提高大学生的吃苦耐劳精神和乐观精神。

> 为了组织做好我们青协的献血活动，大家都是蛮拼的，从组织宣传、人员发动、现场氛围营造等等，我们都付出很多，大家感觉很辛苦、很累，但从未后悔过，认为那是很值得的；而且以后碰到这样类似的苦活、累活，自己也会有心理准备了。（SSK）

> 我们在回收军训服的活动中，碰到一些一周都没洗的味道很浓的军训服，但是我和我的小伙伴们任劳任怨，从回收到整理的过程很累，但是大家都为在一起合作很开心。（YZH）

> 比如说自行车摆放劝导活动，一整天下来大家就会感觉很累，有时还容易产生烦躁心理，但是我们要求必须要微笑耐心进行讲解和劝说，时间久了，觉得面对生活中的困难的时候，自己也会更加平和、乐观、坦然一些。（PLD）

> 我们支教的这20天时间，大家感觉一个难处就是那里的生活条件确实很差，平常洗澡我们要轮着来，热水还要省着洗；做饭也要自己来，大家轮流做菜；晚上睡觉的地方天很热就睡地板，还有就是蚊蝇很多，晚上好儿个队员都睡不好。但我们大家最后都很高兴顶下来了，现在想想也是以后工作生活的一笔财富，大家都很珍惜那一段艰苦的美好时光。（YYH）

访谈中，志愿者纷纷表示越是艰难的志愿服务经历，对其培养克坚攻难的精神越有利，越能形成吃苦耐劳的精神和迎难而上的乐观精神。

第四，有助于个体道德行为习惯的养成。良好道德行为习惯的养成过程是个体将外在的社会道德准则、行为规范内化为个体自身发展内在需求的过程。大学生参与志愿服务活动有利于基本文明习惯的养成，有助于将社会主义核心价值观付诸具体的实践行动。正如张岱年教授所言："道德所以为道德，在于不仅是思想认识，而更是行为的规范。道德决不能徒托于空言，而必须是见之于实际行动。"[①] "奉献、友爱、互助、进步"的志愿精神在大学生人群中得以诠释的必然是持续的志愿服务行动，并形成个体良好的道德行为习惯。

> 参加志愿服务活动一年多了，我觉得志愿服务更应该提倡互助，且不一定要刻意被动地去做，而是要发自内心地形成我们一种持续的习惯和一种生活方式的选择。所以，我会在有点空闲的时候，继续选择做些公益活动的。（YZH）

> 做志愿者的时候，经常需要通过自己的情绪去感染别人的。当别人跟你说谢谢的时候，就有一种很奇妙的感觉。所以，现在无论是接传单还是在窗口买饭都会说句谢谢，这是对别人起码的尊重和感谢。（LYL）

> 对于像扶自行车这个事情，以前我是不会去扶的，因为倒的自行车太多了，我总不能一辆一辆扶起来。后来志愿服务活动做多了之后，扶自行车已经成为一种习惯了。"一屋不扫，何以扫天下。"所以，我觉得我们都应该从身边的小事做起，比如说看到它倒了，就会有一种自觉去把它扶起来。（WLZ）

一种善良德行哪怕是微小的公益举动都能在大学生道德成长中凝

---

① 张岱年：《中国伦理思想研究》，江苏教育出版社 2004 年版，第 161 页。

结为一种行动正能量。志愿服务对于大学生志愿者强化"明礼诚信、团结友善、勤俭自强、敬业奉献"的道德规范，养成良好的道德行为习惯具有重要的促进作用。

第五，有助于提高大学生的职业道德。所谓职业道德就是同职业活动紧密相关的体现职业特点所要求的道德准则、道德情操与道德品质的综合。服务大众、奉献社会、感恩他人、积极主动、诚信友善、认真负责、互相尊重等职业道德素质在大学生志愿服务参与过程中均能得以强化。

特奥期间，有志愿者说，"如果不参加特奥服务，也许我也可以知道那些特奥的口号和宗旨，但是肯定不会像现在这样体会深刻"；"我从来都不知道有健康和智慧是如此幸运，我一定会更加努力，实现我应有的价值"；"当我看到他那么专注地训练和比赛，只是为了完成一件正常人看来毫无难度的事情，我才明白生命可以如此坚韧，渺小却很伟大"；"如果我是他们，我也一定非常想得到别人的理解、尊重和关怀。……所以我要加倍地用我的爱心去帮助他们"。[①] 在特奥志愿服务中，尊重生命、关爱弱者、自强不息等最基本的道德观念受到广泛认同。在温州大学取样的访谈对象告诉我们：

> 我觉得做志愿者很光荣，别人帮助了我，我就应该帮助别人，回馈社会。（PJY－1）

> 我觉得志愿服务应该是一个长期的事情，不能是"三月来，四月走""热热闹闹走过场"，坚持对于志愿者来说是很重要的；还有就是志愿服务过程中，我们学会了彼此之间的相互学习和保持谦逊恭敬的态度，千万不能认为自己是大学生就了不起，自以为是，骄傲自满；在我们坚持的20多天暑期社会实践活动中，还是有各种困难的，但最后大家都咬牙坚持下来了。（PJY－2）

---

① 沈晔：《注重人文关怀 培养学生个人品德——大学生参加志愿服务的启示》，《江西教育学院学报》（社会科学版）2013年第2期。

访谈中，大学生志愿者认为长期坚持志愿服务对于他们的职业道德素质养成、进一步完善自我道德品格具有重要作用。

第六，有助于提高大学生的民族精神和时代精神。以爱国主义为核心的民族精神和以改革创新为核心的时代精神，是一个民族生生不息、薪火相传的动力和支撑，是凝聚和鼓励人们奋发进取的旗帜。志愿精神是人类文明精神成果的重要组成部分，体现这一精神成果的志愿服务行动在促进人类和平与发展、增进民族间文化交流、促进一国国民的民族精神和时代精神传播与弘扬发挥着重要作用。大学生参与国际援助类、大型专项活动（如奥运会、世博会、青奥会等）志愿服务活动，将进一步提升大学生志愿者个体的时代精神和民族精神。

> 我们（瓯江）学院有一个外教伊凡，他是澳大利亚人，当他来到美丽的大罗山发现有很多垃圾的时候，就主动去捡垃圾，后来我们一大批大学生一起跟着他做环境保护工作。我想一个老外都能为我们的美丽家园奉献自己的力量，我们中国人自己还能有什么理由不去保护我们自己的环境呢。（LYL）

> 我一个同学是青奥会的交通志愿者，在交流志愿服务感受的时候，他说穿上青奥志愿者服装就有一种自豪感，全身有力量。"每天起得比鸡早，睡得比狗晚"，大家都很辛苦。但是场馆内外有这么多的来自世界各地的运动员，我们必须要服务好，展现我们大学生激情、活力、奉献、好客的中国形象。志愿者大家心里都很清楚，要为自己代言，为南京代言，为中国代言。（CY）

> 我们觉得志愿服务活动还得要结合时代变化和老人们的需要做出一些变革和创新。所以，除了经常要过去和老人们聊天、做定期体检、生活照料之外，我们还用电脑、手机教会老人使用一些简单的游戏等，老人们还是很喜欢的。所以，我们必须不断做出一些变革。（LYL）

总之，志愿服务能焕发大学生的爱国热情和民族认同，有助于培养大学生的民族自信心、自豪感，增强大学生的改革创新意识和时代精神。

（四）小结

大学生道德发展即大学生个体的道德品质在长期的道德生活和交往实践中不断接受内外多重因素的影响、实现个体道德品质发展过程中内部矛盾斗争的知、情、行相统一并趋同于社会行为规范的发展过程。大学生志愿者在参与志愿服务的过程中促进了包括道德认知、道德情感和道德行为的发展。通过调研访谈，我们发现大学生志愿精神的引领和志愿服务在各个领域的实践，对于大学生自身道德发展有着积极意义，它有助于大学生志愿者树立正确的世界观、人生观和价值观；有助于提升大学生社会责任感；有助于培养大学生的吃苦耐劳意识和乐观精神；有助于提高大学生的职业道德；有助于个体道德行为习惯的养成；有助于提高大学生的民族精神和时代精神。总体来说，大学生志愿服务参与深度和志愿者感知道德发展存在正相关的关系。

第九章

研究结论及对策建议

志愿精神是新时期时代精神的结晶，是大学校园文化建设的重要组成部分，是高校弘扬和培育社会主义核心价值观的重要内容。在前文对大学生志愿精神的理论分析和实证研究基础上，本章内容对主要研究结论做一个总结，并尝试提出大学生志愿精神培育和践行对策建议及对后续研究的展望。

一　主要研究结论

本书主要以马克思主义理论和教育哲学、服务学习理论等为基础，以大学生志愿精神的作用机理为研究主线，在分析大学生志愿精神的内涵、功能、特征和实践领域等问题的基础上，建立大学生志愿精神研究的相关分析框架与理论模型，并通过量化研究和质性研究方法，分析大学生志愿精神形成与发展的内外环境影响因素，验证了大学生志愿精神及志愿服务对大学生成才、成长的影响，并据此提出相应的对策及建议。通观整体研究情况，其主要结论有以下几个方面。

一是大学生志愿精神的内涵、功能及特征。"志愿精神"是志愿服务主体基于一定的社会责任意识和利他情怀，自愿的、不为报酬而自觉参与推动人类发展、促进社会进步和完善社区工作的精神，是志愿服务主体思想品德的集中表现，是公民社会的精髓。为了进一步理解大学生志愿精神的内涵，研究从作为反映社会意识、调控志愿服务行为规范、体现志愿者思想品德的三个层面做了进一步的学理考察，并说明了大学生志愿精神具有导向、凝聚、激励、教化育人的个体性功能和有助于引导公众参与社会治理、有助于提升城市发展环境、有助于社会主义核心价值观的培育等社会性功能。大学生志愿精神除了具有一般性特征外，还具有大学生独具的进步性、示范性、时代性、持续性等特征。在志愿精神的认同与激励下，广大青年大学生在扶贫帮困、帮老助老、文明倡导、社区公益服务、环境保护、大型活动、西部计划等领域积极参与志愿服务活动。

　　二是大学生志愿精神的三因素结构模型及自编量表的设计与验证。在研究和分析大学生志愿精神内涵和要素结构的理论基础上，本研究从认知（Cognition）、情感（Affect）和行为倾向（Behavior tendency）（简称ABC）三个维度来测量大学生志愿精神的发展水平。研究还就三个维度自编量表，进行预测试数据的探索性因子分析、信效度分析、验证性因素分析。总体来看，大学生志愿精神自编量表的模型拟合效果较好，探索性因子分析得到验证。

　　三是大学生志愿服务参与现状。我国"80后""90后"大学生在成长过程中已经在基础教育阶段开始普及志愿服务的概念并付诸实际行动；大学新生刚入校对志愿服务保持较高的热情，参与积极性高。多数学生利用"课余时间、节假日或者寒暑假"时间开展的志愿服务活动领域按照次序先后为敬老服务、校园文化维护、大型活动志愿服务、扶贫济困、义务支教、社区建设等。他们获知志愿服务信息的渠道主要有"学校组织、同学介绍等周围人际关系的影响"。他们"比较自觉"地参加志愿服务活动，表现出对自我志愿服务满意度、认可度较高的状态，且绝大多数大学生认为在时间允许的情况下愿意继续参与志愿服务。可以说，近年来我国大学生志愿服务氛围有了较好的营造，但是多数大学生选择的是短暂而随机性志愿服务活动，经常性地定期参加志愿服务活动积极性尚不高，调研中尚有近20％的学生表示未参加过志愿服务活动，究其原因，有"缺乏时间""信息不畅""参与渠道"和"合适项目不多"等。

四是大学生志愿服务参与的人口学变量差异分析。性别对大学生的志愿服务的频率有显著影响，总体来看，在参与的近八成志愿者中"至少每月一次""一年有几次"和"偶尔参加"的比例上女大学生志愿者均明显高于男生。女大学生志愿者对提供的志愿服务满意度自我评价较男生要乐观一些；女大学生在志愿服务的持续性意愿表达上较男生要更加积极。

独生子女大学生的志愿服务频率在每一项参与频率上均显著低于非独生子女大学生；非独生子女在志愿服务的持续意愿表达上较独生子女要更加主动。

政治面貌因素对大学生志愿服务频率有显著影响，在每一个参与频率选择项上均是共青团员＞党员＞群众，共青团员也表现出比中共党员和群众更高的志愿服务自我满意度，他们选择非常满意和比较满意的均是最高的，共青团员身份的志愿者在表达"非常愿意"和"比较愿意"持续志愿服务的态度上相比较而言更加积极。

是否是学生干部因素对大学生志愿服务频率有显著影响。在志愿服务频率"至少每周一次"和"至少每两周一次"两个维度上，学生干部的大学生参与志愿服务的频率要高于不是学生干部的大学生；非学生干部在志愿服务过程中对志愿服务的自我满意度要稍高于学生干部；非学生干部还表现出比学生干部更好的持续意愿态度，其"非常愿意"和"比较愿意"的比例均高于学生干部。

注册志愿者在志愿服务的参与频率上除了"偶尔参加"的选项上低于非注册志愿者，其他参与频率的选项上均要高于非注册志愿者；注册志愿者在参与志愿服务过程表现出对志愿服务自我满意度较高的状态，选择"非常满意"和"比较满意"的均高于非注册志愿者；已经注册为学校某一志愿组织的注册志愿者的组织认同感会更强，选择志愿服务持续意愿的态度更加乐观，其在"非常愿意"和"比较愿意"上的比例均高于非注册志愿者。

五是大学生志愿精神形成与发展的内外影响因素模型构建及实证研究。内部因素包括志愿者个体内在动机、人格特质、人际信任、自我效能感等。实证研究发现：大学生志愿服务动机存在价值表达、学习理解、社会交往、职业生涯、自我保护、自我增强等六个维度，在志愿精神培育过程中需要尊重当代大学生志愿服务动机呈现多元的价值（功能）取向。大学生人格特质的随和、利他、坚韧、严谨和爽直对志愿精神有一定的预测能力，活跃、重情的人格特质不具有预测能力。普遍信任和特殊信任与大学生志愿精神呈正相关，大学生人际信任总分越高，其大学生志愿服务行为倾向越高；回归分析发现，大学生人际信任及普遍信任和特殊信任两个维度对大学生志愿精神具有一定的影响作用。大学生志愿精神总分和志愿服务情感、志愿服务行为倾向与大学生自我效能感存在显著相关，志愿精神认知则不存在显著相关性。

大学生志愿精神形成与发展的外部影响因素即大学生成长环境主要包括家庭、学校、社会、网络等环境，实证研究发现：家庭的和睦融洽程度、家庭成员的志愿服务认知与参与态度；师生对志愿服务的认知和参与、师生对学校的归属感及师生关系融洽程度、学校对志愿服务宣传教育、保障激励制度；高密度的志愿服务网络媒体宣传报道；良好的社会组织环境、文化环境、政策环境都对大学生志愿精神整体发展水平及志愿精神认知、志愿服务情感、志愿服务行为倾向具有显著影响，且为正相关的关系。

六是基于人口学变量特征的大学生志愿精神内部差异显著性分析。实证调研发现：大学生志愿精神的三个因素与大学生志愿精神总分均存在显著的性别差异，且女大学生的得分显著高于男大学生；一年级大学生志愿精神水平的程度相对较高，而且随着年级的上升反而下降；除志愿精神认知因素外，独生子女大学生的志愿精神情感、行为倾向及总分水平的得分显著高于非独生子女大学生；担任学生干部的大学生志愿精神、志愿服务情感、行为倾向、志愿精神总分显著高于未担任学生干部的大学生；团员身份的大学生志愿精神的志愿服务情感水平显著高于是党员的大学生；学校志愿组织的注册志愿者的大学生志愿精神得分显著高于不是学校志愿组织的注册志愿者的大学生。

七是大学生志愿精神实践即志愿服务对大学生成才、成长具有正相关性。本书通过质性研究方法，围绕大学生志愿精神实践对大学生心理发展、职业能力发展、道德发展等因素的影响进行研究，实证研究发现志愿服务参与深度越高，大学生成才、成长的体悟将更加深刻，成长也将越好越快。

二　大学生志愿精神培育基本原则及对策

（一）大学生志愿精神培育的基本原则

1. 强调实践取向

一切真知源于丰富而具体的实践经验。对作为道德品质的大学生志愿精神的认知只有去亲自实践才能认识道德生活的真实面貌。因为大学生志愿精神是大学生在公益利他的社会生活实践过程中形成的一种实践精神，它不仅来源于实践，而且要回归于实践，影响着大学生的志愿服务行为实践活动的自愿性和自择性。所以大学生志愿精神并非作为大学生个体本有的先天之物而固有的精神品质，更为重要的是体现为一种持续从事志愿服务行动的价值观念，体现为大学生在具体的志愿服务领域发生的与服务对象的公益互动。这种互动让大学生志愿者深切地感知和体悟到"现代公民主动关心他人、承担社会责任的公民责任感和道德感"①。当前大学生存在道德认知和道德行为的脱节现象，比如大学生对雷锋精神、志愿精神在理论上有较强的价值认同，但是在实践的行为选择上却因为种种内外原因并没有付诸行动。因而，大学生志愿精神的培育必须强调实践取向，即明确树立志愿服务的实践活动是大学生实现生命发展和道德超越的培育理念。大学生"必须通过自己的实践活动而生成为人"，因为"人类从来不是完成了的存在形态，人首先必须'做'（doing），才能'生成'（becoming），在'生成'中才能'存在'"。② 在各种志愿服务活动场域，大学生"大量地参与社会活动，以尽自己最大责任，这不仅保证了集体的效用，而且也是谋求个人幸福，掌握日常管理社会与控制事物的权力，走向自己决定命运之道的先决条件"③。简而言之，大学生志愿精神的培育必须坚持实践取向原则，坚持将志愿精神的内涵"内化于心，外化于行"。

大学生志愿精神是指向大学生个体在公共领域的公益实践。因此，大学生志愿精神的培育是一种体现公共性特质即为大学生"自我在确证自己的过程中所体现出的为他的属性"④，这种道德属性和志愿服务道德行为选择不再依托于外在的强制性力量，突出大学生个体自觉、自由和自为地主动实践表达。当前高校的学生志愿者行动多为共青团组织直接管理，从中央到地方再到高校，大多采取自上而下的方式层层推动。这种科层式的志愿者组织方式，带有较浓的行政色彩，一定程度上限制了大学生志愿组织的独立发展空间。而且，自上而下的管理方式，使其导向往往跟随政府需求，带有隐含的强制性，从而导致"被志愿"情况的发生，不利于志愿服务的健康发展。现代意义上的志愿服务是公民个体善良意志的自由选择，是公民在公共领域主

---

① 江汛清等：《与世界同行——全球化下的志愿服务》，浙江人民出版社 2005 年版，第 110 页。

② 韩震：《生成的存在：人类实践本体论》，《江海学刊》2002 年第 4 期。

③ 联合国教科文组织：《学会生存——教育世界的今天和明天》，教育科学出版社1996 年版，第 190 页。

④ 郭湛：《社会公共性研究》，人民出版社 2009 年版，第 70 页。

体地位的一种彰显。大学生志愿精神倡导大学生在与他者的公益互动交往中体现个体应有的社会正义感和公共良知，就需要改变当前大学校园中志愿精神践行只局限于部分学生的被动的志愿服务行为选择的现状，必须将志愿精神体现于每一个大学生在关注他人、奉献社会的价值认同和自觉实践行动中，坚持将大学生志愿精神作为公民教育的重要内容予以普及，将大学生志愿精神的培育真正回归大学生志愿者主体自身的自由意志。

2. 满足发展需求

马克思曾指出："人们行动的一切动力，都一定要通过他的头脑，一定要转变为他的愿望动机，才能使他行动起来。"[①] 多数情况下大学生志愿者在受到志愿精神感召的同时，也伴随着个体基于自身发展需要的动机，正如德国社会学家乌尔里希·贝克将这种似乎更符合人性本真要求的"利他"基础上的"有我"行事准则称为"利他主义的个人主义"或"合作主义的利己主义"。[②] 坚持志愿精神的无偿奉献，反映了人类的良知；而主张"合理利己"则反映了人类的理性选择。

对于包括大学生在内的公民公益行为的价值取向，研究者们有从"志愿主义和功利主义"[③] 视角予以解析。志愿主义价值取向的研究者认为，公民公益行为的选择是一种在利他导向下的旨在改善他者福利而自愿奉献自我资源的不求回报的主动行为；而功利主义价值取向的研究者认为，公民公益行为是个体基于获取某种回报或期待而选择利他行为的互惠性行动。但当前，对志愿精神理解和认知普遍存在一种狭隘的观念，即志愿服务是个人良好德行的体现，是志愿者无私支出时间和精力为他人提供福利的单向无私关怀和奉献层面，片面窄化了志愿精神的真正内涵，缺乏服务者与服务对象的直接或间接多元互

[①]　中共中央马克思恩格斯列宁斯大林著作编辑局编：《马克思恩格斯选集》（第 4 卷），人民出版社 1995 年版，第 247 页。

[②]　［德］乌尔里希·贝克、［德］约翰内斯·威尔姆斯：《自由与资本主义》，路国林译，浙江人民出版社 2001 年版，第 78 页。

[③]　李燕萍、涂乙冬：《组织公民行为的价值取向研究》，《管理世界》2012 年第 5 期。

动。这也就难以在服务过程中进行系统的反思、评估,无法达到"互惠共进"的目的。这种单向式的服务理念常常忽略志愿者自身的参与动机,难以激发学生长期参与志愿行动的积极性,表现为志愿行为的不可持续和短暂性。根据北京某大学的调查显示,"大一新生参与志愿服务的热情很高,愿意参与志愿服务的学生比例达到90%以上。然而,在非大一学生中,有志愿服务经历的学生为70%左右,能坚持长期参与的学生不足10%"①。这与志愿精神的理解片面,过于强调奉献而忽略互助互惠是密切相关的。

大学生志愿精神的培育应坚持以生为本,提升志愿精神的互惠内涵,满足志愿者的发展需求。志愿精神包含不计报酬的互惠精神,这种互惠精神体现在付出劳动而得到经验和满足感等方面。大学生群体思想的特殊性决定了高校志愿精神的培养应承载更为丰富的互惠内涵。高校应摆脱传统的单向志愿服务理念,以服务功能的双向传递来促进志愿服务的互助共进,一方面是"学生服务",即让学生运用所学知识服务于社区,满足社会发展需求;另一方面,则是"服务学生",即关注学生的参与动机,使志愿活动的成果反作用于学生,促进学生的成才、成长。所以,高校志愿精神培育应确立学生的主体地位,尊重学生的精神需要,在志愿活动内容的选取中应满足大学生的普遍兴趣,符合他们成才、成长的规律。安排志愿者工作时,要结合大学生志愿者个体条件及他们的需要和服务意向,尽可能发挥学生的主观能动性,使学生在体验志愿精神的过程中获得自我效能感。

3. 突出服务创新

作为志愿精神体现的大学生志愿服务,其活动内容方面愈发贴近于经济社会发展实际需求,在包括扶贫开发、环境保护、社区服务、大型活动、抢险救灾等领域发挥了重要的作用。但是,当前高校大学生志愿服务还存在大量活动流于形式的现象,大学生在参与公益活动的过程中缺乏深度和专业性。一项在福建省部分高校的调查数据显

---

① 张健等:《后奥运时代大学生志愿服务调研分析》,《中国林业教育》2010年第5期。

示，56.2％的志愿者在参加服务时没有接受培训，而获得规范培训的多是社会大型项目的志愿者，而且这些培训也只限于基本常识方面，缺少通用性、专业化的服务技巧培训。① 这种热衷于短期轰轰烈烈的活动，被描述为"扛一扛大旗，拉一队人马，呼一串口号，路边发发宣传单、横幅上签签字，热热闹闹走一回"，与大学生的专业素质总体看来是不匹配的，被动而浅层次的志愿服务所积累的经验所起到的教育作用必定是不容乐观的。调查中，我们发现大学生认为阻碍参加志愿服务的因素主要有"缺乏信息""缺乏参与渠道""没有合适项目""不感兴趣"，因而没有提供志愿服务，也有因为校方出于维稳或学生安全考虑，导致学生志愿服务创新的余地较小。所以，新时期要培育大学生志愿精神，必须坚持服务创新原则，即在志愿服务项目策划、营销、推广、管理方面进一步加大创新力度，增强志愿服务项目的吸引力，从而引导大学生积极参与到志愿服务中来。

（二）大学生志愿精神培育的对策建议

1. 重视家庭在大学生志愿精神培育中的作用

家庭是大学生成长、成才的基本场所，是大学生接受道德教育的重要环境。一个家庭的家风、家庭成员关系、家庭成员行为表现将直接影响大学生的志愿精神水平和志愿服务行为选择。

第一，确立崇善尚德的家庭风气。家风是家庭或家族的传统风尚或作风，它是家庭传统的延续，是家庭文化的凝聚，是良好社会风尚的基础。良好的家风是维系家庭抑或家族有效运行的精神纽带，它的形成离不开家庭成员的共同践行和不懈追求。而一种崇善尚德的家风一旦形成就可能成为某一家庭世代相传的精神构件，它在家庭成员间发挥着教化育人的作用。日常生活中，家庭成员的热心公益、互帮互助、真诚友善、相亲相敬、仁慈宽容等价值观念在伴随大学生成长过程且形塑其正确的价值观念和良好的行为习惯具有不可低估的重要作

① 参见刘新玲、陈丽华《社会学视野下的大学生志愿服务意识与行动研究》,《福建行政学院学报》2010 年第 3 期。

用。因此，现代社会大学生志愿精神的培育仍需要在其成长过程重视家庭崇善尚德家风的培育和作用发挥。

第二，构建和谐家庭关系。研究发现，家长与子女、子女间养成民主生活的习惯与氛围将有利于孩子生成健全而完善的人格，在一个充满情感交流和深度沟通、彼此相互理解和信任的家庭中，大学生更有可能理解社会、奉献服务社会。正如美国教育家内尔·诺丁斯所指出的："重要的是要关心孩子，要让孩子认识到关心并对其作出反应。当充满信任和关心的人际关系在孩子的小圈子里建立起来，他们才有可能在更广泛的环境里学会关心偶尔遇到的人、陌生者以及外国人。"[①] 因此，营造一个民主的、信任的、和谐的家庭关系对大学生志愿精神培育所扎根的良好家庭环境而言十分重要。

第三，发挥父母亲的榜样示范效应。父母亲是孩子成长道路上的第一任教师。大学生父母亲的公益认知、志愿服务价值认同、志愿服务参与在大学生志愿精神培育中形成仁慈、感恩、责任、利他性人格、公益行动选择等扮演着重要的角色。因此，父母亲需要不断提高自我人文素质，坚持用正确的言行引导子女对复杂的社会形势形成正确的认知，并在积极参与社会公益事业中发挥言传身教的正面效应，如父母亲可以通过定期参加亲子公益活动，让孩子们坚定社会发展的正确方向和个人充满正能量的内心信仰，从而培养"奉献、友爱、互助、进步"的志愿精神及其行动参与。

2. 发挥高校作为人才培养高地的教育优势

第一，强化大学生志愿服务意识，引导更多学生加入志愿服务队伍中来。一是高校应将志愿精神作为加强和改进大学生思想政治教育的重要内容，纳入思想政治理论课的教育教学中，在《思想道德修养与法律基础》《中国特色社会主义理论体系概论》等课程中设计相关专题围绕志愿服务理念、志愿精神、志愿服务基本要求和知识技能、

---

① ［美］内尔·诺丁斯：《学会关心——教育的另一种模式》，于天龙译，教育科学出版社 2003 年版，第 142 页。

志愿者权利和义务、志愿服务安全知识等问题进行讲授，从而不断提高大学生的志愿精神认知水平和志愿服务参与积极性。二是高校应将志愿服务纳入大学生人才培养方案中的实践学分予以管理，如《温州大学课外教育项目学分管理办法（试行）》（行政〔2007〕246 号）规定"注册志愿者参加志愿服务活动满 40 个小时以上，经校团委认定，可获得 1 学分，80 个小时以上可获 2 个学分，最多不能超过 2 个学分"。三是通过举办各类讲座、报告会、表彰大会等形式，积极宣传大学生志愿精神，激发学生参与志愿服务热情；充分挖掘和选树校园中活跃的志愿服务先进集体和个人予以表彰，并通过校园媒体和社会媒体在校园内外形成志愿服务光荣的道德场景。

第二，构建"服务学习"的大学生志愿精神培育理念和实践体系。"学生的服务学习经验与学术课程的联系越紧密，服务学习的成效就越大。"[1] 高校青年志愿服务发展趋势之一就是走"专业化"道路。

一是深化志愿服务与专业结合。在志愿服务过程中，大学生志愿者应接受专业理论知识学习和社区服务技能的系统培训。通过调查社区中的服务需求，增强包括组织协调、团队合作、环境适应等能力的训练。

二是扎根社区服务。社区环境是最直接、最具体可感的，是学生接受社会道德教育的重要场所，是认知世界、改造世界、实现道德社会化的"大学校"。"在现代化和城市化的进程中，学校教育力、家庭教育力与社区教育力应是一种互补的关系。"[2] 大学生志愿服务必须建立同生活周围环境的融洽关系，在服务与学习之间寻求进入社区这一公益场域，并于行动和反省的循环过程中掌握关怀社会的钥匙，培养反哺社会、服务人群、涵养品格的情怀。

三是建立反思环节。在大学生志愿精神培养的过程中需要将反思

---

① 张华：《论服务学习》，《教育发展研究》2007 年第 9 期。
② 万曾奎：《道德同一性的心理学研究》，上海教育出版社 2009 年版，第 304 页。

纳入服务的全过程。根据圣莫尼卡学院的 ORID 模式，有效反思应有：目标性（Objective），即"自己做了、读了或听到了什么"等；反响性（Reflective），即"自己的服务工作是否成功"等；解说性（Interpretive），即"自己从中学到了什么"等；决策性（Decisional），即"此次服务对自己的生涯计划有怎样的影响"等。此外，反思的形式可以丰富多样，如服务日志、小组交流会、成果展览、角色扮演等。

四是建立志愿服务学习项目推动小组和专业指导教师。目前各高校大多建立大学生志愿服务工作中心，可在此基础上成立志愿服务学习项目推动小组，由学校决策部门牵头，协调全校各专业所在学院师生共同确立服务学习理念，全员做好志愿服务与课程知识学习的融合计划，策划对接社区需求的服务方案，跟踪反馈志愿服务学习进度，完善服务学习目标设置；同时，在学生思想政治教育工作人员的基础上组建一支志愿服务理念和实务培训的师资队伍，以加强对学生志愿服务学习项目展开的指导工作。

第三，激发和鼓励大学教师参与志愿服务并努力发挥示范效应。苏霍姆林斯基曾说："教师成为学生道德上的指路人，并不在于他时时刻刻都在讲大道理，而在于他对人的态度，能为人表率；在于他有高度的道德水平。谁能唤起学生的人的尊严，能启发他们去思考活在世界上是为着什么，谁就能在他们的心灵中留下最深刻的痕迹。"[1] 大学生志愿精神的培育，必须注重教师师德师风建设，必须激发和鼓励大学教师的公益行为，增强大学教师自觉利他的公共生活价值观，在志愿服务实践中发挥影响学生健康成长的示范作用；在参与社会治理与服务中带头践行社会主义核心价值观。因此，高校可在各类教师培训体系中纳入志愿精神的内容；广大教师可本着鼓励、自愿、无偿、量力的原则，以注册志愿者的身份加入志愿服务队伍，"积极开展科

---

① ［苏］苏霍姆林斯基：《和青年校长的谈话》，赵玮等译，上海教育出版社 1983 年版，第 171 页。

技文化医疗服务下乡进社区、科技成果惠民生、专业对口支援交流、生态环境保护、社会调查和政策建议、扶危济困、应急救援、重大活动服务等志愿服务活动"①；高校应积极宣传教师志愿服务先进个人和集体，在各类考核评价中参考教师的志愿服务表现状况，从而营造有利于教师志愿服务的良好社会氛围。

第四，健全和完善大学生志愿服务的运行机制。一是规范志愿者的招募培训制度。大学生志愿服务组织要坚持以服务对象的主体需求为导向，通过广播、网络、微信、微博等自媒体及海报等方式公开发布志愿服务信息，根据项目人力资源实际需求、志愿者动机、志愿者实际投入等因素确定志愿者，从而为确保志愿服务质量提供保证。另外，根据志愿服务项目实际开展方案，大学生志愿服务组织可通过集中辅导、座谈交流、案例分析等方式，切实掌握志愿服务相关知识和技能，如志愿服务基本知识、国情省情市情社情分析、礼仪修养、新闻宣传报道、人力资源管理、公共关系、组织沟通协调技巧、突发事件处置等，从而提高服务意识、能力和水平。大学生志愿服务动机的多样化有其存在的客观性，在尊重利他与利己动机的多元化事实中，引导大学生朝着自我价值实现与社会公益效果结合的目标前进，倡导基于责任的自觉自愿服务行为，将"奉献、友爱、互助、进步"的志愿精神作为大学生人格提升的重要内容予以传承。同时，加强培养一批优秀的大学生志愿者骨干，使其成为志愿服务的实践者、传播者、引领者，从而为志愿服务提供高质量的后备力量。

二是改革创新志愿服务激励机制。虽然大学生志愿者从事志愿服务是自愿、无偿、利他的公益行动，但作为一种精神回报形式的表彰激励是对其行动的一份支持和鼓励。志愿精神的认可与践行是大学生较高层次的需求。自我实现需要带来的行为满足感与大学生志愿服务的参与意识、行动延续息息相关。因此，新时期必须改革创新大学生

---

① 教育部：《教育部关于教师参与志愿服务活动的指导意见（教师〔2014〕9号）》，2014年10月15日，教育部网站（http://www.gov.cn/xinwen/2014－10/15/content＿2765429.htm）。

志愿服务激励机制，如建立大学生志愿者星级认定制度，根据大学生志愿者志愿服务时间和质量，给予志愿者相应的星级认定（1—5级）；建立大学生志愿服务嘉许荣誉制度，对于优秀志愿者和集体予以嘉奖并及时纳入个人档案，将其作为大学生思想品德综合考核的重要依据之一；建立社会回馈激励制度，在强调志愿服务公益、奉献、利他等特点的前提下，允许学生积累志愿服务小时（有称为志愿服务时间银行或道德银行之说）到一定数量后，在接受就学、就业、就医、社区服务等方面享受一定的优惠或优待。这些激励制度对于增强大学生志愿者的成就感、自尊心、自我效能感与主观幸福感等方面将有重要意义，对于志愿服务的持续开展也是重要的动力。

三是构建校内外志愿服务组织信息共享和项目合作机制。高校志愿服务组织应坚持"请进来、走出去"方针，加强与民间志愿服务团队的沟通与联系，努力实现学生志愿服务"基地化、社会化、联盟化"，实现志愿服务资源的整合和服务水平的提升。尤其是在当前志愿服务资源分配严重不均衡的背景下，一方面，是高校志愿服务资源的输出面临严重的瓶颈；另一方面，是社会对服务资源需求的增加。因此，开拓新的信息互动渠道，打造高效的信息交流平台是解决这一问题的关键。在此过程中充分发挥第三部门的角色优势，在政府部门的引导之下开展大学生志愿服务供求信息的搜集与集中处理工作，如建立中国高校志愿服务信息管理系统，实现对高校服务资源的集中管理。与此同时，将社会团体、组织机构与高校志愿服务有效对接起来，实现志愿服务资源与需求的双向流通，达到资源的高效利用。

四是建立健全政策和法律保障机制。在深入总结分析各地志愿服务地方性法规文本的基础上，吸收借鉴志愿服务事业发达国家立法经验，在充分关照我国国情的基础上加快全国志愿服务立法进度，明确志愿服务活动的性质、志愿者的权利和义务、志愿服务组织的地位、志愿服务组织与志愿者、服务对象三方的法律关系及其纠纷解决机制，以及志愿服务经费筹措和管理运营的规定等问题，切实维护大学生志愿者的正当权益。另外，各级教育行政管理部门、共青团组织等联合各高校做好大学生志愿精神培育和志愿服务活动开展的规划引导工作。

3. 加强社会大众志愿精神的宣传培育工作

首先，加强志愿服务理论研究。一是需要大力发挥高校、科研院所的理论、科研优势，积极加强对大学生志愿服务事业的理论研究和学科建设。要深入挖掘中国传统文化中蕴含着的志愿服务、志愿精神思想资源，总结中国志愿服务事业发展的历史进程、内在特征和发展规律，构建中国特色社会主义志愿服务体系的理论研究框架，培育中国特色的包括志愿服务在内的公益慈善学，这不仅有助于丰富我国大学生志愿精神培育的渠道，而且有益于指导和促进大学生志愿服务事业更好地开展。二是需要学习借鉴国外先进的志愿服务理论与实践的优秀成果。国外一些国家的志愿精神社会认知与认同水平高，青年志愿服务文化理论研究成熟，青年志愿服务组织数量众多，大学生志愿服务项目运作科学、规范，志愿服务理念超前。因此，通过比较研究中西志愿服务发展差异，分析不同社会制度背景下大学生志愿服务文化发展的异同，吸收西方国家志愿服务成功的经验，并结合我国实际在大学生志愿服务具体运作中，提高我国的大学生志愿服务理论研究水平。

其次，把握社会志愿精神与志愿服务的舆论导向。"舆论是一种普遍的、隐蔽的力量"[①]，它影响着社会每一个个体的价值观和行为选择。广播、电视、报纸等传统媒体要积极承担起传播社会公益正能量的职责，利用其公信力和影响力创设公益频道、创作公益广告、志愿服务微电影、志愿者故事播报、志愿者形象宣传片等群众喜闻乐见的方式，积极报道社会中涌现出的志愿服务先进典型和感人事迹，从社会主义核心价值观教育层面引导社会公众更好地认知和理解志愿精神。同时，随着以互联网为基础的新媒体的介入，传统自上而下的主

---

① 中共中央马克思恩格斯列宁斯大林著作编译局编：《马克思恩格斯选集》（第1卷），人民出版社1995年版，第237页。

流媒体信息传播形态逐渐和社会公众自下而上的自媒体形态并存，要充分利用网络和微博、微信等自媒体大力宣传弘扬志愿精神，传播志愿服务信息，树立社会公益志愿模范，形成志愿服务舆论道德场域，引导社会公众在志愿服务的公共生活领域参与讨论和思考，并就社会志愿服务热点问题展开研讨和研究。

三　研究局限与展望

本书根据研究目的，遵循科学的研究范式，通过文献研究、理论构建和实证分析，在思想政治教育学和大学生志愿服务领域的学术研究方面取得了一些成果。但在研究过程中，由于主客观方面的原因，本书仍存在一定的研究局限。这些不足又将是开启进一步研究的新方向。

第一，研究样本的代表性问题。在量化研究的样本选择过程中，由于时间、人力和经费成本等因素的限制，在问卷的发放过程中，主要是采用方便取样和集中发放的方式，且主要集中在华东、华南地区（浙江、上海、广东等地），华北、华中、西部地区取样数量偏少，样本区域分布的平衡性尚不够。在质性研究中，我们主要选择温州大学支教类、敬老类志愿者进行焦点访谈和　对　深访，尽管这两种类型在大学生志愿服务行为选择比例较高，但是尚不能全面反映大学生志愿服务涉足的主要领域，且有可能会是不同领域的志愿服务经历对大学生自身成才、成长影响的方面亦有所不同。因此，在后续研究中仍需扩大受访对象范围，充实数据资料，使研究结果更具普遍性和推广价值。

第二，研究方法问题。本研究采用调查问卷和访谈相结合的方式进行研究。在调查问卷中，尽管课题组已经与问卷发放和回收组织者强调受访者需要耐心认真填写调查问卷，但因调查问卷本身内容较多，调查对象在填写问卷时的情境无法控制，且部分调查问卷发放临近期末，这些因素都有可能造成填写不实的情况，一定程度上影响数据采集的准确性。加上笔者对实证研究相关方法的使用仍属初学者，分析和应用的合理性必然存在瑕疵。因此，后续研究需要总结经验教训，在条件允许的情况下，提高研究工具使用能力；充分考虑受访对象的心理需求，合理安排调研时间与调研内容。另本研究属于横断研究，未来还可以通过对大学生志愿者开展纵向的追踪式研究，了解志愿服务对大学生乃至毕业生在成长、成才方面的动态发展过程，以此丰富志愿精神、志愿服务理论。

第三，大学生志愿精神的理论建构问题。本研究虽然建构了大学生志愿精神的认知、情感与行为倾向三维结构，并从内部和外部环境影响因素进行实证分析，但这还只是初步的、探索性的建构，需要做进一步的检验分析。志愿精神践行（志愿服务）对大学生成才、成长的影响主要是从心理成长、职业能力发展、道德成长等三个方面做了质性研究，除此之外，志愿服务与大学生的主观幸福感、生活满意度等心理感受仍需要做进一步的考察。在和获得 2014 年"创青春"全国大学生公益创业大赛银奖的温州大学物电学院"温州童馨留守儿童服务中心"指导老师与成员访谈之时，大学生公益创业与社会企业将是未来值得深入研究的一个方向。

第四，大学生志愿精神培育的对策问题。本研究从家庭、学校、社会等外部环境提出一些对策建议，但这些建议是否能在实践中取得预期效果，仍需要进一步验证，这也是我们后续研究的方向之一。另外，大学生志愿精神培育的个体自我思想道德素质提升也是一个重要的方面，因前文已经有所涉足，在对策建议部分为避免重复，尚未单独成节进行分析，后续研究仍可继续深入研究。

附录 1

大学生志愿精神调查问卷

（预测试版）

Ⅰ 下面是一些关于大学生志愿者、志愿服务、志愿精神的描述，请您在"非常不赞同→非常赞同"框中选上（打√）最符合您自己的判断。

序号	项　　目	非常不赞同	比较不赞同	说不清	比较赞同	非常赞同
B1	我认为志愿者是无私奉献、不计回报的人	1	2	3	4	5
B2	我认为志愿者是充满爱心、乐于助人的人	1	2	3	4	5
B3	我认为参与志愿服务活动不应以营利为目的	1	2	3	4	5
B4	我认为志愿服务是提高社会福祉的公益活动	1	2	3	4	5
B5	我认为志愿服务应是志愿参加的	1	2	3	4	5
B6	我认为很多同学是为完成志愿服务学分或学校下派任务而被迫参加	1	2	3	4	5
B7	我认为很多时候是同学都参加志愿服务，自己不好意思不参加	1	2	3	4	5
B8	我认为志愿服务事业离不开每个人的参与	1	2	3	4	5

续表

序号	项　目	非常 不赞同	比较 不赞同	说 不清	比较 赞同	非常 赞同
B9	我认为提供志愿服务是公民应尽的社会责任	1	2	3	4	5
B10	我认为从事志愿服务是大学生的权利和义务	1	2	3	4	5
B11	我认为志愿服务已经成为大家的生活习惯	1	2	3	4	5
B12	我对"奉献、友爱、互助、进步"的志愿精神有很深的理解	1	2	3	4	5
B13	我认为受助者与志愿者之间应是平等的关系	1	2	3	4	5
B14	我认为帮助他人会让我对自己的价值有很高的认同感	1	2	3	4	5
B15	我认为志愿服务会丰富我的社会阅历	1	2	3	4	5
B16	我认为志愿服务会提升了我的交往能力	1	2	3	4	5
B17	我认为志愿服务将有助于我的专业发展	1	2	3	4	5
B18	我认为志愿服务会让我的职业竞争能力更强	1	2	3	4	5
B19	我认为志愿服务事业能够促进社会公平、体现社会正义	1	2	3	4	5
B20	志愿服务不能"三月里来，四月走"	1	2	3	4	5
B21	我身边的人参加志愿服务很积极	1	2	3	4	5
B22	当我看到有人需要帮助时，我愿意提供力所能及的帮助	1	2	3	4	5
B23	尽管专业学习任务很重，但我还是愿意抽出时间来做志愿者	1	2	3	4	5
B24	我愿意将志愿服务当成生活中的重要部分	1	2	3	4	5

大学生志愿精神及其影响因素的调查问卷
（正式版）

亲爱的同学：

您好！感谢您参与"大学生志愿精神作用机理与实证研究"调研活动。

根据课题研究的需要，我们将对您的基本情况、志愿精神认知、志愿服务参与、志愿服务动机、志愿服务收获等情况进行了解和调查。此次调查的任何相关资料绝对保密并只作为学术研究之用。请您按照真实情况认真、客观填写。全部完成问卷大约需要花费 20 分钟左右的时间。若无特别说明的均为单选。请在相应的选项内选上（打√）最符合您的判断。

您的参与是对我们工作和志愿服务事业的极为重要的支持！

再次衷心感谢您的合作！

大学生志愿精神作用机理实证调研课题组

第一部分 您个人的基本情况

A1. 您的性别

　　①男　　　　②女

A2. 您现在就读的年级

　　①大一　　　②大二　　　　③大三　　　　④大四

A3. 您是独生子女吗？

　　①是　　　　②否

A4. 您就读的专业所属学科门类

　　①人文社科类②理学类　　　③工学类　　　④农学类

　　⑤医学类　　⑥管理学类　　⑦艺术学类

A5. 您就读的高校属于：

　　①国内 985 或 211 高校　　　②省属高校　　③市属高校

A6. 您就读的高校位于中国

　　①华东地区　②华中地区　　③华南地区

　　④华北地区　⑤西部地区

A7. 您的政治面貌

　　①中共党员（含预备党员）　　②共青团员　　③群众

A8. 您 18 岁以前主要成长地

　　①城市　　　②乡镇　　　③农村

A9. 您是班级（院系或学校）的学生干部吗？

　　①是　　　　②否

A10. 您的个人信仰

　　①佛教　　②道教　　　③基督教　　　④伊斯兰教

　　⑤其他宗教信仰　　　⑥无

A11. 您的家庭收入水平

　①人均 10000 元以上/月

　②人均 8001—10000 元/月

　③人均 6001—8000 元/月

　④人均 4001—6000 元/月

　⑤人均 2001—4000 元/月

　⑥人均 800—2000 元/月

　⑦人均 800 元以下/月

A12. 您对自己家庭收入状况的评价

　①富裕　　②较富裕　　③中等　　④较差　　⑤很差

A13. 您父亲的文化程度

　①小学　　②初中　　③高中　　④大学　　⑤研究生

A14. 您母亲的文化程度

　①小学　　②初中　　③高中　　④大学　　⑤研究生

A15. 您是否是学校某一志愿组织的注册志愿者

　①是（如是，请作答 A15.1）　　②否

A15.1. 您在学校志愿者组织中承担的角色

　①普通志愿者　　　　　　　②志愿组织干事

　③志愿组织部门负责人

A16. 您是否是民间志愿组织的成员

　①是　　②否

A17. 您从何时第一次听说"志愿者"这一概念

　①小学及小学以前　　②初中　　③高中　　④大学

A18. 您上一学期学习成绩在班级排名

　①上等　　②中等偏上　　③中等偏下　　④不太好

第二部分　大学生志愿服务的认知、情感、行动

Ⅰ 下面是一些关于大学生志愿者、志愿服务、志愿精神的描述，请您在"非常不赞同→非常赞同"框中选上（打√）最符合您自己的判断。

序号	项　　目	非常 不赞同	比较 不赞同	说 不清	比较 赞同	非常 赞同
B1	我认为志愿者是无私奉献、不计回报的人	1	2	3	4	5
B2	我认为志愿者是充满爱心、乐于助人的人	1	2	3	4	5
B3	我认为参与志愿服务活动不应以营利为目的	1	2	3	4	5
B4	我认为志愿服务是提高社会福祉的公益活动	1	2	3	4	5
B5	我认为志愿服务应是志愿参加的	1	2	3	4	5
B6	我认为受助者与志愿者之间应是平等的关系	1	2	3	4	5
B7	我认为志愿服务将有助于我的专业发展	1	2	3	4	5
B8	我认为志愿服务会让我的职业竞争能力更强	1	2	3	4	5
B9	我认为志愿服务事业能够促进社会公平、体现社会正义	1	2	3	4	5
B10	我身边的人参加志愿服务很积极	1	2	3	4	5
B11	当我看到有人需要帮助时，我愿意提供力所能及的帮助	1	2	3	4	5
B12	尽管专业学习任务很重，但我还是愿意抽出时间来做志愿者	1	2	3	4	5
B13	我愿意将志愿服务当成生活中的重要部分	1	2	3	4	5

Ⅱ 下面是关于您从事志愿服务的基本信息

C1. 您第一次提供志愿服务是在什么时候（若您选择"未提供过"，请直接跳答第 C8 题）

①小学　　②初中　　③高中　　④大一　　⑤大二

⑥大三　　⑦大四　　⑧未提供过

C2. 您现在提供志愿服务的频率怎样？

①至少每周一次　　②至少每两周一次　　③至少每月一次

④一年有几次　　⑤偶尔参加

C3. 您一般什么时候提供志愿服务？（可多选）

①双休日　　②课余时间　　③节假日　　④寒暑假

⑤只要需要，任何时间都可以

C4. 您在校期间从事过哪些志愿服务？（可多选）

①体育赛事等大型活动志愿服务

②扶贫济困活动　　③文化助残活动

④艾滋病预防、环保、节能等主题的公益活动

⑤法律维权援助　　⑥敬老院服务　　⑦支教活动

⑧医疗卫生保健服务　　⑨社区建设活动　　⑩校园文明维护

⑪其他

C5. 您获取志愿服务信息的渠道主要是通过什么途径？（可多选）

①亲戚/朋友介绍　　②同学介绍　　　　③学校统一安排

④看见媒体广告　　⑤自己主动寻找的　　⑥其他

C6. 您对自己提供志愿服务的满意程度如何？

①非常满意　　②比较满意　　③说不清　　④比较不满意

⑤非常不满意

C7. 您以后有时间会继续去当志愿者吗？

①非常愿意　　　　②比较愿意　　　　③无所谓

④比较不愿意　　　⑤非常不愿意

C8. 您认为一些人没有提供志愿服务活动的原因有哪些？（可多选）

　　①没时间　　　　　②缺乏信息　　　　③身体原因

　　④缺乏参与渠道　　⑤不感兴趣　　　　⑥经济状况不允许

　　⑦没有合适项目　　⑧对以往经历不满

　　⑨已经贡献了足够时间　⑩其他

C9. 您的父亲曾做过志愿服务吗？

　　①经常做　　②偶尔做　　③没做　　④不知道

C10. 您的母亲曾做过志愿服务吗？

　　①经常做　　②偶尔做　　③没做　　④不知道

第三部分　大学生志愿精神、志愿服务的影响因素

Ⅰ　下面是关于大学生志愿精神形成与发展的影响因素，请您在相应数字上打√即可。

序号	项　　目	非常 不同意	比较 不同意	说 不清	比较 同意	非常 同意
D1	我家庭成员间感情融洽,尊老爱幼,孝顺父母	1	2	3	4	5
D2	我家庭中每个成员都有自豪感、快乐感	1	2	3	4	5
D3	我家庭中每个成员都愿意回家,有归属感、安全感	1	2	3	4	5
D4	我家庭成员与外界人际关系和谐、融洽	1	2	3	4	5
D5	我父母认为大多数志愿者是有爱心的人	1	2	3	4	5
D6	我父母认为会有越来越多的人参加公益活动	1	2	3	4	5
D7	我父母经常关注志愿服务的相关报道	1	2	3	4	5

续表

序号	项　　目	非常 不同意	比较 不同意	说 不清	比较 同意	非常 同意
D8	我父母经常教导我积极参加志愿服务活动	1	2	3	4	5
D9	我父母经常参加志愿服务活动	1	2	3	4	5
D10	师生间能够相互尊重、互相理解	1	2	3	4	5
D11	同学间能够相互团结、互帮互助	1	2	3	4	5
D12	对我就读的学校或所在班级有强烈的归属感、自豪感	1	2	3	4	5
D13	老师上课会讲解关于志愿精神相关的内容	1	2	3	4	5
D14	学校会组织各种形式的志愿服务活动	1	2	3	4	5
D15	我身边的一些老师也积极参加志愿服务活动	1	2	3	4	5
D16	我身边的一些同学也积极参加志愿服务活动	1	2	3	4	5
D17	学校有对积极参加志愿服务活动的同学进行表扬	1	2	3	4	5
D18	学校有宣传各种志愿服务的活动	1	2	3	4	5
D19	门户网站经常有报道关于志愿服务的资讯	1	2	3	4	5
D20	我的微信群或QQ群等网群经常能收到志愿服务的活动宣传	1	2	3	4	5
D21	一些网站经常会上传志愿者的感人故事	1	2	3	4	5
D22	现在社会上有很多志愿组织可以让我们选择参加志愿服务	1	2	3	4	5
D23	现在用人单位很看重大学生志愿服务经历	1	2	3	4	5
D24	大学生志愿服务应该向制度化、常态化、规范化方向发展	1	2	3	4	5

续表

序号	项　　目	非常 不同意	比较 不同意	说 不清	比较 同意	非常 同意
D25	助人行为应该受到免责保护	1	2	3	4	5
D26	志愿组织都非常重视自身的能力建设	1	2	3	4	5
D27	我认为帮助别人很光荣	1	2	3	4	5
D28	我认为团结互助是一种可贵的品质	1	2	3	4	5
D29	我认为和谐的人际关系在和谐社会中占有重要地位	1	2	3	4	5

Ⅱ　人际信任量表。请在下面的每一项陈述中选择你的看法。

序号	项　　目	完全 同意	部分 同意	同意与 不同意 相等	部分 不同意	完全 不同意
E1	在我们的社会里虚伪的现象越来越多了	1	2	3	4	5
E2	与陌生人打交道时,你最好小心,除非他们拿出可以证明其值得信任的依据	1	2	3	4	5
E3	除非我们吸引更多的人进政界,否则这个国家的前途十分黯淡	1	2	3	4	5
E4	阻止多数人触犯法律的是恐惧、社会廉耻或惩罚而不是良心	1	2	3	4	5
E5	考试时老师不来监考可能会导致更多的人作弊	1	2	3	4	5
E6	通常父母在遵守诺言方面是可以信赖的	1	2	3	4	5
E7	联合国永远也不会成为维持世界和平的有效力量	1	2	3	4	5
E8	法院是我们都能受到公正对待的场所	1	2	3	4	5

续表

序号	项　　目	完全同意	部分同意	同意与不同意相等	部分不同意	完全不同意
E9	如果得知公众听到和看到的新闻有多少已被扭曲,多数人会感到震惊的	1	2	3	4	5
E10	不管人们怎样表白,最好还是认为多数人主要关心其自身幸福	1	2	3	4	5
E11	尽管在报纸、收音机和电视中均可看(听)到新闻,但我们很难得到关于公共事件的客观报道	1	2	3	4	5
E12	未来似乎很有希望	1	2	3	4	5
E13	如果真正了解到国际上正在发生的政治事件,那么公众有理由比现在更加担心	1	2	3	4	5
E14	多数获选官员在竞选中的承诺是诚恳的	1	2	3	4	5
E15	许多重大的全国性体育比赛均受到某种形式的操纵和利用	1	2	3	4	5
E16	多数专家有关其知识局限性的表白是可信的	1	2	3	4	5
E17	多数父母关于实施惩罚的威胁是可信的	1	2	3	4	5
F18	多数人如果说出自己的打算就一定会去实现	1	2	3	4	5
E19	在这个竞争的年代里,如果不保持警惕,别人就可能占你的便宜	1	2	3	4	5
E20	多数理想主义者是诚恳的并按照他们自己所宣扬的信条行事	1	2	3	4	5
E21	多数推销人员在描述他们的产品时是诚实的	1	2	3	4	5
E22	多数学生即使在有把握不会被发现时也不作弊	1	2	3	4	5

续表

序号	项　　目	完全同意	部分同意	同意与不同意相等	部分不同意	完全不同意
E23	多数维修人员即使认为你不懂其专业知识也不会多收费	1	2	3	4	5
E24	对保险公司的控告有相当一部分是假的	1	2	3	4	5
E25	多数人诚实地回答民意测验的问题	1	2	3	4	5

Ⅲ　一般自我效能感量表：以下 10 个句子关于你平时对你自己的一般看法，请你根据你的实际情况（实际感受），在"完全不正确→完全正确"框中选出你认为最合适的并打"√"。答案没有对错之分，对每一个句子无须多考虑。

序号	项　　目	完全不正确	有点正确	多数正确	完全正确
F1	如果我尽力去做的话,我总是能够解决问题的	1	2	3	4
F2	即使别人反对我,我仍有办法取得我所要的	1	2	3	4
F3	对我来说,坚持理想和达成目标是轻而易举的	1	2	3	4
F4	我自信能有效地应付任何突如其来的事情	1	2	3	4
F5	以我的才智,我定能应付意料之外的情况	1	2	3	4
F6	如果我付出必要的努力,我一定能解决大多数难题	1	2	3	4
F7	我能冷静地面对困难,因为我信赖自己处理问题的能力	1	2	3	4

续表

序号	项　　目	完全 不正确	有点 正确	多数 正确	完全 正确
F8	面对一个难题时,我通常能找到几个解决方法	1	2	3	4
F9	有麻烦的时候,我通常能想到一些应付的方法	1	2	3	4
F10	无论什么事在我身上发生,我都能应付自如	1	2	3	4

Ⅳ　中国大学生人格特质量表。下面是 68 个描述性格的句子,其中有些句子比较符合你自己的性格,有些则比较不符合。填答时请看清楚每个句子并选择你认为最合适的打"√",以代表该句子的内容与你自己的性格相符合程度。每个人的性格都有其独特性,所以答案无所谓"对""错",只要照实作答就可以。

序号	项　　目	非常 不符合	比较 不符合	难以 确定	比较 符合	非常 符合
G1	在社交场合,我总是显得不够自然	1	2	3	4	5
G2	我有话就说,从来憋不住	1	2	3	4	5
G3	我容易被影片的情节感动	1	2	3	4	5
G4	我是个心直口快的人	1	2	3	4	5
G5	在社交场合,我常常感到很拘束	1	2	3	4	5
G6	我感到周围的人总躲着我	1	2	3	4	5
G7	我不善言辞	1	2	3	4	5
G8	我做事总是一本正经	1	2	3	4	5
G9	我性情直爽,难免会得罪人	1	2	3	4	5
G10	见到别人为影片中情节落泪,我觉得很好笑	1	2	3	4	5

续表

序号	项　　目	非常 不符合	比较 不符合	难以 确定	比较 符合	非常 符合
G11	我喜欢别出心裁地跟别人开些小玩笑	1	2	3	4	5
G12	周围人都跟我很合得来	1	2	3	4	5
G13	朋友们都喜欢和我聊天	1	2	3	4	5
G14	别人觉得我不容易接近	1	2	3	4	5
G15	别人有时会毫无原因地疏远我	1	2	3	4	5
G16	我很容易和他人相处	1	2	3	4	5
G17	我经常放纵自己	1	2	3	4	5
G18	我工作脚踏实地	1	2	3	4	5
G19	当事情进展不顺利时,我很容易打退堂鼓	1	2	3	4	5
G20	我说话喜欢直截了当	1	2	3	4	5
G21	我很容易投入感情	1	2	3	4	5
G22	对于决定要做的事,我不怕任何困难	1	2	3	4	5
G23	我喜欢用含蓄的方式处理问题	1	2	3	4	5
G24	我喜欢结交一些能帮助自己成功的人	1	2	3	4	5
G25	我总能坚持不懈地去达到目标	1	2	3	4	5
G26	我习惯委婉地表达自己的看法	1	2	3	4	5
G27	守规矩能带给我安全感	1	2	3	4	5
G28	为了达到目的,我不会放过任何机会	1	2	3	4	5
G29	周围的人希望我的脾气能变得温和一点	1	2	3	4	5
G30	我会主动接近每一个对我有利的人	1	2	3	4	5
G31	我很容易触景生情	1	2	3	4	5

续表

序号	项　　目	非常 不符合	比较 不符合	难以 确定	比较 符合	非常 符合
G32	我经常不能控制自己的脾气	1	2	3	4	5
G33	我一向快人快语	1	2	3	4	5
G34	和朋友聊天时,我常扮演逗乐的角色	1	2	3	4	5
G35	即使在一些很随便的场合,我也努力 表现得严肃	1	2	3	4	5
G36	聚会中我总是表现得很主动	1	2	3	4	5
G37	我容易给他人一种拒人于千里之外的 感觉	1	2	3	4	5
G38	为了达到目的,我可以用任何手段	1	2	3	4	5
G39	我总是带给人们轻松快乐的气氛	1	2	3	4	5
G40	我时常把今天该做的事拖到明天	1	2	3	4	5
G41	我没有明确的生活目标	1	2	3	4	5
G42	我是一个温和柔顺的人	1	2	3	4	5
G43	我对自己没有很高的期望	1	2	3	4	5
G44	碰到不如意的事情时,我很容易发 脾气	1	2	3	4	5
G45	面对复杂的问题时,我总觉得无从 下手	1	2	3	4	5
G46	我容易被别人的眼泪打动	1	2	3	4	5
G47	我喜欢安分守己的生活方式	1	2	3	4	5
G48	我常不知道下一步该怎么做	1	2	3	4	5
G49	我觉得人生充满了希望	1	2	3	4	5
G50	我总是很特别	1	2	3	4	5

续表

序号	项　　目	非常 不符合	比较 不符合	难以 确定	比较 符合	非常 符合
G51	我今天的努力是为了实现未来的目标	1	2	3	4	5
G52	我是一个守规矩的人	1	2	3	4	5
G53	我喜欢做些超乎常规的事	1	2	3	4	5
G54	为了争取荣誉会夸大事实	1	2	3	4	5
G55	为了得到别人的赞赏，我会夸大自己的长处	1	2	3	4	5
G56	我比较贪玩	1	2	3	4	5
G57	在别人眼里我是一个坚持原则的人	1	2	3	4	5
G58	我很少有叛逆的想法	1	2	3	4	5
G59	我不做出格的事	1	2	3	4	5
G60	我喜欢多与对我有利的人交往	1	2	3	4	5
G61	我因为待人温和而拥有了很多好朋友	1	2	3	4	5
G62	我不会轻易放弃自己的理想	1	2	3	4	5
G63	大家都喜欢和我在一起	1	2	3	4	5
G64	对学习知识我没有兴趣	1	2	3	4	5
G65	为自己的目标奋斗时，我会感到很充实	1	2	3	4	5
G66	我非常看重能给我带来利益的人	1	2	3	4	5
G67	聚会中我总是表现得很主动	1	2	3	4	5
G68	我很少因感动而落泪	1	2	3	4	5

问卷到此结束，再次感谢您的参与！

附录 3

大学生志愿服务动机调查问卷

亲爱的同学：

您好！感谢您参与"大学生志愿服务动机现状"调研活动。

根据课题研究需要，我们将对您的个人基本信息、志愿服务动机等情况进行了解和调查。此次调查的任何相关资料绝对保密并只作为学术研究之用。请您按照真实情况认真、客观填写，并在相应选项内选上（打√）最符合您的判断。

您的参与是对我们工作和志愿服务事业的极为重要的支持！

再次衷心感谢您的合作！

大学生志愿精神作用机理实证调研课题组

第一部分　您个人的基本信息

A1. 您的性别

　　①男　　②女

A2. 您现在就读的年级

　　①大一　　②大二　　③大三　　④大四

A3. 您就读的专业所属学科门类

　　①文科　　②理工科

A4. 您的政治面貌

　　①中共党员（含预备党员）　　②共青团员　　③群众

A5. 您 18 岁以前主要成长地

　　①城市　　②农村　　③乡镇

第二部分　志愿服务动机量表

序号	项　　目	1 非常不符合	2 不符合	3 较不符合	4 不确定	5 较符合	6 符合	7 非常符合
1	我的同学或朋友是志愿者							
2	我关心那些不幸的人							
3	我同情需要帮助的人							
4	志愿者工作让我减少了比别人幸运的罪恶感							

续表

序号	项　　目	1 非常不符合	2 不符合	3 较不符合	4 不确定	5 较符合	6 符合	7 非常符合
5	志愿服务中，其他志愿者与我志同道合							
6	志愿服务帮助我解决个人问题							
7	志愿服务可以帮助我成功就业							
8	志愿服务让我觉得自己很好							
9	参加志愿服务让我觉得自己很重要							
10	我身边的人希望我成为志愿者							
11	不论我有多么不好的感受，志愿服务都可以帮助我忘记							
12	我真诚地关心我在志愿活动中的服务对象							
13	通过志愿服务，我很少感到孤独							
14	我可以建立对我未来职业生涯有利的新关系							
15	我可以做一些我认为重要的事							
16	我可以学到更多与我想要从事的工作相关的事							
17	志愿服务可以增强我的自信心							
18	志愿服务可以让我获得一个看事物的全新视角							
19	志愿服务拓宽了我的职业选择							
20	志愿服务让我学到了许多实践经验，增强了我的适应社会的能力							
21	我觉得帮助他人非常重要							
22	我接触的人认为志愿服务是非常有价值的							

续表

序号	项　　目	1非常不符合	2不符合	3较不符合	4不确定	5较符合	6符合	7非常符合
23	通过志愿服务，我可以挖掘并发展我的优势							
24	我可以学到怎样与不同类型的人相处，增强交际能力							
25	志愿服务让我感觉自己是被需要的							
26	志愿服务经历可以充实我的简历							
27	志愿服务可以让我结交更多新的朋友，拓展人脉关系							
28	志愿服务可以让我脱离困境							
29	我或者我的亲人朋友接受过志愿服务的帮助							
30	志愿服务对我以后想要从事的工作会有帮助							

问卷到此结束，再次感谢您的参与！

附录 4

"志愿精神践行对大学生成才、成长的影响" 访谈提纲

一 志愿精神践行与大学生心理成长访谈提纲

1. 你觉得在志愿组织中开心、快乐吗？志愿组织给你带来什么东西呢？志愿组织有给你带来痛苦、烦心的事吗？你是怎样处理的？最后结果怎么样？

2. 你有几个比较要好的志愿者同伴吗？平常都交流、谈什么问题呢？志愿者之间的谈心交流对你有什么帮助呢？

3. 我们同服务对象的互动过程中，他们的生活、学习和情感世界对我们大学生志愿者有什么影响？能讲讲他们的故事吗？在面临他们这样的处境的时候，你会怎么做？

4. 在你进入大学开展志愿服务之前，你觉得自己的交往能力怎么样？来到现在的志愿服务组织中让你的交往能力有什么变化？你都要和什么样的人交往，这些交往对你的心理有什么变化？你现在的人际关系怎么样？和不同处事方式与价值观的人交往你现在的水平怎么

样？老队员对你有帮助吗？主要是什么方面的帮助？这些帮助对你未来的发展有什么影响？

5. 当你分到的任务超出了你的能力，你是用怎样的心态面对它？怎么应对这种情况？在面对困难的过程中有什么样的体会？

6. 当组织获得各种荣誉称号的时候，你有什么样的感受？为什么会有这样的感受？

7. 如果有人在背后议论组织的负面消息时，你会怎么办？为什么会这么做？

8. "一个和尚挑水吃，两个和尚抬水吃，三个和尚没水吃。"你如何看待这个问题？怎么解决这个问题？

9. 作为合作伙伴，你如何看待能力比你强的人？和他一起合作你感受更多的是信任还是危机？有时一个项目在表达意见时发生冲突了，该怎么办？

10. 有没有发现现在的自己比起过去自信了一些？表现在什么方面？是什么让你感觉自己自信了？通过志愿服务你还发现了什么？

11. 你如何看待大学也是一个小社会？你觉得志愿组织给你带来的最大变化是什么？

12. 你觉得哪些因素促使你从事志愿服务，并且选择了这个志愿服务组织？

13. 你觉得目前志愿组织在发展的过程中还有哪些方面可以做得更好？

14. 你还愿意继续在志愿组织服务多长时间？

二 志愿精神践行与大学生职业能力发展访谈提纲

1. 能和我们分享一下你的志愿服务的经历吗？

2. 志愿服务活动要耗费你的时间和精力，你觉得对你的专业学习会有影响吗？这种影响是积极的还是负面的？能举个例子吗？你会不会后悔自己的选择？如果有时间，你还会坚持自己的志愿服务选择吗？

3. 你经常会把自己的专业知识和志愿服务活动结合在一起吗？

4. 当你接到一个志愿服务项目的策划文案，在缺乏经验的情况下，你该怎么办？

5. 你在志愿组织里有接受专业的志愿服务培训吗？这些培训你认为对你自身的发展有帮助吗？为什么？

6. 你有没有遇到做好事不被理解的情况？你觉得该如何看待这种情况？

7. 你觉得志愿服务经历对你未来找工作和就业有什么影响？如职业观念、职业态度？

8. 你觉得志愿服务经历对你的组织协调能力、团队协作能力、适应社会能力、心理承受能力、社会责任感有无影响？

9. 在长期的志愿服务过程中，你认为是社会的期望还是个人的责任支撑你一直从事志愿服务？你认为现在整个社会对于志愿服务是怎样的看法？

10. 从志愿服务中你学到了怎样的人际关系？

11. 总体来看，你觉得志愿服务对你未来职业能力发展和就业竞争力有帮助吗？

三　志愿精神践行与大学生道德成长访谈提纲

1. 能和我们分享一下你的志愿服务的经历吗？

2. 您觉得志愿服务对你的人生观有什么影响吗？能举个例子吗？

3. 你觉得志愿服务对你的价值观有什么影响吗？能举个例子吗？

4. 支持你做好志愿服务的动力是什么？

5. 你在志愿服务的过程中有遇到过困难或者感觉无助的时候吗？那时你会怎么办？

6. 当你和需要帮助的人和物聚在一起的时候，他们给你最大的体会或感触是什么？

7. 你如何理解"赠人玫瑰、手留余香"这句话？

8. 你如何理解"勿以事小而不为，勿以善小而不为"？

9. 离你最近一次志愿服务时间是什么时候？未来有时间你还会继续做志愿服务吗？

10. "只要人人都献出一点爱，世界将变得更加美好"，这歌在现实生活中你认同吗？

11. 看到需要帮助的人，你都会义无反顾地前去帮助吗？

12. 为什么你会坚持去做志愿服务？

13. 你身边的人如何评价你的志愿服务行为？你在意这种评价吗？

附录 5

志愿精神践行与大学生成才、成长质性研究访谈基本信息表

●志愿精神践行与大学生心理成长访谈 1

访谈时间：2013 年 11 月 30 日晚上

访谈地点：温州大学北校区行政楼 232 室

受访志愿服务组织：温州大学社会工作协会"亲情中华"关爱侨界留守儿童夏令营

访谈员：ZGS

记录员：CRY

访谈对象基本信息表

序　号	姓　名	性　别	专　业	年　级	政治面貌
1	ZCL	男	行政管理	2011 级	团员
2	WSH	男	法学	2012 级	团员

●志愿精神践行与大学生心理成长访谈 2

访谈时间：2013 年 12 月 18 日下午

访谈地点：温州大学溯初学区学生公寓 10 号楼 109 室

受访志愿服务组织：温州大学 2013 温蜀夏令营暑期社会实践队

访谈员：ZGS

记录员：ZJR；SH

访谈对象基本信息表

序　号	姓　名	性　别	专　业	年　级	政治面貌
1	ZFF	女	市场营销	2011 级	党员
2	HF	男	汉语言文学	2011 级	预备党员
3	ZKJ	男	法学	2011 级	党员
4	NYW	女	财务管理	2011 级	团员
5	HJ	男	英语本科(师范)	2012 级	团员
6	YH	女	法学	2012 级	团员
7	DHQ	女	舞蹈表演	2012 级	团员
8	HJP	男	历史本科(师范)	2012 级	团员
9	LSY	女	财务管理	2012 级	预备党员
10	LJW	男	法学	2012 级	团员
11	KJN	男	应用心理学	2012 级	团员
12	WWR	男	小学教育	2012 级	团员

　　队伍简介：温州大学温蜀夏令营暑期社会实践队成立于2010年。实践队志愿者们秉承"以爱助爱"的理念，在广元市青川县竹园镇中心小学等地为1000多名小学生们传播知识、收获快乐。温蜀夏令营至今已持续举办六届，志愿者们勇于付出、敢于担当，善于整合和争取政府、商会、企业和学校资源，建立温州大学西部首个志愿者服务基地——青川县竹园镇中心小学溯初学堂基地；通过温蜀夏令营志愿者的牵线搭桥，广元市温州商会计划每年向竹园镇小学捐赠5万元作为贫困儿童的发展基金。该团队曾多次获得省级、市级优秀大学生暑期社会实践队，其授课成果受到当地师生和家长的高度认可，相关活动开展受到人民网、新民网、温州网等国内主流媒体的宣传报道。

●志愿精神践行与大学生心理成长访谈 3

访谈时间：2013 年 12 月 21—22 日

访谈地点：温州大学溯初学区学生公寓 10 号楼 107、108、109、110 室

受访志愿服务组织：温州大学知心姐姐志愿服务队

访谈员：ZGS；CRY；KJ

记录员：HML；DZY；LY

访谈对象基本信息表

序　号	姓　名	性　别	专　业	年　级	政治面貌
1	QLY	女	小学教育	2011 级	预备党员
2	YY	女	学前教育	2011 级	团员
3	GYH	男	小学教育	2012 级	预备党员
4	HJH	男	小学教育	2012 级	团员
5	YJ	男	小学教育	2012 级	团员
6	CC	女	小学教育	2012 级	团员
7	WLJ	女	小学教育	2012 级	团员
8	YJL	女	小学教育	2012 级	团员
9	ZPH	女	小学教育	2012 级	团员
10	ZJ	男	小学教育	2012 级	团员
11	KQN	女	小学教育	2012 级	团员
12	SY	女	小学教育	2013 级	团员
13	DYR	女	小学教育	2013 级	团员
14	GLY	女	小学教育	2013 级	团员
15	HYY	女	学前教育	2013 级	团员
16	HFY	女	小学教育	2013 级	团员

队伍简介：温州大学知心姐姐志愿服务队成立于 1995 年。团队以"一切为了孩子，为了孩子的一切"为宗旨，通过"大手牵小手""春芽计划"、知心夏令营等活动载体，向小学生特别是民工子弟、留守儿童等特殊群体提供心理辅导，帮助小学生树立正确的自我观念和自我意识。过去 20 年参加"知心姐姐"志愿服务的大学生超过 6000 人次，帮扶小学生达到了 6 万余人。目前，团队拥有志愿者 104 人，并分海岛队、民工队、留守队、华侨队四个分队。团队曾在 2008 年、2009 年连续两年获得"浙江省优秀志愿服务项目"；2012 年荣获浙江省"示范青少年服务基层工作站"称号；2013 年荣获第二届温州大学华峰品德奖；2014 年荣获温州团市委"春芽计划 3A 级志愿服务"项目，并获温州市志愿服务工作创新奖；2014 年获得浙江省"美德学子"荣誉称号。

●志愿精神践行与大学生职业能力发展访谈 1

　　访谈时间：2014 年 12 月 17 日晚上

　　访谈地点：温州大学物电学院物华小屋

　　受访志愿服务组织：温州大学"童馨"关爱留守儿童公益志愿服务组织

　　访谈员：ZGS

　　记录员：CRY

访谈对象基本信息表

序　号	姓　名	性　别	专　业	年　级	政治面貌
1	JZY	男	计算机科学与技术	2012 级	团员
2	PWF	男	通信工程	2012 级	团员
3	AWY	女	材料科学与工程	2012 级	团员
4	DSY	女	应用统计学	2012 级	团员
5	WZR	男	机械工程	2012 级	党员

续表

序　号	姓　名	性　别	专　业	年　级	政治面貌
6	WF	男	电子信息科学与技术	2013 级	团员
7	WCN	女	物理学（师范）	2013 级	团员
8	SYN	女	电子信息工程	2013 级	团员
9	WJY	女	电气工程及自动化	2013 级	预备党员

队伍简介：温州大学"童馨"关爱留守儿童公益志愿服务组织成立于 2011 年，以丽水庆元县城东、屏都、岭头乡三所小学为实践基地，以"打工子弟、留守儿童"为志愿服务对象。2012 年，"童馨"携手王振涛公益基金、腾讯大浙网等为庆元 426 名留守儿童送去价值近 10 万元的关怀；同年，"童馨"公益基金成立，通过义卖、募捐等方式筹款 2 万余元，为 100 多人发放了奖学金；2015 年，携手杭州"春天的礼物"公益组织，在庆元龙溪乡、荷地镇等六个村镇建立流动图书馆，共发放图书 6000 余册。5 年来，"童馨"公益服务组织的大学生志愿者达 450 余人，累计关爱留守儿童近 3000 人。"童馨"的事迹也获得了社会各界的肯定和诸多荣誉，2011 年，"童馨"获得浙江省大学生暑期社会实践"优秀团队"称号，2012 年、2013 年连续获得温州市大学生暑期社会实践"优秀团队"称号，2015 年，"童馨"关爱留守儿童公益项目还获得"创青春"全国大学生创业计划竞赛银奖。

●志愿精神践行与大学生职业能力发展访谈 2

访谈时间：2014 年 12 月 30 日晚上

访谈地点：温州大学溯初学区党员服务中心

受访志愿服务组织：温州大学社会工作协会"亲情中华"关爱侨界留守儿童夏令营

访谈员：ZGS

记录员：CRY

访谈对象基本信息表

序　号	姓　名	性　别	专　业	年　级	政治面貌
1	ZQ	女	汉语言文学	12 级	团员
2	DT	男	行政管理	12 级	团员
3	YZH	男	法学	13 级	团员
4	JSH	男	法学	13 级	团员
5	DYH	男	法学	13 级	团员
6	LL	女	行政管理	13 级	团员
7	SYY	女	法学	13 级	团员
8	YQY	女	法学	13 级	团员

　　队伍简介：温州大学社会工作协会"亲情中华"关爱侨界留守儿童夏令营自 2008 年起已持续开展 8 年，服务地域从最初的鹿城区七都扩大到永嘉县乌牛、瓯海区仙岩、丽岙、瑞安湖岭、枫岭、文成县周壤、周南、玉壶、东溪等十大侨乡，累计服务农村侨界留守儿童人数近两万人。来自温州大学 20 多个专业的优秀学子，经过长达 3 个多月的面试、选拔、培训后，带领侨界留守儿童及归国侨眷进行以爱国主义教育、国学经典诵读、心理健康教育为主题的趣味学习活动。在开展关爱活动的 8 年中，该组织得到中央政治局委员、中国侨联主席林军的充分肯定，并题词"温州大学关爱侨界留守儿童暑期社会实践活动为凝聚侨心有积极作用"。2012 年该团队获得"浙江省高校校园文化品牌"，2013 年获得温州市暑期"春泥计划"志愿服务优秀团队，2014 获得浙江省大中学生暑期社会实践先进团队等荣誉称号。

● 志愿精神践行与大学生道德成长访谈 1

　　访谈时间：2014 年 12 月 29 日晚上

　　访谈地点：温州大学超豪学区 5 号楼 108 室

受访志愿服务组织：温州大学"阳光"青年志愿者协会

访谈员：ZGS

记录员：TD；ZJJ

访谈对象基本信息表

序　号	姓　名	性　别	专　业	年　级	政治面貌
1	BJ	男	应用统计学	2012	团员
2	YSQ	女	数学与应用数学	2013	团员
3	LYL	女	数学与应用数学	2013	预备党员
4	LQQ	女	数学与应用数学	2014	团员
5	PJH	男	信息与计算科学	2014	团员
6	HXY	女	应用统计学	2014	团员
7	YZH	男	数学与应用数学	2014	团员

队伍简介：温州大学"阳光"青年志愿者协会成立于1990年，至今已经有25年的历史。自1990年与洪殿敬老院结缘后，"阳光"青年志愿者一直从事"敬老爱老""敬老互帮"志愿服务活动，是温州大学走向社会的唯一一支以服务老人为主的志愿者团队。目前协会建有洪殿敬老院、乐万佳养老院、温州市救助站等服务基地4个。自2010年起"阳光"青年志愿者协会推出了三年的圆梦系列，引起了社会各界媒体的关注。经过2011年"为百位老人圆梦"、2012年"金婚圆梦·爱满温州"、2013年"情暖瓯越·贺寿耄耋"，2014年着重推出了"美e夕阳，助掌温大"教老人学手机的活动，逐渐从关注老人们物质层面转向精神世界。协会2012年曾获"温州市首届十佳青年社团创意项目""温州大学华峰品德奖"、温州大学"青年志愿者活动"先进集体，2013年荣获省级优秀志愿服务先进集，2014年温州大学"阳光"义工队获温州市先进集体等荣誉称号。

● 志愿精神践行与大学生道德成长访谈 2

访谈时间：2015 年 1 月 11 日

访谈地点：温州大学北校区行政楼 227、232、222 室

受访志愿服务组织：温州大学瓯江学院青年志愿者协会

访谈员：CRY；TD；ZJJ；YJ

记录员：WYT、RXJ、WL、WWY

访谈对象基本信息表

序　号	姓　名	性　别	专　业	年　级	政治面貌
1	PLD	男	电子信息科学与技术	2012 级	团员
2	PJW	男	市场营销	2013 级	团员
3	JJH	男	计算机科学与技术	2013 级	团员
4	HY	女	英语	2013 级	团员
5	NJX	女	法学	2013 级	团员
6	XZQ	男	机械工程	2014 级	团员
7	ZJK	男	计算机科学与技术	2014 级	团员
8	WLZ	男	国际经济与贸易	2014 级	团员
9	ZMN	女	工商管理	2014 级	团员
10	ZL	女	英语	2014 级	团员
11	DSK	女	工商管理	2014 级	团员
12	YSH	女	电子信息工程	2014 级	团员
13	YB	男	计算机科学与技术	2014 级	团员
14	CZH	男	法学	2014 级	团员
15	ZJH	男	土木工程	2014 级	团员
16	XT	女	设计艺术	2014 级	团员

队伍简介：温州大学瓯江学院青年志愿者协会（以下简称"青协"）自 2001 年建立以来，迄今已有 14 年的发展历史。目前建立了温州市中心血站、温州市少儿图书馆、附一医等 7 个实践基地。在多年的实践中"党员服务流动站""法律移动超市""大学生慈善义工队""大学生党员服务热线"已成为学院富有特色的志愿服务品牌，在校内外产生一定影响。光明日报社、浙江日报社等十余家国家级、省级媒体，温州电视台、温州日报社等三十余家市级媒体对活动进行关注，共计报道 120 余篇，影响广泛。瓯江学院青年志愿者协会有六大品牌工程，分别为环保、无偿献血、助残、社区服务、西部缘梦和爱心支教。其中针对无偿献血展开的暑期"挽袖行动"社会实践队获得 2010 年浙江省优秀志愿服务项目。青协在 2010 年和 2011 年分别获得"温州市优秀志愿者服务集体"和"浙江省优秀志愿者服务集体。"

参考文献

一　著作类

中共中央马克思恩格斯列宁斯大林著作编辑局编：《马克思恩格斯选
　　集》（第1—4卷），人民出版社1995年版。

丁元竹：《中国志愿服务研究》，北京大学出版社2007年版。

丁元竹等：《志愿精神在中国》，联合国志愿人员组织—联合国开发计
　　划署，1999年。

丁元竹等：《志愿活动研究：类型、评价与管理》，天津人民出版社
　　2001年版。

丁元竹：《建设健康和谐社会》，中国经济出版社2005年版。

陈万柏、张耀灿主编：《思想政治教育学原理》，高等教育出版社2007
　　年第2版。

陈向明：《质的研究方法与社会科学研究》，教育科学出版社2000
　　年版。

江明修：《第三部门：经营策略与社会参与》，智胜出版公司2000
　　年版。

资中筠：《财富的归宿：美国现代公益基金会述评》，上海世纪出版集
　　团、上海人民出版社2006年版。

冯英等：《外国的志愿者》，中国社会出版社2008年版。

魏娜等：《经验·价值·影响：2008 北京奥运会、残奥会志愿者工作成果转化研究》，中国人民大学出版社 2010 年版。

张网成：《中国公民志愿行为研究（2011）——现状、特点及政策启示》，知识产权出版社 2011 年版。

安国启：《志愿行动在中国——中国青年志愿者行动研究》，中央文献出版社 2002 年版。

沈杰：《中国社会的探索与践行：志愿行动》，人民出版社 2009 年版。

穆青：《志愿服务理论与实践研究》，北京理工大学出版社 2010 年版。

袁媛等：《中国志愿服务：从社区到社会》，人民出版社 2011 年版。

谭建光等：《社会志愿服务体系——中国志愿服务的"广东经验"》，中国社会出版社 2008 年版。

王焕清等：《志愿行动与文明社会建设》，人民出版社 2012 年版。

李亚平等：《第三域的兴起：西方志愿工作及志愿组织理论文选》，复旦大学出版社 1998 年版。

沈杰：《志愿行动：中国社会的探索与践行》，人民出版社 2009 年版。

俞可平：《中国公民社会的兴起与治理的变迁》，社会科学文献出版社 2002 年版。

朱晓蔓：《教育的问题与挑战：思想的回应》，南京师范大学出版社 2000 年版。

张楚廷：《高等教育哲学通论》，高等教育出版社 2010 年版。

单中惠：《西方教育思想史》，山西人民出版社 1996 年版。

刘宝存：《为未来培养领袖，美国研究性大学本科生教育重建》，高等教育出版社 2011 年版。

万曾奎：《道德同一性的心理学研究》，上海教育出版社 2009 年版。

田军：《志愿服务理论与实务》，立信会计出版社 2007 年版。

北京志愿者协会：《志愿组织建设与管理》，中国国际广播出版社 2006 年版。

朱健刚：《行动的力量——民间志愿组织实践逻辑研究》，商务印书馆 2008 年版。

李淮春：《马克思主义哲学全书》，中国人民大学出版社 1996 年版。

韩庆祥：《文化哲学——理论理性和实践理性交汇处的文化批判》，云南人民出版社 2002 年版。

石军玲：《雷锋精神学习读本》，新华出版社 2012 年版。

夏甄陶：《认识论引论》，人民出版社 1986 年版。

夏甄陶：《人是什么》，商务印书馆 2000 年版。

罗国杰：《伦理学》，人民出版社 1989 年版。

陈先达：《马克思主义哲学原理》，中国人民大学出版社 2010 年第 3 版。

彭柏林：《道德需要论》，上海三联书店 2007 年版。

秦晖：《政府与企业以外的现代化——中西公益事业史比较研究》，浙江人民出版社 1999 年版。

骆郁廷：《精神动力论》，武汉大学出版社 2003 年版。

赵祥林、王承绪编译：《杜威教育论著选》，华东师范大学出版社 1981 年版。

周辅成：《西方伦理学名著选辑》（下卷），商务印书馆 1987 年版。

陶倩：《当代中国志愿精神的培养研究》，上海人民出版社 2013 年版。

郑朝静：《大学生志愿精神培育》，社会科学文献出版社 2013 年版。

金耀基：《大学之理念》，生活·读书·新知三联书店 2001 年版。

谢纳新等：《海西志愿者行动》，同济大学出版社 2009 年版。

徐中振：《志愿服务与社区发展》，上海三联书店 1998 版。

顾成敏：《公民社会与公民教育》，知识产权出版社 2008 年版。

冯留建：《公民意识新论》，新华出版社 2009 年版。

共青团北京市委员会、北京青年研究会：《志愿者形象及其社会影响》，人民出版社 2009 年版。

佘双好：《志愿服务概论》，武汉大学出版社 2013 年版。

汪凤炎等：《良心新论：建构一种适合解释道德学习迁移现象的理论》，山东教育出版社 2011 年版。

戴钢书：《思想政治教育统计研究方法论》，人民出版社 2005 年版。

林筱文：《管理统计学》，福建人民出版社 2011 年版。

马向真：《道德心理研究》，江苏人民出版社 2007 年版。

陈楚瑞：《大学生心理发展与健康教育》，东北财经大学出版社 2011
年版。

王丽娟：《大学生职业生涯规划与发展》，南京大学出版社 2011 年版。

泥安儒、林聚任：《社会调查研究方法纲要》，山东人民出版社 2012
年版。

联合国教科文组织：《学会生存——教育世界的今天和明天》，教育科
学出版社 1996 年版。

郭湛：《社会公共性研究》，人民出版社 2009 年版。

张岱年：《中国伦理思想研究》，江苏教育出版社 2004 年版。

袁振国：《当代教育学》，教育科技出版社 2004 年版。

［美］马克·A. 缪其克等：《志愿者》，魏娜等译，中国人民大学出版
社 2013 年版。

［美］莱斯特·M. 萨拉蒙：《全球公民社会：非营利部门视界》，贾西
津等译，社会科学文献出版社 2007 年版。

［美］R. G. 佩弗：《马克思主义、道德与社会正义》，吕梁山等译，高
等教育出版社 2010 年版。

［美］阿拉斯代尔·麦金太尔：《伦理学简史》，商务印书馆 2003
年版。

［美］戴维·波普诺：《社会学》，李强等译，中国人民大学出版社 1999
年第 10 版。

［美］戴维·迈尔斯：《社会心理学》，人民邮电出版社 2006 年版。

［法］雅克·勒戈夫：《中世纪的知识分子》，张弘译，商务印书馆
1996 年版。

［英］约翰·亨利·纽曼：《大学的理想》，徐辉、顾建新等译，浙江
教育出版社 2001 年版。

［美］约翰·S. 布鲁贝克：《高等教育哲学》，王承绪、郑继伟等译，
浙江教育出版社 2002 年版。

［法］爱弥儿·涂尔干：《教育思想的演进》，李康译，上海人民出版

社 2003 年版。

〔英〕怀特海：《教育的目的》，庄莲平、王立中译，文汇出版社 2012 年版。

〔德〕雅斯贝尔斯：《什么是教育》，邹进译，生活·读书·新知三联 书店 1991 年版。

〔美〕德里克·博克：《走出象牙塔——现代大学的社会责任》，徐小 洲、陈军译，浙江教育出版社 2001 年版。

〔加拿大〕比尔·雷丁斯：《废墟中的大学》，郭军、陈毅平等译，北 京大学出版社 2008 年版。

〔美〕安东尼·克龙曼：《教育的终结——大学何以放弃了对人生意义 的追求》，诸惠芳译，北京大学出版社 2013 年版。

〔英〕保罗·霍普：《个人主义时代之共同体重建》，沈毅译，浙江大 学出版社 2010 年版。

〔德〕奥尔夫冈·布列钦卡：《教育科学的基本概念——分析、批判和 建议》，胡劲松译，华东师范大学出版社 2001 年版。

〔印度〕阿玛蒂亚·森、〔阿根廷〕贝纳多·科利克斯伯格：《以人为 本：全球化世界的发展伦理学》，马春文、李俊江等译，长春出 版社 2012 年版。

〔苏〕苏霍姆林斯基：《给教师的建议》（下），杜殿坤编译，教育科学 出版社 1981 年版。

〔德〕费希特：《极乐生活》，于君译，光明日报出版社 2009 年版。

〔美〕约翰·罗尔斯：《政治自由主义》，万俊人译，译林出版社 2000 年版，第 338 页。

〔德〕乌尔里希·贝克、〔德〕约翰内斯·威尔姆斯：《自由与资本主 义》，路国林译，浙江人民出版社 2001 年版。

〔美〕内尔·诺丁斯：《学会关心——教育的另一种模式》，于天龙译， 教育科学出版社 2003 年版。

〔苏〕苏霍姆林斯基：《和青年校长的谈话》，赵玮等译，上海教育出 版社 1983 年版。

二 论文类

卓高生：《当代国内志愿精神研究回顾与展望》，《中国特色社会主义研究》2014 年第 2 期。

卓高生等：《服务学习理论视域下大学生志愿精神培育策略探析》，《河北学刊》2014 年第 3 期。

卓高生等：《大学生志愿服务动机功能理论的实证研究》，《统计与决策》2014 年第 6 期。

卓高生等：《大学生志愿服务现状调查及对策》，《河南科技学院学报》2014 年第 11 期。

卓高生：《志愿服务对大学生心理成长影响的质性研究》，《城乡社会观察》2014 年第 5 辑。

卓高生等：《试论大学生志愿精神研究的马克思主义理论基础》，《高校思想政治工作研究》2015 年第 5 期。

段新明：《高等教育哲学视野下大学生志愿精神培育探析》，《山西师大学报》（社会科学版）2014 年第 4 期。

沈晔：《注重人文关怀　培养学生个人品德——大学生参加志愿服务的启示》，《江西教育学院学报》2013 年第 2 期。

贝静红：《文化生态视野中青年志愿服务基地化建设》，《当代青年研究》2012 年第 3 期。

陈文婷、刘佳琦：《试论统计方法在思想政治教育研究中的运用——基于两种思想政治教育类学术期刊的实证分析》，《思想理论教育》（综合版）2012 年第 9 期。

陈东：《浅论美国志愿服务经验及其借鉴价值》，《广东青年干部学院学报》2006 年第 5 期。

高嵘：《美国志愿服务发展的历史考察及其借鉴价值》，《中国青年研究》2010 年第 4 期。

张洪彬、张澍军：《生命实践的视界：作为一种德性形式的志愿精神》，《思想教育研究》2011 年第 3 期。

曹刚、任重远：《为己与利他的中道——志愿精神的伦理解读》，《广西民族大学学报》（哲学社会科学版）2009 年第 3 期。

陶倩、刘海云：《志愿精神的德性分析》，《上海大学学报》（社会科学版）2008 年第 1 期。

李培超、皮湘林：《构建和谐社会语境下的志愿精神的意义解读》，《广西民族大学学报》（哲学社会科学版）2009 年第 5 期。

李潇潇：《论志愿精神在构建社会主义核心价值体系中的功能》，《北京青年政治学院学报》2007 年第 4 期。

卞策：《大学生志愿精神解析》，《黑龙江高教研究》2011 年第 10 期。

谭玉龙：《中外志愿精神比较研究》，《传承》2010 年第 10 期。

张洪彬、张澍军：《论志愿精神与道德内在关联》，《东北师大学报》（哲学社会科学版）2011 年第 3 期。

沈建良、傅忠道：《志愿精神：先进文化的典范》，《北京青年政治学院学报》2004 年第 2 期。

刘少杰、王建民：《市场经济条件下的志愿者精神》，《社会科学研究》2009 年第 3 期。

蔡婷玉：《中国志愿精神与社会主义核心价值体系的关系辨析》，《探求》2010 年第 2 期。

黄富峰：《论志愿者精神的伦理内涵》，《东岳论丛》2009 年第 5 期。

巨生良、姬会然：《我国公民社会的成长：基于志愿精神的促动》，《天府新论》2009 年第 5 期。

连淑芳：《试析内隐认知视角下志愿精神的培育》，《思想理论教育》2010 年第 13 期。

谭玉龙：《我国志愿精神缺失原因探讨》，《理论导刊》2009 年第 11 期。

余蓝：《大学生志愿精神培养的障碍性因素分析》，《当代青年研究》2009 年第 12 期。

韩迎春、李芳：《论大学生志愿精神及其培育》，《教育评论》2011 年第 4 期。

陶倩、肖炳南：《大学生志愿精神培养的理论思考》，《思想教育研究》 2012 年第 11 期。

韩迎春、李芳：《论大学生志愿精神及其培育》，《教育评论》2011 年 第 4 期。

陈少牧、熊建军：《弘扬和培育大学生志愿精神的长效机制》，《山西 农业大学学报》（社会科学版）2009 年第 5 期。

张亚月：《志愿精神与雷锋精神的关系辨析及整合前景》，《思想理论 教育》2012 年第 8 期。

穆青：《如何理解志愿服务与志愿精神》，《北京青年政治学院学报》 2005 年第 3 期。

谭建光：《社会转型时期的志愿服务与人文精神》，《社会科学》2000 年第 5 期。

马海韵：《中国公民志愿精神：价值愿景、成长现状及培育路径》， 《南京社会科学》2011 年第 12 期。

张伟娟：《刍论完善志愿服务活动与培养大学生社会主义核心价值 观》，《理论导刊》2014 年第 8 期。

张耀灿：《关于弘扬志愿精神的几个问题》，《思想政治教育研究》 2011 年第 5 期。

邱服兵等：《广州亚运会"志愿礼"的产生和应用》，《青年探索》 2010 年第 5 期。

张勤、武志芳：《中国志愿者发展问题研究的新视角》，《国家行政学 院学报》2011 年第 6 期。

彭庆红、樊富珉：《大学生网络利他行为及其对高校德育的启示》， 《思想理论教育导刊》2005 年第 12 期。

眭依凡：《大学何以倡导和守护理想主义》，《教育研究》2006 年第 2 期。

邵政严：《试论我国青年志愿服务的价值与影响因素》，《中国青年研 究》2010 年第 7 期。

李国武：《大学生对志愿活动的参与及影响因素——来自某高校抽样

调查的发现》，《北京青年政治学院学报》2010 年第 3 期。

常锐：《论大学生参与志愿服务的影响因素及路径选择》，《吉林师范大学学报》（人文社会科学版）2013 年第 2 期。

李图强：《志愿者与志愿精神：和谐社会的重要内在动力》，《中国行政管理》2008 年第 11 期。

王欢等：《和谐社会视野中志愿精神的发展研究》，《教学与研究》2010 年第 4 期。

王志军：《论志愿精神之于和谐社会》，《当代青年研究》2006 年第 5 期。

曾骊：《大学生志愿精神与和谐社会之关系》，《江淮论坛》2011 年第 3 期。

王登峰：《〈中国大学生人格量表〉的编制》，《心理与行为研究》2005 年第 3 期。

郑碧强：《志愿服务参与对企业肢残员工心理健康影响研究——以福建"同人心桥"心理咨询热线志愿者为例》，《东南学术》2011 年第 3 期。

沈潘艳、辛勇：《志愿者活动：大学生心理成长的依托》，《黑龙江高教研究》2012 年第 9 期。

沈潘艳、郑南柯、王斌：《大学生志愿者的心理成长——对 15 名大学生志愿者的深度访谈分析》，《学术探索》2012 年第 12 期。

羊晓莹：《国外志愿者动机研究及其启示》，《当代青年研究》2011 年第 1 期。

梁莹：《媒体信任与公民的社区志愿服务参与》，《理论探讨》2012 年第 1 期。

张劲：《心理轨迹的探索——大学生心理成长阶段的特点分析》，《浙江大学学报》1995 年第 2 期。

沈蓓绯：《美国大学生社区志愿服务与职业生涯发展关系研究》，《教育发展研究》2009 年第 15—16 期。

王顺茗：《志愿服务与大学生职业道德的培养》，《中国青年研究》

2010 年第 10 期。

张平：《德国职业院校的职业能力理念和实践》，《中国职业技术教育》2012 年第 30 期。

康秀云：《美国培育积极公民的志愿服务路径研究》，《外国教育研究》2012 年第 7 期。

张洪彬：《论志愿精神》，博士学位论文，东北师范大学，2011 年。

谭玉龙：《我国志愿精神培育中的政府责任研究》，硕士学位论文，广西民族大学，2008 年。

葛敏：《我国大学生志愿精神培育研究》，硕士学位论文，南京师范大学，2010 年。

阚宝涛：《大学生志愿精神培育研究》，硕士学位论文，山东师范大学，2012 年。

姜丹：《大学生志愿服务精神培育研究》，硕士学位论文，大连理工大学，2009 年。

李倩：《大学生志愿精神培养的路径探析》，硕士学位论文，山西财经大学，2013 年。

高娱：《大学生志愿服务的思想政治教育功能及其实现途径》，硕士学位论文，陕西师范大学，2012 年。

徐彩华：《志愿服务活动对个体道德发展的影响研究》，硕士学位论文，北京交通大学，2009 年。

熊丽娟：《基于志愿服务的大学生道德成长研究》，硕士学位论文，南昌大学，2011 年。

郭慧茹：《当代大学生慈善意识研究》，硕士学位论文，山西大学，2013 年。

王鸿飞：《大学生成长环境影响其慈善意识的实证研究》，硕士学位论文，河北经贸大学，2011 年。

任源：《大学生慈善行为的影响因素及自身效应研究》，硕士学位论文，河北经贸大学，2012 年。

王长建：《当代大学生慈善行为与影响因素研究——以武汉市为例》，

硕士学位论文，华中师范大学，2014年。

陈瑞洋：《志愿服务对大学生职业能力发展影响的理论与实证研究》，硕士学位论文，温州大学，2015年。

三　外文类文献

Lester M. Salamon. "The Rise of Nonprofit Sector", *Foreign Affairs*, Vol. 74, No. 3, 1994.

Anheier, Helmut and Lester M. Salamon. "Volunteering in Cross-National Perspective: Initial Comparisons", *Law and Contemporary Society*, No. 62, 1999.

Snyder, M. & Omoto, A. M. *Doing Good for Self and Society: Volunteerism and the Psychology of Citizen Participation*. In M. VanVugt, M. Snyder, T. R. Tyler & A Biel (Eds), Cooperation in Modern Society. New York: Routledge, 2000, pp. 127—141.

Wilson, John and Marc Musick. *Women's Labor Force Participation and Volunteer Work*. Nonprofit Sector Research Fund Working Paper Series, Washington, D. C.: Aspen Institute, 2000.

Snyder, M. & Omoto, A. M. "Volunteerism: Social issues perspectives and social policy implications". *Social Issues and Policy Review*, No. 2, 2008, pp. 1—36.

Esmond, J. Dunlop, P. *Developing the Volunteer Motivation Inventory to Assessthe Underlying Motivational Drivers of Volunteers in Western Australia*. CLAN WA-INC, 2004.

Horton-Smith, D. , "Altruism, volunteers, and volunteerism". *Journal of Voluntary Action Research*, No. 10, 1981, pp. 21—36.

Fitch, R. T. "Characteristics and motivations of college students volunteering for community service". *Journal of College Student Personnel*, No. 28, 1987, pp. 424—431.

Clary. "Understanding and assessing the motivations of volunteer: a functional approach". *Journal of Personality and Social Psychology*, No. 74, 1998, pp. 1516—1530.

Ziemek, S. "Economic analysis of volunteers' motivations-A cross-country study". *The Journal of Socio-economics*, No. 35, 2006, pp. 532—555.

Crandall, J. E. & Harris, M. D., "Social Interest, Cooperation, and Altruism". *Journal of Individual Psychology*, No. 32, 1976, pp. 50—53.

Verba, Sidney, Kay Lehman Schlozman and Henry E. Brady. *Voice and Equality: Civic Voluntarism in American Politics*. Cambridge: Harvard University Press. 1995.

Blyth, Dale A., Rebecca Saito and Tom Berkas. *A quantitative study of the impact of service learning programs*. In Alan S. Waterman (ed.), Service-Learning: Applications from the Research, Mahwah, NJ: Lawrence Erlbaum. 1997, pp. 39—56.

Gillespie, D. F., and King, A. E. "Demographic Understanding of Volunteerism". *Journal of Sociology and Social Welfare*, No. 12, 1985, pp. 798—816.

Omri Gillath, and Phillip R. Shaver. "Attachment, caregiving, and volunteering: Placing volunteering in an attachment-theoretical framework". Journal of Personal Relationship, No. 12, 2005, pp. 425—446.

Gray, B. "The rise of voluntary work in higher education and corporate social responsibility in business: perspectives of students and graduate employees". *Journal of Academic Ethics*, No. 8, 2010, pp. 95—109.

Jacoby, Barbara and Associates. *Service-learning in Higher Education: Concepts and Practices*. San Francisco: Jossey-Bass Publishers, 1996, p. vii.

Payne, David A. *Evaluating Service Learning Activities and Programs*. Lanham, Md. : Searecrow Press, 2000, pp. 1—2.

Eyler, Janet, Giles, Dwight E. Jr. *Where's the Learning in Service-learning*? San Francisco: Jossey-Bass Publishers, 1999, pp. 3—5.

Anne Colby. *Education Citizens: Preparing America's Undergraduates for Lives of Moral and Civic Responsibility*. Jossey-Bass, 2003, p. 134.

John J. Cogan. "Civic Education in the United States: A Brief History ". *Social Education*. Vol. 14, No. 1, Spr/Sum 1999, pp. 52—64.

Wilson, J. "Volunteering" . *Annual Review of Sociology*, Vol. 26, 2000, pp. 215—240.

Penner, L. A. "Dispositional and organizational influence on sustained volunteerism: an interactionist perspective" . *Journal of Social Issues*, Vol. 58, No. 3, 2002, pp. 447—467.

Moen, Phyllis. "Women's Roles and Resilience: Trajectories of Advantage or Turning Points?" in *Stress and Adversity over the Life Course*, ed. Ian Gottlib and Blair Wheaton. Cambridge: Cambridge University Press, 1997, pp. 133—156.

Carlo, Gustavo, Morris Okun, Georgo P. Knight and Maria Rosario de Guzman. "The Interplay of Traits and Motives on Volunteering : Agreeableness, Extraversionand Prosocial Value Motivation". *Personality and Individual Differences*, Vol. 38,2005, pp. 1293—1305.

Smidt, Corwin. "Religion and Civic Engagement: A Comparative Analysis". *Annals of the American Academy of Political and Social Science*, Vol. 565, 1999, pp. 176—192.

Wuthnow, Robert. *Acts of Compassion: Caring for Others and Helping*

Ourselves. Princeton：Princeton University Press，1991.

Midlarsky, Elizabeth. "Helping as Coping". in *Prosocial Behavior*, ed. Margart Clark. Newbury Park, Calif.：Sage, 1991, pp. 238—264.

Omoto, Allen, Mark Snyder, and James Berghuis. "The Psychology of Volunteerism：A Conceptual Analysis and a Program of Action Research". in *The Social Psychology of HIV Infection*, ed. John Pryor and Glenn Reeder. Hillsdale, N. J.：Lawrence Eerlbaum Associates, 1993, pp. 333—356.

Thoits, Peggy, and Lynda Hewitt. "Volunteer Work and Well-Being". *Journal of Health and Social Behavior* Vol. 43, 2001, pp. 115—131.

Piliavin, Jane. "Doing Well by Doing Good：Benefits for the Benefactor". ed. C. L. Keyes & J. Haidt. *Flourishing*, *The Positive Person and the Good Life*, Washington, D. C.：American Psychological Association. 2003, pp. 227—247.

Wheeler, Judith, Kevin Gorey and Bernard Greenblatt. "The Beneficial Effects of Volunteering for Older Adults and the People They Serve". *International Journal of Aging and Human Development*. Vol. 47, 1998, pp. 69—80.

Midlarsky, Elizabeth and Eva Kahana. *Altruism in Later Life*. Thousand Oaks, Calif.：Sage, 1994.

Butrica, Barbara and Simone Schaner. "Satisfaction and Engagement in Retirement". The Retirement Project：*Perspectives on Productive Aging*. (Number 2)：Washington, D. C.：Urban Institute, 2005.

N. K. Denzin & Y. S. Lincoln. *Handbook of Qualitative Research*. Thousand Oaks, CA：Sage, 2000, p. 2.

E. Marta and M. Pozzi, "Volunteerism During Young Adulthood：An Italian Investigation into Motivational Patterns", *Voluntas*, Vol. 17,

2006，pp. 221—232.

Hall，Michael，Tamara Knighton，Paul Reed，Patrick Bussiere，Don Macrae and Paddy Bowen. *Caring Canadians*：*Highlights from the* 1997 *National Survey of Giving*，*Volunteering and Participating*. Ottawa：Statistics Canada，1998，p. 30.

Youniss James，Miranda Yates and Y. Su. "Social Integration：Community Service and Marijuana Use in High School Seniors". *Journal of Adolescent Research*，Vol. 12，1997，pp. 245—262.

后　记

　　本书是我主持的国家社科基金青年项目"大学生志愿精神作用机理及实证研究"（项目批准号：10CKS025）的最终成果。研究志愿服务最初的动因是自己在做博士学位论文的时候接触了大量的志愿者，尤其是为2008年雨雪冰冻灾害、5·12汶川特大地震、北京奥运会等重大事件中活跃着的志愿者所感动，他们奉献青春、传递爱心，用真情传播正能量，用行动感动着中国大地。志愿服务源于心，献出爱心在于行。每次聆听大学生志愿者感人故事的时候，我的内心总是充满敬意，而用理性的笔触去研究大学生志愿者开展志愿服务的精神动力是我一直思考的学术命题。因此，本项目最直接的研究目的就是探析大学生志愿精神形成与发展的影响因素、大学生志愿精神践行的个体效应和为进一步培育大学生志愿精神提供对策思考。

　　本书的顺利完成，不仅凝聚着课题组成员的全身心投入，还受惠于众多师长、同事、好友与学生的启迪与帮助。

　　本书由我提出整体思路框架、写作提纲，负责撰写并修改、定稿。其中，书稿第三章第一节和第二节分别由广州中医药大学马克思主义学院曾庆娣博士、温州大学教师教育学院段新明博士撰写，贝静红、易招娣、丁强、陈瑞洋、郭仁露分别参与撰写了部分初稿。同时，课题组成员在此期间发表了多篇高质量的阶段性成果，为顺利结题打下扎实基础。

　　本课题在实证研究部分，强调调查问卷数据采集和质性研究访谈组织。在调查问卷的印制、组织发放和回收工作方面，华东师范大学的沈晔，上海财经大学的孔德民，华东理工大学的刘晓亮，南昌大学的陈志兴，华南师范大学的王岩，广东工业大学的曹亚琴，广东技术师范学院的李尚旗，仲恺农业工程学院的魏明超，贵州师范大学的汪勇，河南理工大学的邵发军，聊城大学的刘子平，山东交通学院的魏博，温州医科大学的付映杰，申恒运及丽水学院的徐丽等予以积极协助。在资料收集方面，温州大学党委组织部陈文远，团委曾国仕，物电学院朱秀微，瓯江学院张朝辉等予以了大力支持和帮助；在质性研究访谈工作方面，温州大学 2013 温蜀夏令营暑期社会实践队、知心姐姐志愿服务队、"童馨"关爱留守儿童公益志愿服务组织、温州大学社会工作协会"亲情中华"关爱侨界留守儿童夏令营、温州大学"阳光"青年志愿者协会、瓯江学院青年志愿者协会的志愿者积极配合，为开展质性研究提供了大量信息。在数据收集、录入、分析方面，马克思主义学院研究生做了大量工作，尤其是郭仁露同学在数据分析方面表现出色。陈瑞洋、曲小远、谈丹、曾金燕等同学协助书稿校对，避免了文字上的纰漏。

　　本书的完成还要感谢温州大学陈福生、牟德刚、任映红、戴海东、施端银、孙武安、王柏民、方益权、刘玉侠、张小燕、王尚银、谢建芬等老师的关心指导；感谢中山大学博士生导师钟明华教授在百忙中拨冗为本书作序；感谢罗山读书会的各位同人，"砥砺思想，切磋学术"，各位学人的成果分享总能让我的研究找到新的理路；感谢温州大学人文社科处在整个研究过程中提供细致周到的帮助；感谢国家社科基金评审和鉴定专家们给予本研究的无私指导，他们匿名提出的意见专业精到，为本成果的完善起着重要的促进作用；感谢国家社科基金评审和鉴定专家们给予本研究的无私指导，他们匿名提出的意见专业精到，为本成果的完善起着重要的促进作用；感谢中国社会科学出版社张林编辑和其他工作人员为书稿的编辑、文字润色和出版付出了辛勤劳动；在理论分析和实证研究过程中，我们也参考查阅了大量前人研究成果，书中引用了他们的许多观点，在此，我们表示由衷的感谢！

最后，需要深深感激的是双亲和家人，是他们给了我最幸福温暖的家，给了我奋斗成长的动力和精神港湾。母亲大人在我和爱妻繁忙的工作期间，承担起照顾女儿的任务和大量的家务，说一句"谢谢"已经不足以表达我所有的感动和感激。"谁言寸草心，报得三春晖。"父母永远健康快乐是我们最大的心愿。我的爱妻林映雪女士是一个文静聪颖、端庄贤淑、温柔体贴且有能力、有思想的人，感谢她对我工作的支持和生活的照顾。女儿林诺已经两周岁多了，非常可爱，她的笑容总是能给家人带来幸福甜蜜。在此祝愿她健康成长！

学术研究之路漫长、艰辛，永无止境。囿于本人研究水平有限，书中难免有疏漏和不足，敬请各位专家、学者和广大读者批评指正。

卓高生

2016 年 4 月 20 日